YORDI
ROSADO

S.O.S

Adolescentes
fuera de control en la
era digital

S.O.S. Adolescentes fuera de control en la era digital

Primera edición: octubre de 2015

D. R. © 2015, Yordi Rosado

D. R. © 2015, derechos de edición mundiales en lengua castellana:
Penguin Random House Grupo Editorial, S. A. de C.V.
Blvd. Miguel de Cervantes Saavedra núm. 301, 1er piso,
colonia Granada, delegación Miguel Hidalgo, C.P. 11520,
México, D. F.

www.megustaleer.com.mx

D. R. © 2015, Ramón Navarro / Estudio Navarro, por el diseño de cubierta,
interiores e ilustraciones
D. R. © 2015, Roberto Melo, por la fotografía del autor

ISBN: 978-607-31-3425-5

Impreso en México — *Printed in Mexico*

El papel utilizado para la impresión de este libro ha sido fabricado a partir de madera procedente
de bosques y plantaciones gestionadas con los más altos estándares ambientales, garantizando una
explotación de los recursos sostenible con el medio ambiente
y beneficiosa para las personas.

Penguin
Random House
Grupo Editorial

Índice

Tienes que leer esto   15

CAPÍTULO 01
COMUNICACIÓN   25

CAPÍTULO 02
INTERNET, REDES SOCIALES, CELULARES Y VIDEOJUEGOS 91

CAPÍTULO 03

DIVORCIO, SEPARACIÓN Y PADRES SOLTEROS 217

CAPÍTULO

→ OO ←

TIENES QUE LEER ESTO

Un día estaba desayunando con unos compañeros del gimnasio y en medio de la plática, uno de ellos dijo: "Yo perdí a mi hijo cuando él tenía 16 años."

Literal, dejé de masticar, me impactó muchísimo su comentario y me quedé callado inmediatamente, con la intención de respetar el silencio que siguió, tal vez quien dijo esto no quería platicar más pero, por otro lado, mi cabeza no podía dejar de pensar "¿qué pasó? ¿Hace cuánto fue? ¿Cómo estás tú? ¿Cómo está tú esposa? ¿Era tu único hijo?"

Después comentó que fue un accidente fulminante (no entró en ningún detalle, lo que me pareció completamente lógico), y empezó a platicarnos:

Busqué a Rodrigo toda la noche, con sus amigos, en las delegaciones, en la Cruz Roja, y terminé a las 7 y media de la mañana con la gente del Semefo (servicio médico forense), a las 8 en punto me dijeron que podía pasar a ver a mi hijo, que ya estaba preparado; no podía pararme de la silla.

Cuando lo vi acostado en la plancha sentí el dolor más grande que he tenido en mi vida y pensé: "¿Cómo es posible que ayer a esta misma hora lo estaba dejando en la escuela y exactamente 24 horas después está aquí?"

No podía creer que todo eso fuera real, yo veía la ropa con la que se había vestido el día anterior y quería que todo fuera una pesadilla. Pensé en todas las veces que no lo llevé a la escuela, las ocasiones en que estuvimos juntos en la casa y no convivimos, los días completos que nos peleamos y que nos dejamos de hablar, las cosas que me platicó y que no puse atención.

Después de consolar a mi esposa y terminar llorando, yo peor que ella, lo primero que hice fue marcarle a mis otros hijos, tengo dos más, quería hablar con ellos, sentirlos, escuchar sus voces. Me di cuenta, de la manera más cruda, que hay que aprovechar cada momento que tenemos con ellos, porque 24 horas después puede ser demasiado tarde.

Fue un proceso muy difícil, muy largo, y en uno de los momentos en los que peor me sentía, un padre que había pasado la misma situación me dijo algo que cambió completamente mi perspectiva:

"Si pudieras regresar el tiempo al nacimiento de Rodrigo y supieras que a los 16 años tendría un accidente, ¿lo volverías a tener ?"

Respondí que sí, sin dudarlo ni un segundo, pues cada momento que vivimos con él valió la pena.

Aprendí a ver que la vida no me quitó a mi hijo a la edad en que se fue, en realidad me lo regaló 16 años. Si la vida hubiera querido, no hubiera tenido a Rodrigo ni siquiera uno de esos fantásticos 16 años, y me seguía regalando la oportunidad de aprovechar y disfrutar a mis otros dos hijos.

Si bien nunca superas cien por ciento algo tan duro y siempre hay dolor, aprendes a vivir con ello y aprendes a buscar lo positivo aun en la situación más difícil.

Hoy, siento a Rodrigo muy cerca de mí de una manera distinta y jamás imaginé que su muerte me enseñaría tanto: a vivir, a vivir y a sentir realmente a mis otros hijos.

Sé que es un relato muy fuerte para arrancar el libro, pero creo que la enseñanza que nos deja esta situación vale muchísimo.

Tenemos que aprovechar a nuestros hijos aquí y ahora, en el presente. Disfrutarlos, verlos, abrazarlos, reírnos con ellos, entenderlos ¡cuando ya no los aguantamos!, enseñarles, aprenderles, sentirnos orgullosos, o ayudarlos a salir adelante cuando no logran las cosas, en fin, creo que a un hijo lo puedes gozar inclusive cuando lo sufres.

Ya lo sabemos, la adolescencia es un época difícil, para qué le damos más vueltas, pero también es la época en la que más aprenden tus hijos, en la que más crecen, y si entendemos lo que están viviendo, en la que más los puedes gozar.

> Hoy tu hijo(a) dejará de ser un niño para empezar a ser tu compañero.

Sí, escuchaste bien, aunque a veces no los puedas ver ni en pintura (bueno, más bien ni en foto de Facebook), los puedes disfrutar muchísimo, es la época en que les enseñas y los guías para convertirse en adultos, aunque en tu corazón jamás dejarán de ser tus niños (aunque sea el secretario de Hacienda y Crédito Público).

Hoy en día, con tanto trabajo y tantas obligaciones que tenemos los padres, es un lujo llevar a tus hijos a la escuela, compartir con ellos las aventuras de sus primeros novios(as), ayudarles a enfrentar sus primeros miedos y sus primeros triunfos. Sin embargo, aunque todos los lujos te cuestan y te despluman un poco, el hecho de llevarlos a la escuela es uno de los lujos que de una u otra manera definitivamente te debes dar.

Hoy tu hijo(a) dejará de ser un niño para empezar a ser tu compañero, y con la **información** necesaria, esta época con tu chavo puede convertirse en la mejor etapa de toda tu vida.

La **información** es la clave, y hablando de ella, me gustaría platicarte cómo surgió este libro. Es muy chistoso porque le idea llegó al final de la presentación de mi libro ¡Renuncio! Tengo un hijo adolescente,

¡y no sé qué hacer! ¡Sí!, fue un poco raro, apenas estaba terminando uno y ya estábamos pensando en el siguiente, me imagino que fue algo así como cuando las mujeres dan a luz y estando todavía en el hospital les preguntan: "¿Y para cuándo el otro?" (obviamente la nueva mamá se quiere morir). Pero así fue, cuando acabé la primera presentación del libro en la Feria Internacional del Libro de Monterrey, pregunté al público si alguien tenía alguna duda. La verdad es que la mayoría de las veces que haces esto en una conferencia casi nadie levanta la mano, no importa si hay muchas dudas, a la gente generalmente le da pena, y muchos de los que llegan a levantar la mano (no todos, conste) están más preocupados por hacer una pregunta impresionante, egofortificante y que deje a todos pensando: "¡Órale, este cuate es súper inteligente!" (si es en inglés suma más puntos), y no exponen una duda real. Bueno, el asunto es que cuando dije "¿alguien quiere preguntar algo?", pensaba yo que habría una o dos preguntas y cual va siendo mi sorpresa cuando veo levantar la mano de más de 60 papás: no lo podía creer, me sorprendió muchísimo, empecé a darles la palabra y escuché preguntas como:

- ¿Qué hago si por más que intento mi hijo nunca me cuenta nada?
- Caché a mi hija cortándose las muñecas con un cúter, ¿por qué lo hace? ¿qué hago?
- Soy mamá soltera, ¿cómo puedo educar y ponerle límites a mi adolescente, si siempre estoy trabajando?
- ¿A qué edad está bien que mis hijos entren a las redes sociales?
- Me divorcié hace 6 meses y por la cuestión de los límites la casa de mi exesposo es Disneylandia y la mía la de la bruja ¿cómo lo manejo?
- Mi hijo se clava con el internet y no sé cómo sacarlo de ahí, ¿cuánto tiempo es el adecuado para él?
- ¿Cómo sé en qué está mi hijo? ¿Qué hacen sus amigos? ¿Tiene novia y hasta dónde han avanzado? ¿Algún conocido le ofrece drogas?
- Caché a mi hija intercambiando videos sexuales en su celular, con dos de sus amigos, ¿qué hago?

- ¿Cuáles son los peligros reales de internet?
- Soy un papá estricto y mi hijo me enfrentó a golpes la semana pasada, ¿cómo debo reaccionar?
- Mi hijo me amenaza con irse de la casa y eso me pone a temblar ¿qué hago?

Cuando escuché todo esto me di cuenta de que los padres tenían muchas preguntas específicas y estos cuestionamientos nos interesaban a la mayoría; también noté que les urgían las respuestas porque muchos vivían esas problemáticas en ese momento y otros querían prepararse por si sus hijos llegaban a ese punto. Esta situación siguió dándose en las conferencias que daba a padres de adolescentes, así que decidí buscar las respuestas. Entrevisté y encuesté a más de 700 padres de adolescentes con el fin de saber las preguntas más recurrentes, las más solicitadas y las que los dejaban sin dormir, todo esto para encontrar soluciones.

Siempre lo aclaro, no soy psicólogo, terapeuta o sexólogo, soy un comunicador con más de 25 años de experiencia y me he enfocado en buscar a los mejores expertos **(verdaderamente los mejores) para encontrar las respuestas a todas esas inquietudes que, como padres, necesitamos todos.**

He trabajado con papás y mamás de adolescentes, he estudiado su información, preguntado y vuelto a preguntar, cotejado sus respuestas y me he apoyado en una bibliografía muy amplia.

He entrevistado a los mejores expertos en adolescencia, psicólogos, psiquiatras; en comunicación, neurólogos, sexólogos, expertos en tecnología, abogados, pediatras, asesores en seguridad digital y muchos otros especialistas para tener las mejores respuestas, y busco convertir esta informa-

Más de
700
padres
entrevistados

ción en un escrito sencillo, ponerlo todo en blanco y negro con la intención de que estas respuestas sean fáciles de entender, amigables, claras y, sobre todo, muy muy prácticas y acertadas.

La idea es que si tienes un problema con tu adolescente, estas respuestas te ayuden a entender lo que está pasando, **saber verdaderamente cómo actuar, qué hacer, a quién dirigirte y, sobre todo que funcione.**

Agradezco a todos los padres que me han platicado sus problemas en estos tres años de investigación y a todos los especialistas que compartieron sus conocimientos para que muchos contemos con herramientas y tengamos mejor relación con nuestros adolescentes.

Yo tengo tres hijos y soy el primer lector de toda esta información, casi casi el primer lector de mis libros: cada vez que termino de una entrevista con alguno de estos expertos reconocidos, salgo sorprendido y emocionado con la información que me dieron, le marco por teléfono a mi esposa (aunque sea llamada de larga distancia) y me muero de ganas de poner la información en práctica y que muchos otros papás la sepan.

Al día de hoy llevo 17 años dando conferencias para adolescentes y para sus padres, he escrito 5 libros sobre este tema, he aprendido mucho de los jóvenes después de trabajar tantos años con ellos y, te digo algo: lo haría el resto de mi vida porque me apasiona y porque sé que somos muchos los padres que necesitamos ayuda. He intentado unir mi trabajo de entretenimiento en los medios de comunicación con el de la investigación, esto lo hago para enganchar a los chavos, ayudarlos y lograr informar a los papás y, de esta manera, hacer un puente de comunicación entre padres e hijos que a veces nos cuesta mucho trabajo encontrar.

Mi idea es llevar la información de los expertos a la mayoría de madres, padres, tíos, abuelitos... a cualquier persona que se encargue de un adolescente y la pueda necesitar.

Gracias por tu confianza, recuerda que hay mucha gente y trabajo detrás de cada una de estas respuestas, así que tú tranquila(o), te aseguro que estás en muy buenas manos.

El libro tiene los 3 temas que más les preocupaban a los papás cuando los entrevisté:

1   2   3

1 **Comunicación con tus hijos**
2 **Internet, redes sociales y celulares**
3 **Divorcio** (lamentablemente la mitad de las parejas están separadas hoy en día)

Puedes leer este libro en orden o simplemente buscar la respuesta que te urja en ambulancia, sólo te recomiendo lo siguiente: si vas a leer una pregunta aislada, lee antes la introducción de ese tema para que tengas algunas referencias, las vas a necesitar. Por otro lado, si encuentras alguna palabra de uso común entre los adolescentes o de tecnología que no entiendas, al final del libro hay un diccionario para padres que seguro te va a funcionar (las palabras del diccionario están resaltadas en otro color dentro del libro).

Mucha suerte y prepárate para hacerle una radiografía a la cabeza y al corazón de tus hijos, porque después de esto, te lo aseguro, los conocerás y los disfrutarás mucho más de lo que jamás te imaginaste.

La adolescencia es fantástica y una de las mejores etapas de nuestros hijos, sólo hay que entender lo que están viviendo, tener la información efectiva para ayudarlos y exprimir cada segundo que estén contigo. Como me platicó el papá de Rodrigo al principio de estas páginas: hay que disfrutar cada segundo de la vida de nuestros hijos, porque aunque algunos segundos parezcan "mejores" que otros, la realidad es que todos son buenos y ninguno se repetirá. Un abrazo con muy buena vibra y con el gran deseo de que goces a tus hijos:

Yordi

www.yordirosado.com.mx

CAPÍTULO

→ 01 ←

COMUNICACIÓN

—Hugo, creo que tener dos entrenamientos de fut en la tarde te está quitando mucho tiempo para la escuela. Pienso que deberías dejar uno. Me preocupa que vuelvas a reprobar matemáticas y arruines tus vacaciones yéndote a examen extraordinario.

—Para nada, papá, yo puedo perfecto.

—Pero el verano anterior reprobaste.

—Papá, ya no me molestes con eso, ya no soy ningún niño, sé perfecto lo que hago.

—Vas muy mal en la materia y...

—Ya, déjame solo, sí.

(Tres días después.)

—Papá, decidí dejar uno de los entrenamientos de fut. Estuve platicando con el tío de Pepe de mis broncas con matemáticas y cuando le dije lo que hacía durante el día me recomendó dejar un entrenamiento; la verdad creo que tiene toda la razón. Entrenar dos veces es mucho y podría irme a extraordinario.

—¡¡¡¿¿¿???!!!

Papá, mamá:

- No importa cuántas veces le digas las cosas a tus hijos, generalmente se lo creerán a otra persona.

25

- Tus hijos van a descalificar la mitad de lo que les digas (y buena parte de la otra mitad, también).
- Las palabras **siempre** y **nunca** las dirán más que la frase "¿Me das permiso?" (imagínate nada más).
- Muchas veces sentirás que hablas solo, aunque tus hijos te estén viendo "directo a los ojos".
- Conocerás lo que realmente es una comunicación monosilábica: "sí", "no", "ajá", "mmm".
- Será más fácil conseguir un taxi a las tres de la mañana en lunes que lograr que te platiquen por qué están tristes.

Es normal.

No te preocupes, es completamente normal así que puedes respirar, volver a semidormir, dejar de meditar y hasta dejar de comprometer a todos los ángeles, a todos los poderes superiores y a cualquier ser que le pidas que tu criatura se componga.

Es normal que los adolescentes quieran escuchar poco de sus padres y hablar con ellos todavía menos, en especial los hombres. Es prácticamente como cuando se juntan el hambre y las ganas de comer.

La mayoría de las conversaciones de los chavos con sus papás se desarrolla con frases cortas como: "¿A qué hora puedo llegar?" "¿Me das dinero?" "¿Quién agarró mi celular?" Y ya cuando quieren platicar dicen cosas más profundas como: "¿Me pasas la sal?"

 **La Real Academia Española calcula que los adolescentes utilizan 25% del vocabulario que usaría un adulto promedio para comunicarse a diario (usan 240 palabras distintas, contra las 500 o 1000 de un adulto).**

¡Qué terrible y despersonalizado se oye!, ¿verdad? El problema es que muchos padres hablan igual con sus hijos.

"Ya te dejé la cena", "recoge tu ropa", "apaga tu celular", "¿quiénes van a ir?", "¿me estás oyendo?" (el "inútil" de Paquita La del Barrio solamente lo imaginaste…)

Y este tipo de comunicación *obviamente* no ayuda mucho.

El doctor Michael Riera, autor de *Staying Connected to Your Teenager*, explica que en la etapa de la adolescencia la comunicación está muy pero muy afectada, pues no sólo baja la cantidad de palabras sino también la calidad de lo que dicen, y además tus hijos están buscando su individualidad e identidad.

Durante la adolescencia tus hijos tratan de alejarse lo más posible de tus ideas, ejemplos y criterios, para empezar a formar los propios, como lo platico más ampliamente en *¡Renuncio! Tengo un hijo adolescente, ¡y no sé qué hacer!* O sea, así lo que se dice fácil, fácil, no va a estar.

Cada vez que un adolescente hace caso de algún consejo tuyo, siente que compromete y disminuye muchísimo su independencia, lo cual es como kriptonita para ellos.

La buena noticia —es más, la noticia del millón (millón de hormonas, pero al fin y al cabo millón)— es que podemos respetar esa parte de su crecimiento y ayudarlos a separarse de nosotros… para que puedan ser ellos y mejoren la comunicación mucho más de lo que te imaginas.

Muchas veces los adolescentes necesitan hablar con nosotros, el problema es que, como suele pasar, los papás no conocemos lo que están viviendo y pasando, y entre la casa, la chamba, el Instagram, los desayunos con las amigas, el Netflix, la tanda, la liguilla del fut, el quehacer, el concierto, el tratamiento del salón de belleza, el viaje, el miércoles, el jueves y el viernes social de la oficina, la junta de vecinos (que sólo es para chismear), la renta o la hipoteca, el Face, la ropa que no se ha secado, el proyecto de la oficina, otro desayuno con las amigas, en fin… no nos damos cuenta de que ellos quieren hablar con nosotros y hacemos exactamente lo contrario: les cerramos el canal.

Si aprendemos a hablar con ellos, podemos compartir las risas, las lágrimas y hasta sus intimidades (sí, leíste bien), pero ahí sí no depende tanto de ellos, depende más bien... de nosotros.

¿Por qué es tan difícil comunicarse con un adolescente?

Independientemente de los puntos que tocamos al principio de este capítulo, hay una situación que complica muchísimo la comunicación entre tu hijo, hija, sobrino, ahijado, nieto, alumno o hasta adolescente adoptado (o rentado) y tú.

El mundo del adolescente *acaba de colapsar* (suena a frase de misión imposible, pero cualquier explosión que hayas visto en algunas de esas películas es un juego de niños frente a lo que le está pasando a tu hijo o hija).

Los estudios científicos sobre adolescencia mencionan que toda la estructura, el conocimiento de sí mismos, la autoestima y el control de emociones que tenían cuando eran chicos, la acaban de perder en esta etapa de su vida. Todo este cambio está generando una revolución en el cerebro y en los mensajes que éste manda, por lo que, por obvias razones, el adolescente no tiene, ahora sí que, ni para dónde hacerse.

Es como si el chavo fuera a una empresa y de un día para otro esta empresa quebrara. Lógicamente se sentiría confundido, no sabría cómo actuar, ¿no crees? Lo mismo pasa en la adolescencia, la parte de la comunicación con sus padres es —como se dice en los siniestros— *de las zonas más afectadas.*

Por si esto fuera poco, el psicólogo clínico Anthony Wolf, quien ha trabajado con adolescentes por más de treinta años, menciona que los chavos cuando entran a la adolescencia empiezan a escuchar una nueva vocecita, sí, una voz que de "cita y buenita" no tiene nada y de complicada *lo tiene todo.*

¿Has vivido situaciones como ésta?

> Hijo: ¿Por qué me ves así, mamá?
>
> Mamá: ¿Así cómo?
>
> Hijo: ¡¡¡Ay!!!, sabes perfecto cómo me estás viendo, como que ya no me soportas, ¿no?, como que no hago nada, ¿no?
>
> Mamá: Para nada, ¿qué te pasa? Estaba pensando qué iba a preparar de comer para hoy.
>
> Hijo: Sí, claro.

Este diálogo parece capítulo de una película de terror, ¿verdad? (sobre todo si pasa muy seguido en tu casa).

Lo que sucede es que los adolescentes empiezan a escuchar una "nueva voz" en su cabeza que creen que es nuestra, pero en realidad es "su" versión de "nosotros" y lo traducen a lo que creen que estamos pensando. Esa voz es su nueva conciencia adolescente (pero aún no lo saben). Al respecto, el psiquiatra José Luis Lillo Espinosa, de la Sociedad Española de Psicoanálisis, destaca que en esta etapa los adolescentes se empiezan a dar cuenta de que sus pensamientos y sentimientos son precisamente eso... suyos. Por eso buscan mantener su vida íntima lejos de los adultos, tratando, además, de no depender emocionalmente de sus padres.

De hecho, muchas veces, cuando les hablamos a nuestros hijos, ellos dejan de escucharnos a la mitad de la conversación y empiezan a completar lo que supuestamente, "según ellos", queremos decir. Esta conciencia chapucera, tramposona y malvibrosa es muy, pero muy demandante y estricta (tipo prefecta de escuela para hombres), por lo que no importa lo que digamos, ellos siempre se van a las últimas consecuencias y se ponen la vara muy alta.

"Claro, no hice el proyecto de la escuela como ellos hubieran querido, no soy el Míster Perfecto que ellos quieren, pues si les late, éste es el hijo que les tocó."

En estos casos es bueno enfatizar y repetir lo que pensamos con mucha claridad, para que se relajen un poco. Así que tu arma secreta, definitivamente, debe de ser... no engancharte.

No vale la pena que le expliques, te desgastes, te pelees y hasta te eches a perder el *manicure* o el *pedicure* con algo que en este momento tu hijo(a) no va a entender. Así que no te enganches, ya con ese simple cambio la relación mejorará mucho.

Poco a poco esa conciencia se relajará y los dejará de hacerse sentir perseguidos; por lo pronto no olvides que, en lo que la descubren y aprenden a vivir con ella, se sienten muy vulnerables y confundidos.

De seguro estás pensando (yo ya estoy usando mi propia vocecita): "No, pues entonces fácil no está." Pues más o menos porque, en efecto, hay muchos elementos que confunden, pero, si nosotros sabemos qué les está pasando por la cabeza, es mucho más fácil entenderlos y saber por qué reaccionan así.

El primer punto es que nosotros, como adultos, podemos manejar esto porque tenemos una estructura y una madurez, a diferencia de ellos. Los chavos no tienen elementos para resolver lo que viene, y cada problema para ellos va a ser como un volcán gigantesco en erupción (aunque en realidad sea un volcán de plastilina con Alka-Seltzer, como los de la primaria).

Así que nosotros somos los que tenemos que apechugarle (en otras palabras, echarle ganitas, aunque nos caiga en la punta del hígado o, en este caso de las hormonas, en la punta de la glándula).

Un psiquiatra y psicoanalista, el doctor Francisco Schass, me comentó que debemos entender lo que nuestros adolescentes están viviendo, acercarnos, cambiar nuestra forma de hablar con ellos; escucharlos, validar sus sentimientos y emociones (esta parte es importantísima, ya hablaremos de ella más adelante), respetar sus opiniones y, en especial, no desesperarnos, porque hay momentos en los que no podemos más y queremos matarlos (se oye fuerte, pero piensa cuántas veces has dicho o escuchado: *"Ay, lo quiero matar"*), pero hay que tener

p-a-c-i-e-n-c-i-a

con cada una de sus letras, porque, como decía, ellos no tienen las mismas herramientas que nosotros para enfrentar los problemas, y en este momento están llenos de ellos.

Por eso cuando nos acercamos a hablarles, y en dos o tres ocasiones no nos hacen caso, es muy mala opción decir: "Ay, no quiso" (y alejarte), "cuando él necesite, que me busque, ya sabe dónde estoy", y hasta ofenderte (tipo contestadora telefónica donde dejas tu recado y no te regresan la llamada). O simplemente: "Si a él le da lo mismo, a mí más" (con esto estarías diciendo "para canijo, canijo y medio").

En realidad, pareciera todo lo contrario, los adolescentes necesitan que estemos ahí, al pie del cañón, insistiendo y buscándolos.

Los adolescentes están muy conscientes de que sus acciones también comunican. Por eso, si los ves molestos o presentan actitudes negativas, pregúntales por qué están así o cómo los puedes ayudar. Aunque no lo creas, ellos esperan que sus papás se den cuenta, muestren interés por ellos y, sobre todo, mucha disposición.

Presencia y constancia

Estas dos capacidades son las claves para conseguir resultados con nuestros hijos, porque si no lo hacemos nosotros, ellos no lo van a hacer; están programados (prácticamente con los datos encriptados) precisamente para eso, para alejarse de nosotros, pero en el fondo, como lo comentábamos, nos necesitan más que nunca.

Presencia y constancia parecen dos palabras muy sencillas, pero todos los expertos que he entrevistado coincidieron en una clave real para mejorar la relación con tu adolescente y obtener resultados: estar ahí continuamente.

Así que, si en realidad queremos mejorar las cosas en esta etapa de la vida con nuestros hijos, es más chamba de nosotros que de ellos. ¡¡Suerte!!

No me puedo comunicar con mi adolescente, ¿cómo le hago?

Un día al salir de una conferencia para padres de adolescentes que di en Chihuahua, se me acercó una señora y me dijo:

—Yordi, no hay manera de que mi hijo hable conmigo, ¿cómo le hago?

—Bueno...

—Es como un mueble, te juro que por más que le echo ganas no abre ni la boca.

—Los chavos buscan...

—Quedarse callados, ¿no? Es exactamente lo que hace el mío, dime, ¿hay forma de que hablen?

—Sí, en realidad los chavos sí hablan, pero...

—Pues el mío no, ehh, te lo firmo.

—Ha intentado esc...

—He intentado todo y no habla el cabrito.

A veces nosotros mismos no nos damos cuenta de lo que hacemos mal, y eso es normal. A lo largo de este capítulo te daré muchas recomendaciones para hablar con tu hijo(a) y realmente comunicarte con él (ella).

Jajaja, en esa época yo tenía 42 años (ya estaba muy lejano de mi adolescencia), pero les juro que me sentí como se sentía su hijo, de hecho, ya tampoco quería hablar. Era muy evidente por qué no hablaba el chavo, la señora no sólo no dejaba hablar a su hijo, no dejaba hablar ¡a nadie!

Tanto la Academia Americana de Pediatría como varios expertos a los cuales he tenido la oportunidad de entrevistar destacan varios puntos para hacer que los adolescentes se abran. Estas observaciones nos pueden ayudar para empezar con el pie o más bien, la oreja derecha.

- Evita darles opiniones de sus problemas, a menos que ellos te lo pidan (si eres hombre, dale copy-paste a este consejo para tu mujer). Cuando tenemos la suerte de que nos platiquen algo, buscan una oreja, no una boca (cuestión de clases de anatomía).

- No termines sus frases, eso los frustra muchísimo (me imagino que a ti también, sólo que los papás somos profesionales en esta técnica con nuestros hijos). Déjalos hablar, de eso se trata la petición, ¿estás de acuerdo?

- Recuerda que en la adolescencia la comunicación con los hijos baja considerablemente, no esperes la misma cantidad de antes.

- Advertencia-Cuidado-Peligro: bajo ninguna razón o circunstancia intentes hablar como ellos. No soportan a sus papás cuando los imitan, precisamente están tratando de alejarse de ti y la imagen chavo-ruco en su mamá o papá no es de sus favoritas (ésta es de las imágenes en las que más me tengo que aplicar yo diariamente).

- Valida sus puntos de vista, esto no es importante, sino lo que le sigue. No importa lo extraños, raros, locos o exagerados que sean, si no les damos su lugar, no te volverán a compartir nada. Puedes decir "yo opino distinto", pero nunca "eso no va a pasar jamás" o "eso es una tontería", decir eso sería como tocar fondo… y seguir cavando.

- No los interrumpas cuando hablan, son inseguros y si hacemos eso se sienten mal y después de hacerlo varias veces prefieren cerrar la boca, a la vieja usanza de kínder 2: "Un candadito nos vamos a poner, el que se lo quite va a perder... uno, dos, ¡tres!"
- No trates de arreglarles sus problemas cuando te los cuenten, si lo intentas no te los volverán a platicar. El objetivo de su vida en este momento es resolverlos solos, así que no vayas contra su naturaleza.
- No los presiones para hablar. Es lo que más los cierra, necesitan su tiempo y espacio, mejor aprovecha y escúchalos cuando hablen.
- No intentes tener siempre la última palabra en todo (no fue intencional poner este punto al final).

Tip de experto: Tu adolescente va a mejorar como hijo en la medida que cambies tú como padre.

Estos son sólo algunos puntos que ayudarán a mejorar la comunicación, pero te aseguro que, independientemente de eso, mejorará bastante tu imagen ante ellos.

Insisto, algo súper importante es que sepamos que una de las palabras básicas en este asunto es:

Paciencia

No esperes que tu adolescente cambie de la noche a la mañana (o como miden su vida los chavos, de la fiesta de este viernes a la del siguiente viernes). Aunque cambies tu forma de hablar con ellos durante dos días, no vas a ver resultados inmediatos.

Por un lado, ellos tienen muchos impulsos cerebrales que los hacen ser menos comunicativos con nosotros; y por otro lado, nosotros tenemos mucho tiempo hablándoles incorrectamente, así que pian piano o pian pianito (como dice mi papá), o sea, despacito y sin quitar el dedo del renglón, podremos ver resultados. Cuando menos te lo imagines tus hijos van a empezar a decir…

- No sé qué le pasa a mi mamá/papá.
- Están raros.
- Me están empezando a caer mucho mejor y he estado platicando mucho con ellos.
- … ¡Qué extraño!

Tipos de comunicación entre padres y adolescentes

1 De lo que se habla normalmente: temas familiares, escuela, salidas con amigos.

2 De lo que sería bueno hablar: logros, proyectos, metas, miedos, cosas que les molestan (ojo, pon mucha atención y escúchalos cuando quieran hablar de esto).

3 De lo que normalmente no se habla: principalmente drogas y sexualidad.

4 De lo que no vale la pena hablar: cosas que consideran superficiales o irrelevantes.

¿Cuáles son los principales errores que cometemos los papás al comunicarnos con nuestros hijos y cómo los resolvemos?

—¿Perdón?

—¿Cuáles son los principales errores que cometemos los papás al comunicarnos con nuestros hijos y…?

—¿Cómo?

—¿Cuáles son los principales errores que comentemos los papás…?

—¿Qué me decías?

—¿Cuáles son los prin…?

Así como te acabas de sentir, así se sienten la mayoría de los adolescentes con nosotros.

No escuchar

El principal error que cometemos los papás es no escuchar a nuestros hijos, y como seguro te pasó en este momento, después de repetir las cosas dos o tres veces, al final todos sacamos la famosa y definitiva frase: "… Ay, olvídalo." Eso es lo que hacen los adolescentes con nosotros.

 Federico Soto, psicoanalista del Instituto Mexicano de Psicoterapia Psicoanalítica de la Adolescencia y una de las personas más calificadas para hablar del tema, me explicó los principales errores que cometemos los padres. Un chavo necesita sentirse escuchado, por eso tiene tanta empatía y química con sus amigos.

Los adolescentes siguen todo el tiempo a sus pares (cuates, *brothers, friends,* amigas, *besties,* banda, o como quieran decirles), porque no importa si lo que les cuentan es súper serio, muy básico o hasta tonto, ellos siempre los escuchan.

Eso hace que quieran estar juntos en todo momento y que estén dispuestos a dar la vida por sus amigos (o a dejarlos que usen la última rayita de pila de su celular que, para ellos, es el equivalente).

> **El principal error que cometemos los papás es no escuchar.**

Cuando un adolescente es escuchado (pero en serio escuchado, no "maso", como dicen ellos, o 2-3, como decimos nosotros), se siente importante, tomado en cuenta, adulto (de las sensaciones más importantes en esta etapa), se tranquiliza y siente paz. Sin embargo, si alguien no lo escucha, de inmediato cierra el canal de comunicación.

En México, según la consulta infantil y juvenil IFE, **89.6%** de los niños entre **10 y 12 años** de edad considera que en su casa toman en cuenta su opinión; a medida que la adolescencia avanza este porcentaje baja y sienten menos apoyo de sus padres.

Hay ocasiones en que el adolescente no sabe que necesita ser escuchado, pero cuando alguien le pone atención de inmediato cambia su actitud, se siente mucho mejor y feliz. Por eso hay personas a las que busca más que a otras.

Los chavos dicen las cosas más importantes que están viviendo y sintiendo en medio de las frases más normales y cotidianas. Es como su propio código (propongo que lo llamemos Código ASSE, Adolescentes Sacando la Sopa Escondida), y si nosotros ponemos atención, podemos lograr eso que tanto buscamos.

¿Qué están viviendo? ¿Qué los emociona? ¿Qué los preocupa?

—Ay, mamá, estoy harta, Lucía y Martha se ven guapísimas, traen una súper ropa y están flaquísimas. ¿Te acuerdas de Rodrigo, el galán que está guau?, pues él, que normalmente no pela a nadie, quiere con las dos, ¡sí, con las dos! Creo que no se sabe ni mi nombre y siempre estoy con ellas. Tienen unas blusas que les quedan súper pegadas, súper *cool,* yo creo que voy a hacerle como le hacen ellas. ¿Me puedes dar dinero para comprarme ropa el fin de semana?

Analizado con Código ASSE

—Ay, mamá, estoy harta, Lucía y Martha se ven guapísimas, traen una súper ropa y están flaquísimas. ¿Te acuerdas de Rodrigo, el galán que está guau?, pues él, que normalmente no pela a nadie, quiere con las dos, ¡sí, con las dos! Creo que no se sabe ni mi nombre y siempre estoy con ellas. Tienen unas blusas que les quedan súper pegadas, super *cool,* yo creo que voy a hacerle como le hacen ellas. ¿Me puedes dar dinero para comprarme ropa el fin de semana?

Los puntos a analizar son:

* ¿Por qué están tan delgadas?
* ¿Cómo le hacen ellas?
* ¿Qué piensa hacer tu hija?

Uno puede estar frente al inicio de un cuadro de anorexia o bulimia, en el peor de los casos, y ni siquiera darse cuenta y después preguntarse: "¿Cómo empezó toda esta pesadilla?, nunca me dijo nada."

Escuchar a tus hijos puede mejorar muchísimo su relación y evitar problemas muy serios el día de mañana (o inclusive pasado mañana).

Otro de los errores comunes que cometemos es que les contestamos antes de que acaben de hablar (haz memoria o checa a tu pareja y verás que muchas veces somos como máquinas demoledoras de frases de adolescentes).

—Mamá, ¿puedo ir este sábado a la fiesta de Alejandra? Va a ser en su casa y...

—Qué fiesta ni qué ocho cuartos (frase arraigada por nuestros abuelitos), con las últimas calificaciones que trajiste a la casa, cero permisos.

(Y lo que ya no escuchamos fue)

—...es que ellas nunca me habían hecho caso y es la primera vez que me invitan.

Lo que te iba a decir era importantísimo para saber cómo se siente y por qué ir a esa fiesta era esencial, pero los paramos en seco y eso para ellos (y para todos) es insoportable. Eso *obviamente* cierra todos los canales contigo, nadie quiere hablar con una persona que no te deja ni siquiera terminar las frases.

Está comprobado que las familias que mejor funcionan son las que siguen un estilo de comunicación democrático, en el que los padres son la guía, apoyan, protegen y por supuesto escuchan a sus hijos.

Por eso, la mejor arma que podemos utilizar para mejorar nuestra relación con nuestros hijos es: oreja grande y boca chiquita. Y nunca olvides: tu adolescente va a mejorar como hijo en la medida que cambies tú como padre.

Creer que sabemos todo

Pocas cosas hay más molestas que el típico amigo "uno más que tú", ese que hasta cuando le cuentas una enfermedad te dice que tiene una mucho peor.

Sin darnos cuenta, los papás hacemos lo mismo con los hijos, sabemos todo, conocemos todo: "Cuando tú vas, yo ya vengo", "cuando ya vengo, tú ni sabes si vas a ir", "cuando yo decido si voy a ir, tú... tú... tú ni has nacido".

Esto les pega mucho a los chavos. Nos ven narcisistas (sólo lo mío está bien, qué lindo soy, qué bonito soy, cómo me quiero), autoritarios, con poca credibilidad, y eso pone nuestra imagen, como el peso frente al dólar, a la baja.

La realidad es que lo hacemos con buenas intenciones, pero nuestras reacciones muchas veces son un reflejo de nuestros padres que se sentían obligados a tener la razón y la respuesta correcta **siempre,** y así nos sentimos nosotros muchas veces.

La diferencia es que en esa época no existía señor Google, ni su sobrina la señorita Wikipedia, que le ayudan a contestar a tus hijos en 0.7 segundos (o antes, si su internet tiene banda ancha), y por si fuera poco contestan correcto y hasta con cifras decimales.

Por eso abrirnos ante ellos funciona, mostrarles cuándo no sabemos algo y, aún mejor, dejarlos que nos enseñen y nos expliquen.

Eso es un puente que nos acerca, hace que ellos aporten cosas en nuestra relación y se sientan menos amenazados y más cómodos con nosotros. Demostrarles que no sabemos todo nos acerca y los ayuda a tenernos más confianza.

Ignorar sus emociones

Normalmente minimizamos sus emociones (porque son chavos) y creemos que no son tan importantes o están exagerando, y es todo lo contrario. En una plática que tuve con Montserrat Gerez, doctora en Neurociencia y Psiquiatría, me comentó que durante la adolescencia los chicos están muy muy irritados por los cambios hormonales que sufren (o sea, tu adolescente está normal, no se venció la garantía).

Estos cambios desestabilizan los circuitos límbicos que antes tenían controlados y que hoy están como en remodelación; estos circuitos están relacionados con la memoria, la atención, los instintos sexuales, las emociones como el placer, el miedo, la agresividad y con la conducta, ¡imagínate nada más esta cantidad de cosas juntas!, y obviamente esta "remodelación" desestabiliza toooodo el sistema. O sea que los pobres chavos no saben ni a dónde van, ni de dónde vienen y, por lo mismo, es cuando más preocupados, asustados y angustiados están. Así que imagínate lo que sienten cuando ignoramos sus emociones, como parte del paisaje.

¿Estás sentada o sentado? (o por lo menos en una mesita periquera), prepárate para escuchar esto:

En realidad, ante los problemas, los adolescentes ya tienen una solución. Ya saben qué hacer y cómo hacerlo (obviamente esto no tiene certificado ISO 9000, ni garantiza que tengan la solución correcta).

El problema lo tienen en el aspecto emocional, eso es lo que de verdad les preocupa, están abrumados, sienten mil emociones peleándose y transitando de su estómago a su corazón en vía rápida y sin límite de velocidad.

Seguro alguna pareja que amabas en algún momento te dijo el famoso "no eres tú, soy yo", que ya de adulto sabemos que significa: "Sí eres tú y sólo tú, pero si ya te voy a terminar, por lo menos no quiero que te sientas mal", y sentías que te querías morir, como un huracán (categoría 5) de emociones, ¿no? Pues así se sienten casi todo el tiempo los adolescentes. Imagínate nada más, es como viajar con su huracán portátil.

Lo mejor que podemos hacer en esos momentos (que van a ser muchísimos) es escucharlos, darles tiempo y entender lo que están sintiendo.

Cuando eres empático, o sea, cuando puedes percibir lo que tu adolescente está sintiendo, y lo ayudas a que lo hable, lo saque, lo llore, lo ría, lo golpee o lo grite, haz de cuenta que te ganaste la medalla de las olimpiadas de padres adolescentes (no existen, pero las deberían inventar y sólo dar medallas de oro).

Si logras escucharlos, será lo máximo que hagas. Tu hijo o hija se sentirá acompañado, le bajará a la ansiedad que lo traía loquito y que tantos sentimientos le estaba causando, y lo más importante (redoble de tambores de circo sin animales)… va a tener ganas de volver a platicar y estar contigo (aunque tú no hayas dicho casi nada), todo esto por el precio de un solo boleto: ayudarlo a pensar y a manejar sus emociones.

¿Qué es lo que más valoras de la comunicación con tus papás ?

1. Que podamos hablar los dos.
2. Sentirme escuchado.
3. Intercambiar diferentes puntos de vista.
4. Que los dos sepamos ponernos en el lugar del otro.
5. Que se interesen por lo que me pasa, por lo que pienso y por lo que siento.

Vanina Schmidt y otros, *La comunicación del adolescente con sus padres.*

Por eso, lo mejor es hablar y empezar a tocar los sentimientos. Y ¿cómo empiezo? Ahí te va, la mejor forma de iniciar es preguntarles: "¿Quieres que platiquemos?"

Aunque te digan que no (cosa que pasa muy, pero muy seguido), el simple hecho de haber dicho la frase ya abre la posibilidad para que en otro momento tu hijo(a) se acerque y sin decir agua va empiece a hablar.

Evita preguntarle: "¿Qué te pasa?" Ésta es la frase que más decimos y la que menos funciona porque es una cruza entre orden y regaño.

Una vez que abres la plática o hasta antes de hacerlo, existe una frase muy poderosa, con la que te aseguro que vas entrar al corazón de tu hijo y será una muy buena opción para abrir la comunicación. De hecho, se nota una gran diferencia entre una madre que usa regularmente esta frase y una que jamás la usa.

¿Cómo te sientes?

Esta pregunta descongela hasta el corazón más frío con escarcha de adolescencia. Ojo, no siempre funciona en el momento, a veces los chavos están tan hechos bolas que no pueden hablar, pero si lo intentas más tarde, incluso otro día, hay una gran posibilidad de que obtengas la respuesta que buscas y de que ayudes a que tu hijo se desdoble cual calcetín (de adentro para afuera) con todos sus sentimientos.

Ahora, si bien la mayoría de los adolescentes reaccionan con estas preguntas, existen otros que, cual frasco de mayonesa en el refrigerador, no se abren. Tranquila (o), es normal. Sin embargo, aunque parezca que no funcionó, el simple hecho de haberles preguntado cómo se sienten, o de decirles la frase "cuando tengas algún problema o algo que platicar, aquí estoy para escucharte", cambia por completo la química con tus hijos porque, aunque no puedan hablar (literal, a veces no pueden), sienten una gran tranquilidad y apoyo de tu parte al saber que cuentan contigo y que estás ahí para ayudarlos.

Así que no dejes de decirles estas palabras constantemente (una vez nada más no sirve de nada), y sobre todo, lo más importante: cúmpleles.

Apréndetela bien. Esa simple frase puede cambiar la relación con tu adolescente por completo, ya que se va a sentir en confianza, acompañado y con mucho apoyo de la persona que se la diga.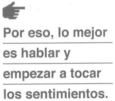

Por eso, lo mejor es hablar y empezar a tocar los sentimientos.

Tip de experto: El famoso "te lo dije" es una de las frases que menos ayudan con los adolescentes. No se las digas. Ellos aprenden mucho más de la experiencia, que de la advertencia. Cuando vivas una situación así, muérdete los labios, no digas nada, no pierdas lo ganado. Ellos valorarán y sentirán que aprendieron solos (en realidad, sí lo hicieron).

Encuesta para adolescentes (pero como papá, tienes que leer)

Es muy difícil que tus hijos te digan directamente lo que piensan, por eso decidí hacer una encuesta a diferentes grupos de chavos sobre algunos puntos que nos gustaría saber a los papás. La mayoría de las respuestas coinciden y se repiten, por lo que seguramente mucho de lo que está aquí tiene que ver con tus hijos.

¿Qué hacen o dicen tus papás que no te gusta nada y logra que NO quieras hablar con ellos?

- A veces los buscas para contarles algo y no se dan cuenta de eso.
- Regañarme, preguntarme cosas de mi vida social.
- Me ignoran y no me ponen la atención que quiero.
- Hacen preguntas incómodas.
- Le cuentan a sus amigas cosas de mí que creen que no son importantes pero a mí sí me importan; hay cosas que no quiero que nadie sepa, por eso ya mejor no les cuento.
- Que sólo me busquen para que ayude en la casa o para el quehacer.
- Casi nunca tienen tiempo para hablar.
- Que se metan en cosas que no les quiero contar.
- Que siempre digan "luego hablamos".
- Están muy metidos en sus problemas y nunca preguntan ¿cómo estás, cómo te sientes?
- Prefiero guardarme mil cosas, porque luego me regañan con todo lo que les digo.
- Que cuando estoy sensible me pregunten mil veces: "¿qué tienes?"
- Que siempre que quiero estar con ellos o platicarles algo no me pelan, sólo me dan dinero y me compran cosas.
- Que no piensan igual que mis amigos, mis amigos me apoyan, ellos no te apoyan, no aceptan tus ideas casi nunca.
- Te preguntan "¿quién te gusta?", les dices y lo cuentan.

Por el contrario, ¿qué cosas hacen que te sientas mejor y quieras hablar con ellos?

- Que hablen conmigo en buen plan.
- Reírse. Cuando nos reímos y nos la pasamos bien, me dan ganas de platicar con ellos.
- Aconsejarme cuando se los pido.
- Que me cuenten cosas de ellos, me siento con más confianza de platicarles mis problemas.
- Que se acerquen y hablen de temas interesantes, que no sean broncas, problemas y cosas así.
- Cuando estoy solo con alguno de ellos y me pone atención sólo a mí.
- Cuando nos divertimos mucho juntos.
- Cuando me platican sobre algo que alguna vez les salió mal.
- Que me demuestren su cariño.
- Que me tengan confianza y que también ellos se abran conmigo.

¿Qué consejo les darías a tus papás para que puedan llevarse mejor y platicar más tiempo contigo?

- Les diría que se zafaran un poco de su mundo para ver lo que nosotros vemos, porque nuestra actitud depende de qué nos pasa, si estamos bien o si estamos mal.
- Que hablen conmigo y entiendan la etapa en la que estoy.
- Hay veces que te sientes mal y quieres que tus papás lo noten, pero casi siempre están en su mundo y no se dan cuenta.
- Si les cuento algo es ¡a ellos!, no a todo su café o a sus comadres.
- Que de vez en cuando me pregunten cómo estoy.
- Que me comprendan más y me hagan sentir en confianza.
- Que entiendan mi edad y lo que hacen mis amigos.
- Que cuando les cuente algo, en lugar de regañarme, intenten entenderme.
- Que hablen con nosotros sin meterse tanto, que nos apoyen.
- Que no hagan preguntas incómodas. Si les quiero contar, yo sabré cuándo y cómo.

¿Tienes algún amigo que se lleve y platique muy bien con sus papás? ¿Qué hacen?

- Sí, sus papás conocen sus estados de ánimo y cuando la ven triste ya saben que tiene algo y se acercan a platicar.
- Sí, pasan mucho tiempo juntos.
- Se lleva mucho con su papá y se hacen bromas.
- No, ninguno de mis amigos platica mucho con sus papás.
- Sí, se dan cuenta de los esfuerzos que hacen sus hijos.
- Se tienen confianza entre ellos.
- Los escuchan cuando están tristes.

¿Qué te molesta del trato de los papás a los adolescentes?

- Que cualquier cosa o novedad que les platiquen siempre se la cuentan a sus amigas o amigos como chisme.
- Que todo el día hacen referencia a que somos adolescentes, como si fuera una enfermedad.
- Que no traten de entendernos nunca, todo se debe hacer siempre como ellos dicen.
- Que se asusten con las cosas que hacemos los chavos y nos echen la culpa de todo.
- Que mis papás siempre sean tan estrictos.
- Que nos tratan como si no supiéramos nada.

¿Cuáles son tus preocupaciones hoy en día?

- Tener buenas amigas, sacar buenas calificaciones, no dejarme llevar por el alcohol, las drogas, etcétera.
- No saber vivir la vida como se debe.
- Estar en medio de los problemas de mis papás, a veces no sé a quién creerle.
- Los regaños de mis papás.
- No caerle bien a los demás.
- Que me da flojera casi todo y no sé por qué.
- Que me hagan burla en la escuela y no tenga amigos.
- La muerte.

- Que se acaben mis series de televisión.
- Seguir engordando y no tener novio.
- Que mis papás se divorcien.

¿Qué hace que respetes a tus papás?

- El apoyo que me dan y que me digan que sí puedo lograr las cosas.
- Que hablen conmigo tranquilos.
- Que también hagan las cosas que ellos dicen que se deben hacer.
- Que respeten mi opinión.
- Cuando son justos para los dos lados.
- Que me den la razón cuando la tengo y no quieran ganar siempre.
- Que me castiguen cuando tienen razón, pero que también me feliciten cuando lo merezco.
- Que cumplan lo que dicen.

¿Qué cosas admiras de tus papás, aunque ellos no lo sepan?

- Que aunque les cuesta mucho trabajo, hacen lo posible para que no nos falte nada.
- Que no me entienden pero siguen tratando de comprenderme siempre.
- Que aunque a veces no me gustan algunas cosas, sé que siempre hacen lo mejor para mí.
- Que a veces te quieren consentir sólo a ti y así podemos platicar.
- Que no tienen ningún vicio.
- Que nunca faltan a su trabajo, aunque se mueran de cansancio.
- El esfuerzo que hacen todos los días por nosotros.
- Que aunque se desesperan conmigo, nunca dejan de quererme.

Si te das cuenta, las respuestas de los chavos hacen mucho sentido con todo lo que hemos platicado. Creo que es muy claro el mensaje de lo que necesitan y de lo que puede mejorar nuestra relación con ellos, está en nosotros abrir los ojos y, sobre todo, ¡los oídos!

¿Cómo abro el canal de comunicación, cuando está cerrado en este momento con mi hijo(a)?

O, lo que es lo mismo, ¿cómo logro esa función en mi dispositivo adolescente, si ya no tengo las instrucciones, es más, no venían?

Lo primero es entender un poco cómo se sienten nuestros hijos todos los días.

En principio, están llenos de inseguridad, se sienten menos que los demás: menos atléticos, menos inteligentes que sus amigos, menos guapas que sus amigas (no importa que de grande vaya a ser *top model),* menos guapos que sus amigos (no importa que de grande vaya a ser conductor de televisión... ok, no), menos *ligador,* menos buena para hacer amigas, en fin, hasta con menos **likes** que los demás. Se fijaron ¿cuál es la palabra que más se repite? Correcto, la palabra **menos.**

Se sienten menos en muchos aspectos (cada chavo los suyos), y si te pones a pensar a conciencia, nosotros les decimos frases que los hacen sentir criticados, poco valorados, menospreciados y comparados.

- ¿En serio ése es tu mejor esfuerzo?
- No tienes ni idea de lo que estás hablando.
- ¿Por qué no eres como tu hermano?
- Ayúdame con esto por favor, nunca haces nada.
- Ay, ya, por favor, dices puras tonterías.

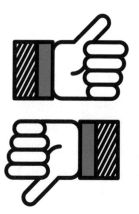

No te sientas mal, los papás no lo hacemos con mala intención (una vez más, es un patrón aprendido) y la verdad es que ellos tampoco son precisamente unos angelitos del señor (bueno, depende de qué señor estamos hablando). Lo que es un hecho es que si juntamos este tipo de frases con la inseguridad que cargan los jóvenes, ya de cajón, es una muy mala ecuación.

El doctor Michael Riera, autor de *Staying Connected to Your Teenager*, recomienda fijarte muy bien en cada mensaje que mandas a tus hijos y motivarlos lo más posible (obviamente con lógica y sin exagerar).

- Qué padre que hiciste eso, cómo lo lograste, jamás se me hubiera ocurrido.
- Muchas gracias por ayudarme con la ropa sucia de tus hermanos, me ayudas mucho más de lo que te imaginas.
- Nunca lo había pensado desde ese punto de vista, pero suena muy interesante, a ver, platícame más.

Si el candado para hablar con tus hijos está cerrado (casi casi oxidado), no habrá mejor combinación para empezar a abrirlo que hablarles distinto. Eso hará que se sientan mejor cuando hables con ellos. Hará que, por un lado, suban su seguridad y, por el otro, bajen la guardia. Prácticamente, que hablar contigo sea un gusto y no un martirio.

También es muy importante que te interesen sus cosas. Funciona mucho preguntarles sobre su mundo, su música, sus series de televisión (que ya ni se ven por televisión) y hasta conocer los productos que a ellos les gustan. Y una vez que sepas esto, es importante interesarte y darle seguimiento porque normalmente no lo hacemos.

Una fórmula sencilla

Crítica + Rechazo
= ⊕ Conflicto con los padres

———————

Afecto + Comunicación
= ● Crítica y rechazo hacia los padres

A los chavos les da una flojera tremenda hablar sólo de reglas, regaños y ejemplos. Habla de qué herramientas tiene la nueva aplicación de su teléfono (ojo, al hablar de herramientas, no le menciones llave de cruz o gato) y pruébalas con él; de los nuevos tenis que compró y por qué son mejores que los anteriores; de cómo es el carácter de cada integrante de su boyband favorita (grupo musical de niños que bailan como niñas). Platica de lo que les interesa, pero ten cuidado de no invadir su espacio (sé que acabas de pensar: "o sea, sí, pero ¿no?, o sea ¿cómo?").

Me refiero a que una cosa es interesarte en sus gustos y platicar de lo que les agrada, y otra muy distinta irte de boca y bajar a la fiesta con una blusa más corta y unos jeans a la cadera más atrevidos que los de tu hija (sin contar que empieces a bailar con el galán de la bonita tertulia). O sea, asfixiarlos.

Sé que es una línea fina; la mamá de una amiga decía: "Estás caminando por hielo muy delgado", pues más o menos así, pero aquí el hielo no es tan, tan delgado, se trata de acompañarlos en sus gustos y hablar de otras cosas, no de invadir su espacio, abrumarlos y mucho menos convertirte, como decía, en una chava o un chavo más.

Y lo más importante: genera un ambiente de confianza en casa, donde tus hijos se sientan seguros y sobre todo libres para hablar de sus sentimientos.

Si logras esto, te aseguro que no sólo van a empezar a hablar, sino que descubrirás a un nuevo hijo(a), interesado, apasionado, que está descubriendo el mundo, y disfrutarás mucho más de lo que te imaginas platicar con ellos.

"No suelta su teléfono ni el internet, ¿puedo utilizar estos medios para mejorar mi comunicación con él?"

- **41.3% de los adolescentes de entre 12 y 17** años pasa de una a cuatro horas frente a la televisión, incluyendo videojuegos; mientras que 15.1% pasan todavía más tiempo.
- **32.6%** pasa de una a cuatro horas frente a la computadora, el celular y otros dispositivos electrónicos, sin contar las actividades de la escuela; mientras que **18.8%** pasa aún más tiempo con estos aparatos.
- **64.5%** tiene acceso a dispositivos electrónicos dentro de su cuarto, incluyendo televisión o computadora.

Encuesta Nacional de Salud de los Niños (National Survey of Children's Health, DRC), Estados Unidos.

Según Shawn Marie Edgington, experta en tecnología y reconocida en Estados Unidos, la palabra escrita por medios digitales logra un efecto de comunicación mucho más claro y efectivo en los jóvenes, que los medios tradicionales.

Hoy en día los adolescentes han cambiado completamente su forma de comunicarse. Es muy importante que nosotros nos subamos a su tren (piensa en un tren bala, no en la locomotora de vapor que tenemos todos los adultos en la cabeza), porque de lo contrario los perdemos.

O sea, tu hijo va a captar más rápido lo que quieres decir por un mensajito de texto de WhatsApp, snapchat, Facebook o _____ (pon aquí la próxima aplicación que inventen), que cuando le hablas mientras está clavado en una *tablet* o un *smartphone*.

Eso no significa que menospreciemos la palabra hablada (obviamente jamás se compararán), pero sí que hoy por hoy utilicemos todos los medios posibles (y casi casi hasta los imposibles) para poder comunicarnos con ellos. El medio digital es el canal donde viven, respiran y, lamentablemente, también gastan dinero tus hijos.

> Otra gran ventaja del texteo es que es más concreto (elimina de este ejemplo a tu amiga que escribe tan rápido que ya te mandó un mensaje nuevo antes de que contestes el anterior).

Es más contundente, puedes decidir contestar o no (aquí entra todo el tema de las señales de lectura, ¿ya lo leyó?, ¿no?, ¿por qué no ha contestado?); de igual manera, elimina el tono de voz pues algunas veces complica la situación y, sobre todo, y muy recomendable para los adolescentes, te da la oportunidad de pensar tu respuesta antes de contestar, es como un freno de mano para adolescentes (y de hecho, también para muchos adultos).

Es por eso que desde un mensajito casual o de apoyo, hasta un desenlace de una pelea sin mucha importancia, pueden ser una muy buena vía. Ahora sí que con los chavos de la vía oral a la vía digital hay sólo un paso.

Obviamente, para problemas y situaciones más serias, sensibles o importantes, la palabra hablada, el estar frente a frente, los tonos y el contacto visual jamás tendrán comparación.

Es muy importante que les mandemos a nuestros hijos mensajes a sus ultra-súper-mega tecnológicos teléfonos y redes sociales, pero mensajes que sean positivos, mensajes que sumen a su relación, tipo:

Te mando un abrazo

Suerte en tu partido

Jajaja, en esta foto nos vemos terribles los dos, checa
https://watch?v=chL1RdmBFjw 📷

¿Por qué te saliste tan enojado hoy? ¿Te molestó algo?

Ya te extraño, mi amor

Hoy te voy a hacer pedazos en ping-pong, nos vemos cuando
regrese de la oficina, no me vayas a plantar

Creo que exageramos con la discusión
de esta mañana, ¿no crees?

Me acordé de ti, ve este video
▶ https://yotune.be/-bfld-bqhEo

Y no sólo mandar mensajitos, primos hermanos de los mensajotes, que sean una extensión de las responsabilidades o los regaños.

- ¿Dónde estás?
- Estoy muy molesto contigo, es la última vez que me hablas así
- ¿Porqué no arreglaste tu cuarto?
- Cuando llegues vamos a hablar muy serio

Eso sólo te aleja, hace que no te contesten, no lo lean, lo eliminen y los más temerarios hasta te bloqueen, y aquí sí, Houston, Dallas y hasta Chalco… ¡¡¡tenemos un problema!!!

Mejor utiliza estos medios a tu favor. Estas nuevas vías de comunicación son otra opción, muy buena, ya que están en su terreno.

La redes nos servirán como una más de las muchas carnadas de comunicación que necesitamos para que nuestros hijos, cual salmones (por aquello de la nadada contra corriente), piquen y podamos amorosamente comunicarnos con ellos.

De nosotros depende convertir los mensajes, chats y las redes en nuestros súper aliados o en nuestros archienemigos.

¿Cómo consigo que mi adolescente me escuche?

De entrada, los adolescentes no nos escuchan porque generalmente nosotros tampoco lo hacemos.

—*Entonces, mamá, cuando llegamos a la casa de Fabiola, no estaba su compu, ¡imagínate!, ahí estaba todo lo que habíamos escrito de su hermana y el patán de su novio. La buscamos debajo de la cama, en el clóset. Yo le pregunté: "¿Dejaste la sesión de face abierta?" Mamá, mamá, ¿me estás escuchando?*

—*Sí, mi amor, ¡qué padre! Oye, tu hermano está pasando un muy mal momento por haberse quedado sin reinscripción, necesito que me ayudes y no te pelees tanto con él por favor... Ale, Ale, ¿me estás escuchando?*

¿Quién quiere ponerle atención a alguien que generalmente no te la pone a ti? ¿Estás de acuerdo?

Como lo comentamos anteriormente, el inicio, la base, la piedra angular o como quieras decirle, para lograr que un adolescente te escuche es que nosotros los escuchemos a ellos.

Una vez que nos aplicamos nosotros y los empezamos a escuchar, hay una segunda parte que hace la pinza perfecta para que los chavos empiecen a escucharnos también; ésta es:

cómo les hablamos

Normalmente no nos damos cuenta, pero entre tantas preocupaciones que traemos en la cabeza (y a veces hasta en la cartera) y los recuerdos de los gritos y las amables advertencias que nuestra mamita linda y nuestro papito querido nos propinaron cuando estábamos chavos, por lo general les hablamos a nuestros hijos de una manera bastante negativa (léase y reléase: ordenamos, amenazamos, comparamos, advertimos, etcétera, etcétera, etcétera), y aunque no lo hacemos a propósito, ellos lo perciben en todo momento. O sea, es muy importante cambiar nuestra forma de hablarles.

Éstas son algunas estrategias base para los adolescentes, pero no te preocupes, seguramente estás pensando: "Y si la situación que tengo con mi talibán (perdón, adolescente) es otra, ¿cómo le hago?"

Si los haces sentir respetados e importantes, puedes generar muchas otras estrategias adecuadas para que te escuchen y puedan juntos resolver problemas. Parece el tesoro al final del arcoíris o el Santo Grial que buscaba Indiana Jones, ¿verdad?, pero en realidad sí se puede y, de hecho, hay muchas familias que lo consiguen.

Tanto el respeto como hacerlos sentir que sus opiniones son importantes para ti los hace reaccionar muy diferente, es como tener la versión mejorada 2.0 de tu hijo con todo y la última actualización.

Los adolescentes más competitivos y agresivos son los que reciben menos respeto, consideración y comprensión por parte de sus padres.

Algo básico que debes saber es que no todos los adolescentes ceden ni hacen lo que les estamos pidiendo, no es magia (si no, todos los papás estudiaríamos en el Instituto Copperfield e iríamos con sombrero de copa a la escuela). Cada chavo es diferente.

Sin embargo, la mayoría cambia su actitud y coopera. Lo esencial es que, al hablarles distinto, ellos empiezan a escucharnos, a pensar lo que les estamos diciendo y en consecuencia se genera un ambiente más relajado y hasta amigable, donde lo que dices ya no sólo es **escuchado** sino hasta **considerado** (y aunque los dos terminan en "ado", por fortuna tienen un significado muy distinto).... erradicando así el tan nombrado "parece que les entra por un oído y les sale por el otro".

Tip de experto: Para que tu hijo hable:
- Escucha y entiende sus emociones, aunque te parezcan sencillas, para ellos son *fuertísimas*. Eso cambiará su comunicación por completo.
- Aguántate y no des opiniones de todo lo que te cuentan.
- No los interrumpas cuando hablen.
- No completes sus oraciones antes de que ellos terminen.
- Ellos quieren que escuches sus sentimientos y preocupaciones, no que se las resuelvas.

¿Cómo logro que mi adolescente haga las cosas que le digo?

Suena como a la pregunta de entrada del paraíso. La realidad es que, como decíamos, con los adolescentes no hay recetas mágicas ni todos reaccionan igual, pero existen estudios y estrategias que pueden darte muy buenos resultados.

En un taller de la doctora Janice Hillman, experta en adolescencia, ella comentaba que una de las principales razones por las que los jóvenes no hacen caso son los sermones.

Cada vez que le decimos a nuestros hijos frases como:

- En mi época...
- Cuando yo iba a la escuela...
- Cuando yo era chavo...

En ese momento se desconectan y no escuchan lo que sigue en nuestro interesante y épico relato, porque:

- Nuestra época no es la suya...
- Nuestra escuela fue muy distinta a la de ellos...
- Y su adolescencia es diferente en muchas cosas a la nuestra.

Lo ven lejanísimo y ya saben que después de esa frase viene el mencionado sermón (Sermón: compartimento importantísimo —e irrefutable— que tiene como objetivo decirle la verdad y nada más que la verdad a la víctima), así que de inmediato cierran el canal.

Sin embargo, si lo que hacemos son preguntas, el asunto cambia por completo.

Es mucho más fácil sembrar ideas en la cabeza de un adolescente con preguntas para que él haga su propio proceso mental y encuentre respuestas, que lograrlo dándole un sermón diciéndole exactamente lo que *tiene* que hacer.

En resumen fácil y muy muy provechoso:

Cambia los sermones por las preguntas (suena como receta de cocina, pero te aseguro que si lo haces hoy mismo con tu hijo, te vas a sorprender).

Las preguntas tienen que ser reales, con verdadero interés y sin sarcasmo.

- ¿Y si haces eso qué crees que podría pasar?
- ¿Tú lo resolverías de otra manera?
- ¿Qué se te ocurre para que todos salgamos ganando?

Generalmente, el adolescente va a hacer lo contrario a lo que digas, por su naturaleza de separación hacía ti, así que decirle lo que debe hacer (aunque con tu experiencia sepas muy bien lo que va a pasar, el típico "cuando tú vas, yo ya vengo") es una mala estrategia.

Los adolescentes son muy inteligentes y pueden llegar a muy buenas conclusiones si les damos chance. No hay que imponernos sino hacerles ver que los estamos tomando en cuenta. Algo así como lo que hacen las esposas con los maridos, cuando nos hacen creer que nosotros tomamos la decisión, pero en realidad nos están casi casi dictando la respuesta (a poco creen que no nos damos cuenta, bueno, la verdad, la verdad, muchas veces no).

Los chavos están buscando madurar y tomar sus propias decisiones. Si les das la oportunidad, van a tomar caminos mucho más cercanos a una buena decisión y quizá al final ya sólo le tengas que dar una ajustadita a su respuesta, pero siempre como sugerencia y tomándolo en cuenta, para que sea él o ella quien haya decidido (guiño de esposa).

En la mayoría de las situaciones ésta es una gran forma de llegar a una respuesta en conjunto con tus hijos, pero existen algunas otras que dicen peligro con foquitos rojos por todos lados:

- Nos vamos a ir en moto a Acapulco, papá, pero no te preocupes, vamos por la carretera buena.
- La idea es meternos a la casa de la vecina, que tú sabes que no viene nunca y hacer una fiesta en su jardín, pero al otro día dejamos todo igual, no se van a dar cuenta.
- El novio de Laura es más grande que ella, tiene 35 años, pero te prometo que es súper *cool,* mamá. Bueno, nos invitó a su departamento el viernes en la noche y él va a llevar a un amigo para que lo conozca.

En este tipo de situaciones (si tienes la buena suerte de que te las digan), no puedes jugártela, aquí tienes que ser muy firme aunque a tu hijo(a) no le parezca, porque obviamente no puedes permitir que corra peligro.

En una ocasión como ésta tendrás que explicarle los riesgos y negarte al 110 por ciento (con su paquete de consecuencias de por medio), así haga una huelga de hambre (sólo de lácteos) o te deje de hablar hasta que recorra 15 kilómetros caminando en círculos en su cuarto, o necesite dinero, lo que ocurra primero.

Sin embargo, si estamos hablando de cosas más normales, dales la oportunidad de encontrar sus respuestas. Te prometo que te vas a sorprender de lo bien que lo pueden hacer.

> Los chavos están buscando madurar y tomar sus propias decisiones.

¿Cómo le hago para que me platique qué está viviendo y qué siente? ¿Qué hace? ¿Quién le gusta? ¿Es correspondid@? ¿Por qué se enoja tanto? ¿En qué está metid@? ¿Tiene nuevos amig@s? Esas cosas triviales que me da miedo que se conviertan en cruciales.

Una amiga del gimnasio me compartió una plática con su hijo:

Hijo: A Julio le gusta Fátima, la de 2b, y ella también se muere por él. En el campamento de verano nos pidió que fuéramos con él y le lleváramos serenata a su tienda de campaña. Y fuimos, estuvo chistosísimo, ella no salió de la tienda, pero se reía con todas sus amigas y le aventó una flor por la ventanita.

(Hasta ahí tú te estás muriendo de la emoción de la plática de tu hijo. Bueno, es más, de que conecte más de tres palabras seguidas contigo.)

Dentro de la tienda de campaña también estaba Roberta, la niña que según esto yo le gusto y ella... (silencio)

Mamá: ¿Qué más? ¿Qué pasó? (piensas: "No me hagas eso, por favor, llevo años tratando de saber quién te gusta, por favor, no pares ahorita, ¡¡sigue!! Sentimiento casi peor que cuando mamá pierde su libro de 50 sombras de Grey después de que Anastasia firma el contrato).

Hijo: Oye, mamá, ¿me das dinero para ir a jugar gotcha el viernes?

Mamá: ¿Queeeeé? Sígueme contando, ya no acabaste.

Hijo: X, ma, ¿sí me puedes dar dinero o no? Nunca me contestas lo que te pregunto.

En este momento te quieres morir, estabas tan cerca de la meta y tu mejor y único caballo (cual Arabella en *Don Gato*, comentario para papás que hayan nacido antes de 1975) se frena dos metros antes de cruzar la línea.

Esas pláticas ricas, largas y tendidas que queremos tener con los adolescentes son sólo una ilusión de padre soñador. Los adolescentes, por lo general, no platican así.

La plática de los adolescentes con sus padres tiene un promedio de cinco a siete minutos (especialmente la de los hombres, que son menos platicadorcitos) y se ven interrumpidas "de la nada", dejándote a medias y más picado que tía soltera en casino jugando Bingo. Los chavos no interrumpen la plática "de la nada", en realidad, se acuerdan o ven algo que les llama la atención e interrumpen lo que estaban diciendo, lo toman como un descanso y después van a otra cosa.

- Pasa un chavo que les parece guapo.
- Un coche les llamó la atención.
- Están pensando qué vestido se van a poner para la fiesta del sábado.
- Se acuerdan de un mensaje en redes sociales que no contestaron.

En fin, hay un millón de cosas que les están pasando por la cabeza y de buenas a primeras enfocan su atención en algo más y cambian de tema, o de plano se quedan callados.

Lo interesante de este efecto es que los chavos sólo interrumpieron por este momento la plática, no la terminaron como creemos normalmente los papás.

Así que quizá mucho más tarde, o al día siguiente, podríamos retomar la plática, en un momento donde no estén haciendo algo crucial en su vida (como terminando un videojuego o hablando por teléfono con sus amigas de los galanes), y te va a sorprender cómo pueden retomar la plática casi casi en el mismo segundo donde se quedaron, así, como si no hubiera pasado nada.

De hecho, hay pláticas que puedes ir llevando con tus hijos en pequeños fragmentos durante cinco o seis días, y para ellos va a ser una forma mucho más natural y cómoda para platicar.

Generalmente, las mujeres hablan más (aunque también algunos hombres que tienen el sentido de la comunicación y las emociones más abierto), por lo que si tu hija(o) habla mucho, no te preocupes, también es normal.

Ahora, si una noche en la cocina (con t-o-d-o el tiempo del mundo), tienen la plática de la vida, tómalo como la excepción de la regla, aprovéchalo y no esperes que se repita la próxima semana; fue (cual garbanzo) una platicada de a libra.

El día de mañana tus angelitos se volverán a callar (no pienses que lo hiciste mal), esto sucede porque cada vez que hablan mucho, sienten comprometida su individualidad y su posibilidad de madurar por sí solos, así que no tan fácil lo van a repetir.

Por lo tanto, como papás, es muy importante aprender a escucharlos y aprovechar esos minutos de oro (de 24 quilates casi casi platino) y especialmente entender que su forma de comunicación es ésta, y que es normal, o sea, para no darle más vueltas, "es lo que hay", por eso las salidas al súper, a pasear al perro, a dejarlos a algún lugar, a llevarlos a la escuela, o recogerlos de una fiesta, pueden ser esos pequeños-grandes momentos para comunicarte.

Pero como esos pequeños momentos pueden ser insuficientes para saber muchas de las cosas de las que se planteaban en esta pregunta, es necesario:

conocer su entorno

¿Quiénes son sus amigos(as)? Conocerlos, estar cerca de ellos, observarlos en verdad (no nada más cómo vienen vestidos), escucharlos, hacer una red con los otros papás y hablar con ellos constantemente.

Como los adolescentes "sueltan" muy poca información, hay que monitorearlos (como dice una amiga, casi casi andarlos pastoreando, pero sin que sea tan evidente). Si como papá o mamá no estás cerca de ellos, es imposible conocerlos. Los adolescentes tienen muchas maneras de expresarse, además de la forma verbal (la cual está más mermada en esta época que tiendita sin dueño en la caja registradora).

¿Cómo se comportan en tal o cual situación? ¿Qué les gusta hacer? Su comunicación no verbal, el tipo de música que escuchan, sus hábitos, ¿qué tipo de programas ven? ¿Cuáles dejan de ver? ¿Qué aplicaciones usan o juegan?, etcétera.

- Puedes saber mucho más de lo que te imaginas de tu hijo cuando lo recoges de una fiesta con sus amigos y, entre la emoción (o algunas cervezas), se les olvida que vienes ahí y hablan de todo y más. Se les afloja la boquita y consigues información que llevabas un año preguntando a quemarropa.
- Leyendo la letra de la canción de su grupo de metal favorito te das cuenta de que trata sobre la abolición de las reglas y el autoritarismo y entiendes que así se siente tu chavo.
- Al escuchar un día (que invitó a comer a sus amigas) que ya todas tienen novio menos ella, entiendes por qué ahora está tan insistente en que le compres ropa nueva y tan preocupada por cómo se ve su *look.*
- Viendo que, cada vez que algo le agobia, se pone grosero, enojón (casi casi le ves la espuma que le sale de la boca) y que deja de hacer lo que le gusta.
- ¿Qué día es el que más emocionada la has visto? ¿Qué hizo? ¿Por qué fue distinto ese día? ¿Cómo puedes utilizar esa información para motivarla después?
- No quiere ir ni siquiera a las fiestas de la escuela o salir con amigas de su salón. Puede ser que a un adolescente le dé flojera ir a la escuela, pero, ¿a las fiestas? Posiblemente le están haciendo *bullying* y no le preocupa qué lugar u ocasión sea, sino quiénes van.

Todas esas cosas sólo las puedes saber si estás presente, si sabes que hubo una fiesta de su salón, si sabes cómo se llama el grupo que escucha, si pasas por tus hijos a las fiestas y no dejas que otro papá pase siempre por ellos.

Sólo así, aprovechando los pequeños momentos cuando hablan, poniéndoles atención y estando siempre cerca de su vida (sin invadirla) es como podemos saber qué pasa con nuestros hijos y cómo ayudarlos.

De acuerdo con la National Survey of Children's Health, DRC, en Estados Unidos:

- Sólo **54% de los padres** de adolescentes asegura conocer a la mayoría de los amigos de sus hijos, y sólo **30%** dice conocerlos a todos.

  ¿Cuántos amigos de tus hijos conoces verdaderamente?

¿Ves la ventaja? De seguro tú tienes muchas cosas como ésta que conoces de tus hijos y que te pueden ayudar a ejemplificar perfecto esto.

Te platico un ejemplo rápidamente. Mi hijo se pone del peor humor cuando tiene hambre, pero en serio se pone mal, y cuando menos nos imaginamos ya nos estamos dando una pelea de miedo. A partir de que mi esposa y yo nos dimos cuenta de que se ponía así cuando tenía hambre, todo cambió. Cada vez que lo vemos discutir así, por puro deporte, pensamos, ¿ya comió?, ah, no, entonces no nos enganchamos con nada de lo que diga y más rápido que de inmediato mi esposa lo sienta a comer y la paz regresa (por lo menos por un rato).

Por eso es muy importante conocerlos, pero es imposible que sepas de tu adolescente si no estás realmente cerca.

> **Tips** para conseguir que tus hijos te platiquen más. **Paso 1**
> Genera pequeñas conversaciones y termina la plática
> antes que ellos. **Paso 2** Concluye la plática con algo que
> les despierte curiosidad. Una pregunta, un dato que no
> sabían, algo que los deje picados o que los haga pensar en el asunto.
> **Paso 3** Generalmente van a ser ellos los que te volverán a sacar el
> tema. **Paso 4** Cuando retomen la plática, vuelve a aplicarles el Paso
> 2, para que platiquen muchas más veces y los vayas conociendo un
> poco más cada vez.

Me contesta horrible. Su tono de voz, las burlas contra los padres y el famoso y temido: "¡¡¡Te odio!!!" ¿Qué hago?

Si las mamás creían que el dolor del trabajo de parto (de 15 a 16 horas con contracciones de 45 segundos) y los padres que no tener dinero para pagar las inscripciones de tus hijos (dos días antes del límite) era algo doloroso, no teníamos ni la menor idea de lo que duele que tu hijo adolescente te diga "te odio".

Y obviamente nuestra cabecita empieza: todo lo que he hecho por ti, 14 años sin dormir bien, todo mi dinero para que no te falte nada, comer siempre todo frío, trabajar mientras tú tienes vacaciones y olvidarme de todos mis planes para que tú tengas los tuyos (entre otras 2 000 cosas) para que ahora me vengas a decir que no sólo no me quieres, sino que me odias. ¡Me quiero morir! (dos veces).

Respira, pero profundo, en serio. La doctora en comportamiento adolescente Laura S. Kastner menciona que cuando un joven dice un "te odio" o "quisiera no haber sido tu hijo" (claro que es muy doloroso), en realidad está pidiendo ayuda, y es su forma de demostrar

que está frustradísimo por algo que lo está sobrepasando.

> **Pero obviamente ni te odia ni quisiera dejar de ser tu hijo, simplemente lo que odia es algo que sucedió, no sabe cómo expresar lo que siente y tú eres el *punching bag* o blanco perfecto.**

Cuando un adolescente reacciona así, es cuando más ayuda necesita.

Recuerdas que en mi libro *¡Renuncio! Tengo un hijo adolescente, ¡y no sé qué hacer!,* mencioné la frase:

"Abraza a tu hijo cuando menos se lo merezca, porque es cuando más lo necesita."

Pues éste es exactamente ese momento.

Una vez mi hijo me gritó horrible en frente de unos invitados en mi casa, porque no lo dejé irse a dormir con unos vecinos. Se puso frente a una puerta para que yo no pasara de un cuarto a otro. El asunto ya no era sólo verbal sino también físico. Fue horrible, me sentí apenado con los invitados, con mi esposa y sobre todo con mi ego. Lo quería matar por cómo me había faltado al respeto en frente de todos. Por fortuna en esa ocasión no le contesté, no luché con él y me regresé a otro cuarto para no enfrentarlo. Pude guardar el control y manejar la situación (esa vez la vi venir e hice todos mis esfuerzos para no explotar, no siempre puedo reaccionar así).

Después de un rato mi hijo estaba abrazándome, lloraba desconsolado por mil cosas que sentía y que traía encima. Finalmente, un día después tuve que ponerle la consecuencia que ameritaba todo el numerito que armó. También me gustaría decir que jamás lo volvió a hacer, pero sería mentira, lo que sí es verdad es que lo ha evitado bastantes veces.

Generalmente los chavos necesitan un momento así para desinflarse y hablar. Sí, suena dificilísimo pero en realidad es lo que necesitan. El abrazo es la cereza del pastel (no siempre viene, pero cuando te la puedes comer es riquísima).

Cuando conseguimos que hablen y los escuchamos, validamos y entendemos lo que sienten, pero, lo más importante, ellos se dan cuenta de que podemos tolerar sus emociones fuertes (que son sus pesadillas de todos los días), eso lo agradecen porque les da miedo no contar con nadie.

Si el asunto no ha llegado a los gritos

Si tu adolescente todavía azota la puerta, avienta las cosas, patea, le contesta a todos o a alguien de una manera muy fuerte, sin una razón aparente, etcétera, lo mejor es abrir la comunicación para que puedan exorcizarse con un: "Creo que tuviste un día difícil, ¿verdad, Miguel / Ana / Patricio / Viviana?..."

Y después de eso, dedícate a escuchar. Ellos van a agradecer que alguien lo haga; no importa lo cuerdo o loco que estén diciendo, escúchalos sin juicios.

Si no contestan y se van a otro lado, no los persigas como guarura de político, dales espacio, posiblemente más tarde regresen y empiecen a hablar. Lo importante es que ya saben que cuentan contigo, y más adelante les podrás dar un comentario o hasta ayudarlos, pero en ese momento hay que dejarlos hablaaaaaaaaar.

Cuando son groseros y te contestan mal constantemente

Como decíamos, los jóvenes podrían estar enojados por algo y aunque quizá esto no sea tan fuerte para quererlo hablar, sí están muy burlones y groseros casi todo el tiempo.

En estos casos lo mejor, según el doctor Kevin Leman, experto en relaciones familiares, es tranquilizarte, no engancharte, guardar silencio y, como se dice en la cancha, desmarcarte (o sea, alejarte y darles espacio, o más bien dártelo a ti).

Como no están tan enojados como en los otros casos, en algún momento se van a acercar a pedirte o preguntarte algo. Los hijos dependen de nosotros en muchísimas cosas más de las que ellos creen, y cuando esto pase (porque va a pasar, créeme), contesta muy tranquilamente y con muy pocas palabras.

—Mamá, ¿sabes si mi papá viene hoy a cenar?

—No.

(Treinta minutos después.)

—¿Puedo ir por un café con mis amigos?

—No, hoy no.

—¿No quieres que te traiga algo?

—No, gracias.

Usa las menos palabras posibles y, más rápido de lo que te imaginas, los papeles se van a invertir y va a ser tu hijo(a) el que va a llegar a decirte:

—¿Qué te pasa, mamá?

Y ése es el momento de decirle (tranquila/o y sin engancharte):

—No me gusta cómo me has estado hablando (no digas ni una palabras más, déjalo que hable y que haga su proceso mental, *"¿por qué está actuando mi mamá así?"*, y por supuesto es posible que se dé cuenta de que esta de mal humor , y que tú no tienes la culpa).

Si todavía no está listo para hablar, va a empezar a discutir y a decir que no fue cierto, o sea, sí, pero no.

No todos los chavos se concientizan tan rápido, no le sigas la corriente y déjalo pasar por ahora. Sigue con tu actitud lejana, #ahorrapalabras y tu hijo se va a sentir raro, le vas a hacer falta (acuérdate de que la idea es poderlo ayudar). Lo más seguro es que llegue más tarde y te diga:

—Discúlpame, mamá (si te dice: "Discúlpame por cómo te hablé", te sacaste la lotería de la padre-adolescencia).

En ese momento, no le des sermones ni te pongas a regañarlo, acepta las disculpas y hazle ver de una manera muy sencilla que ahí estás para cuando tenga problemas.

Cuando el "te odio" es directo

En este caso, lo ideal es:

- Evitar tu dolor (de corazón, pecho y todo el sistema respiratorio) y trata de investigar la razón que lo tiene así.
- Cuando te diga la frase temida, no lo regañes ni le pongas límites, recuerda que es un grito de ayuda para otras cosas.
- Dile algo cómo: "Veo que estás muy enojado(a) conmigo, ¿qué pasa? ¿Qué te molesta?" Seguramente primero te van a decir algo de ti (para camuflar, cual camaleón adolescente, su dolor) y después te dirán frases como: "Y es que además...", "Y también me enoja que..." En este punto pon muchísima atención, porque ése es el verdadero motivo de que tu hijo(a) traiga cara de película de terror de bajo presupuesto.
- Ponte atento(a) a todo lo que diga y, si encuentras algo en lo que puedas estar de acuerdo, agárrate de ahí y apóyalo para ponerte en ese momento de su lado y olvidar el ataque inicial.
- No vayas a gritarle, enfrentarlo o agredirlo, porque perderías todo lo que has ganado hasta ese momento.
- Cuando menos te lo imagines vas a estar platicando y escuchando lo que tanto le duele, y después de que se desinfle, posiblemente acepte tu punto de vista. Recuerda que los adolescentes son como grupos de AA, odian los consejos directos.

Así que tranquilo(a), si te fijas, todo está en aguantar el "te odio" y repetir en tu cabeza mil veces "no es cierto", "no es cierto", "no es cierto", "está triste", "está triste", "está triste" (si es necesario, hazte unas planas, hasta que estés convencido) y después averigua qué tiene, sobre todo, apóyalo y escúchalo.

> Si logras hacerlo, será toda la diferencia entre pasar una de las peores peleas de su vida o ayudarlo cuando más lo necesitaba.

¿Por qué mi hija sólo me habla de buen modo cuando quiere que le compre algo y cómo lo manejo?

—Mamita (carita de gatito triste), ¿llevame a comprar una blusa "que me hace falta?", porfis. Gracias, mamita. Te quiero mucho (agradecen a priori, o sea, antes de que carguen la blusa a tu tarjeta de crédito).

No lo tomes personal (aunque parezca imposible), todos los adolescentes son manipuladores. Es una característica de su edad, lo último que están pensando es en hacerte sentir mal (más bien están pensando en la blusa).

No lo hacen a propósito, usan esta técnica porque es la única moneda de cambio que tienen, a esta edad no tienen valores monetarios, oferta de trabajo con planta y seguro de desempleo para ti, cheques de caja, influencias, dólares, huesos políticos o ninguna prestación que ofrecerte. Su encanto es lo que han utilizado desde chiquitos para negociar contigo, así que no te sientas utilizada (o).

Lo importante es que como mamá o papá aprendas a negociar con ellos. Éste es el momento en que puedes decir:

—¿Te acuerdas de que habíamos quedado de comer en familia y casi no lo has hecho?

—¿Cómo vamos con la arreglada del cuarto?

No tienes que decir ni una palabra más, ellos completarán el resto y se comprometerán, es más, algunos van a subir en ese momento a su cuarto y recogerán todo lo que está tirado (posiblemente lo metan debajo de la cama, pero de que se va a ver recogido, se va a ver recogido).

Es el trueque en toda su extensión. Haz de cuenta que regresaste a la gran Tenochtitlán o alguna cultura mesoamericana, sólo que en lugar de granos de cacao te van a entregar calificaciones arriba de seis.

Aquí es muy importante tu habilidad para negociar, porque en ese momento tienes una herramienta muy importante para empezar a generar hábitos que te han costado trabajo con ellos.

También es una buena oportunidad para que tu hijo(a) aprenda a negociar, porque le va a ser muy necesario con sus amigos, pareja, maestros y demás situaciones que tendrá que enfrentar en la vida.

Lo peor que podrías hacer en este caso es enojarte y echarle en cara que lo hace sólo por conseguir algo, porque en ese caso bloquearías el cariño que te da en esas ocasiones y ahí sí ya terminamos en números rojos.

"Cuando le pregunto algo a mi hijo(a) de plano no contesta. No habla nada."

Si algunas de las frases más frecuentes en tu casa son:

- ¿Estás sordo o qué?
- ¡Te estoy hablando!
- ¿Qué? ¿Te comieron la lengua los ratones?
- Por lo menos contesta.

No estás solo, hay muchos papás allá que están viviendo exactamente lo mismo.

Así que si tu hija te habla con ojitos de borrego a medio morir cuando quiere unos jeans nuevos, aprovéchalo, disfrútala y dale la vuelta para obtener muchas más ganancias de lo que te cuesten los famosos *jeans*.

Los doctores Robert y Paris Strom, autores de *Adolescents in the Internet Age,* comentan que los adolescentes hablan menos, y esto tiene mucho más que ver con la etapa que están viviendo que con algún problema de ellos o de sus papás, así que, de entrada, tranquilízate.

En esta etapa el silencio es sano y necesario (sí, leíste bien, necesario); es uno de los pasaportes para pasar de la infancia a la adultez y es exactamente la etapa donde están. De hecho, si hubiera un mapa tipo centro comercial, verías una flechita roja donde diría claramente "Usted está aquí".

Los adolescentes tienen que crear en su mente un lugar donde sus papás no entren. Se oye horrible, ¿verdad?, pero lo necesitan para crecer. Es ese rinconcito (o en algunos casos, gigantesca gruta de Cacahuamilpa) donde separan las ideas y emociones de los demás, para trabajar sólo con las de ellos.

Otra razón por las que nos contestan cosas como: "No / sí / ya déjame / ajá / luego me dices / espérame" (con su versión "pérame"), es porque ellos están procesando y pensando todo lo que están viviendo a su alrededor. Gran parte de las veces que no contestan, están pensando en cosas, situaciones y problemas que pueden estar a kilómetros de distancia de lo que tú les estás preguntando. Es como cuando estás metido en una red social en tu teléfono, alguien te pregunta algo y le contestas segundos después.

Están procesando cada una de las cosas nuevas que están viviendo y decidiendo cómo enfrentarlas, por lo que a veces nuestras preguntas les hacen ruido a todo lo que tienen que resolver en su cabecita adolescente. Y no importa si la situación es tan profunda como aprender a independizarte de tus padres o tan sencilla como "¿qué peinado me hago para los xv años de Liz?" Las dos cosas les agobian muchísimo.

Si entendemos eso, es más fácil ubicar por qué andan con el cerebro en mute —en espera— y entender que generalmente no es en contra de nosotros ni mucho menos un problema de ellos.

Te confieso que saber que no es un problema de ellos me tranquilizó mucho porque, por problemas de salud que tuvo mi mamá, yo soy muy aprehensivo, y cada vez que veo algo raro en mis hijos, corro al doctor y les hago todo tipo de estudios (de hecho, están a punto de darme la tarjeta de cliente frecuente del laboratorio y la promoción de "junte cuatro muestras de orina y la quinta es gratis"); por lo que cuando supe esto me quedé mucho más tranquilo con el silencio de uno de mis hijos.

Normalmente ésta es la razón por la que los jóvenes se ahorran palabras, bueno hasta letras ("Má, pss, claque no". Traducción: "Mamá, pues claro que no"). Sin embargo, también hay otros elementos externos que pueden empeorar la situación:

Padres invasivos

Los chavos se portan más retraídos cuando los papás los atacan como ametralladora de *gotcha* con un millón de preguntas y pláticas "casuales" en un momento sí y el otro también.

Esto pasa porque los papás creen que el silencio de su hija(o) tiene que ver con un grave problema médico o porque los dejaron de querer. Obviamente esto los tensa horrible y quieren que hablen ¡pero ya!

De modo que esto logra que el adolescente (de Indias, cual conejo) no pueda hacer el proceso del que hablamos y entonces hable mucho menos para encontrar un milímetro de espacio para el proceso mental que necesita. O sea, andaba el rollo mal y lo pusimos peor.

Dificultad y miedo para hablar de sus experiencias y emociones

A veces no tienen el vocabulario necesario o les cuesta mucho trabajo hablar de sus emociones, experiencias, reacciones y sentimientos. Por eso prefieren contestar con frases muy cortas, así no se lastiman y no se la complican.

Hacen hasta lo imposible para no usar palabras como: **triste, enojado, confundido, herido,** porque no se sienten cómodos y les da muchísimo miedo tocar sus emociones.

Ley del hielo a los papás

A veces los chavos nos dejan de hablar porque están enojados, molestos o indignadísimos por algo que hicimos.

Esto lo hacen simplemente para evitar la relación con nosotros por un ratito (que se puede convertir en ratote), o porque están tan enojados que prefieren no hablar, aunque en el fondo les da miedo explotar y que conozcamos sus emociones.

Lo importante es que hay varias formas de resolver estos silencios:

1 Entender lo que están viviendo tus hijos y darles el espacio que necesitan.

Dejarnos de preocupar tanto y mejor estar ahí listos, cual perro con pelota, para que cuando salgan de su mundo les demos nuestro apoyo más que un regaño (sobre todo si no hay delito que perseguir).

Asimismo, es muy importante manejar todo este asunto de la comunicación **preventivamente** y no sólo en estado de emergencia. Trata de abrir el canal todos los días poco a poco, sé constante y no quieras que vomiten toda una explicación el día del problema, cuando jamás trabajamos en eso antes.

Si notamos que el silencio va más allá de la "nueva" normalidad de nuestro adolescente, muérdete los labios (aunque los traigas partidos por el silencio de ultratumba de tu hijo) y habla de lo que ocasionó el silencio, no del silencio en sí.

¿Por qué está más callado que de costumbre? ¿Le molestó un castigo que le pusiste? ¿Se enojó por cómo le hablaste frente a sus amigos la semana pasada?

En fin, lo que haya sido..., y algo muy, muy importante, dale valor a sus sentimientos. Dales importancia y no los niegues, con las típicas frases:

- No, lo que a ti te pasa es que...
- No, lo que estás sintiendo es...

Al final, sólo tu hijo sabe lo que siente y si tú como padre lo entiendes, él se sentirá mejor y muy posiblemente empiece a hablar más.

Y una vez que lo logres, dile frases como:

- Cuando estés enojado, siéntete con la confianza de decírmelo, en serio, me interesa mucho saber cómo te sientes.
- Me cuesta trabajo ayudarte cuando te cierras y no me dices nada.
- Tengo toda la intención de ayudarte, pero échame la mano y yo te prometo que te la echo a ti.

Como lo dije antes, les cuesta mucho trabajo hablar de sus emociones, a menos que hayas sido un padre con doble estrellita en la frente y hayas llevado a tu hijo a cursos intensivos de inteligencia emocional desde kínder 1 hasta secundaria, pero si no es el caso, ábreles la puerta, verás que se acercarán poco a poco a ti.

2 Otra estrategia que funciona cuando no hablan es platicar de ti. Cuando vayan de regreso de la escuela, estés comiendo con ellos, o simplemente estén juntos pero con ese silencio incómodo (ése que te recuerda cuando te quedaste por primera vez solo con tu suegro), en ese momento cuenta lo que te pasó ese día en el súper, o lo que viviste en la oficina.

Cuenta cualquier cosa sin importancia del día a día. Eso los relaja y los ayuda a platicar cosas que tampoco sean para ellos súper importantes (situaciones sin carga emocional que les son más fáciles, pero que poco a poco les abren la puerta a cosas más serias).

3 Más que esperar a que te platique sus problemas, platícale los tuyos, eso los sensibiliza *fuertísimo* y los ayuda a que se abran contigo.

Cuando te oyen vulnerable (como cualquier ser humano), identifican su inseguridad y miedos, y pueden empezar a compartirte sus cosas.

Estas cosas, lejos de quitarte liderazgo o autoridad, te acercan con ellos; tus hijos se identifican contigo por lo que ellos sienten a cada rato.

"Estoy preocupado, en mi oficina, hay un compañero que me está metiendo en muchas broncas, de hecho, ayer me retrasé en una entrega por su culpa. Estoy muy enojado. Necesito resolver esto lo más pronto posible, porque me iban a dar un mejor puesto y no lo quiero perder por este cuate."

En fin, hay varias estrategias que se pueden utilizar para que tus hijos hablen más, pero lo más importante es que no lo tomes personal y que no estés triste o sientas que su amor por ti va a la baja, al contrario, es sólo una etapa. Ese amor se está trasformando y el día de mañana van a volver a hablar. Cuando llegue ese momento vas a disfrutar y a gozar otro tipo de abrazos y pláticas que hoy todavía no conoces. Ánimo.

- Los temas que más callan las y los adolescentes son: relaciones de pareja, malas calificaciones, a dónde van y qué hacen cuando salen.
- Los padres no hablan de: problemas económicos, laborales o familiares, su vida sexual y las imprudencias que cometieron de jóvenes.

Javier Urra, *¿Qué ocultan nuestros hijos?*

Me platicó (o yo vi) algo grave que hicieron sus amigos. ¿Debo decirles a los otros papás o conservar la confianza de mi hijo?

Ésta fue una pregunta que me hicieron muchos padres, por lo que toqué este punto con varios expertos en comunicación de adolescentes para llegar a la respuesta, y todos opinan lo mismo:

Si la situación no tiene consecuencias verdaderamente serias y no pone en riesgo a tu hijo ni a los involucrados, es mejor no perder la confianza de tu hijo y no decir nada. Poe ejemplo:

- En la fiesta tomaron mucho y Gerardo vomitó en el coche de regreso.
- Consiguieron el examen, se lo pasaron y todos sabían ya las respuestas.
- Salvador ya se dio con su novia (tener relaciones).
- Están muy chicas, pero ya todas fuman.
- Manuel hizo una fiesta en casa de sus papás, sin que ellos supieran.
- Renata anda con dos niños al mismo tiempo.

Son situaciones que, aunque algunas podrían llegar a complicarse, en general no atentan contra la vida de los amigos de tu hijo. Si les cuentas a los otros papás, sólo cerrarías el canal de comunicación y perderías información valiosísima (yo diría casi casi clasificada) para saber en qué andan y qué hacen los amigos de tu hijo.

Pero si estamos hablando de algo grave, como podría ser abuso o violencia sexual, consumo frecuente de drogas (alcoholismo de algún amigo), delincuencia, abortos, violencia (peleas que pongan en riesgo la integridad física o vida de alguno), robos, delitos, desórdenes alimenticios (bulimia o anorexia), alarmas de suicidio, etcétera. Entonces sí es vital hablar con los otros papás para avisarles lo que les está pasando a sus hijos, antes de que sea demasiado tarde, literal.

En el caso de que tus hijos te hayan revelado el secreto, se pueden (y se van) a poner peor que engendro de pantera cuando les digas que lo tienen que comentar.

Para enfrentar esta situación e intentar no perder la confianza de tu hijo, es muy importante involucrarlo (un poco más de lo que el pobre ya está) y que se dé cuenta de lo peligroso de la situación.

Hacerle ver que, aunque le duela en el alma y le dé tooooda la pena del mundo ser "el rajón", en realidad puede ser quien le salve la vida a su amiga(o).

Hay algunas preguntas que les ayudan a entender:

- ¿Cómo ayudamos a tu amigo?
- ¿Qué crees que suceda si sigue haciendo eso?
- Si le pasa algo y nosotros lo sabemos, ¿cómo nos vamos a sentir?

Recuerda que cuando los hacemos reflexionar, y son ellos quienes toman sus propias decisiones, llegan a respuestas muy inteligentes.

Aunque es muy normal que al principio se nieguen, poco a poco van pensando las cosas y pueden cambiar de opinión.

- Es que me va a dejar de hablar.
- Es que ya no va a ser mi amigo.
- Es que nadie me va a volver a contar nada.
- ¿Qué prefieres? ¿Que te deje de hablar o que se muera?
- Suena muy fuerte y comprometedor para tu hijo(a), pero lamentablemente es verdad, y en algunos casos como en el suicidio, cada segundo cuenta.

Es muy importante ir llevando la plática para que tu adolescente se dé cuenta de la seriedad de la situación y de lo comprometido que podría estar. Si de plano tu hijo está sudando frío, caliente y hasta tibio, cuida su anonimato pidiéndole a los otros papás que no digan que él dio la información, o diles que te enteraste por otro medio. Esto tranquilizará completamente a tu hijo.

La diferencia para no perder su confianza es no ir corriendo a acusar a su amigo, sino integrarlo y tomar juntos la decisión de hablar.

Ahora que, si te enteraste por tu cuenta, el riesgo es menos y debes avisarle a los papás, si te creen o no, es cuestión de ellos, tú ya cumpliste.

Sea cual sea la situación en un caso peligroso, quiera o no quiera tu hijo, la sugerencia es hablar con los padres del amigo porque estamos hablando de su vida. Por más comprometedor que sea el momento, si fuera la vida de tu hijo, estoy seguro de que te gustaría que alguien tomara el riesgo y te dijera, ¿o no?

¿Qué hago cuando nos peleamos?
¿Cómo lo resuelvo?

Los adolescentes vienen *preprogramados* para discutir (y lamentablemente no tienen un chip o un botoncito para resetear o borrar su memoria), así que lo van a hacer con singular alegría (o profundo enojo). Y algo importantísimo: Discuten no tanto por conseguir la verdad, sino por sentir la libertad que necesitan. Así que, imagínate la intensidad (bueno, si estás leyendo esta respuesta, de seguro no tienes que imaginártela).

La ley más importante para manejar este primer punto es preguntarles su punto de vista sobre la situación, escucharlos (sí, otra vez) y ponerles verdadera atención.

Sí, sí y sí. Si pudiera decirte sólo una cosa en toda esta respuesta sería escucharlos con respeto y darle valor a sus opiniones. Normalmente estamos acostumbrados al famoso "porque soy tu madre / padre y te callas", que nuestros papás nos sugerían amablemente y esto funcionaba porque a todos nos trataban así, pero hoy vivimos en otra época. El adolescente, por más chiquita o flaquito que lo veas, está entrando a una etapa de semiadultez, por lo tanto, necesita, busca y le Urge (con U mayúscula) esa validación nuestra.

Además, algo que por sólo mencionarlo nos hubieran excomulgado del club de los padres de la vela perpetua, o más bien del cinturón perpetuo: en algunas ocasiones los adolescentes tienen razón y su argumento es cierto.

(Pausa dramática.)

Pero, como somos los papás, muchas veces los descalificamos de entrada y ni siquiera los escuchamos, cuando posiblemente tienen razón (aunque nos cueste trabajo reconocerlo), y eso obviamente los enoja más y complicaría las cosas.

Empezar una discusión sin dejarlos hablar los frustra tanto como arrancar un partido con dos goles en contra. Por ejemplo, cuando iniciamos un problema diciéndoles: "Quiero escuchar tu versión de las cosas", cambia completamente todo.

La posición de tus hijos da un giro de 182 grados (los dos grados extras son sólo para ir en contra) porque se sienten respetados, escuchados e inteligentes, y es exactamente lo que están buscando (y lo que generalmente no les damos). Obviamente, tendrás que guardarte tus sentimientos y reacciones por un rato, pero el resultado valdrá muchísimo la pena.

Frases como:

- ¿Estás dispuesto a escuchar mi punto de vista, si yo escucho el tuyo?
- Te prometo no tratar de ganar siempre como papá, pero necesito que tú tampoco.

Abren más puertas que los manojos de llaves que tienen los veladores.

Por supuesto hay chavos que sólo se quieren salir con la suya y se la pasan reclamando y hasta acusándote. Ellos conducen los temas a una espiral sin fin, donde, digas lo que digas, van a llegar al mismo punto.

En estos casos, como mamá o papá tienes que ser más enérgi-
co, no dejar que siga atacándote, poner consecuencias a lo que están haciendo y ser muy firme para que poco a poco le vayan bajando.

Pero en la mayoría de los casos, los adolescentes discuten (mucho) e intentan manipular (también mucho), pero si les das su lugar,
puedes llegar a acuerdos... ojo: siempre y cuando tú también estés
dispuesto a ceder.

De hecho, a los chavos discutir sanamente los ayuda a aprender,
a preguntar, a pensar por sí mismos y hasta a negociar en su vida; o
sea, a crecer (quizá pensaste en este momento, ah, pues si es así, *mi
hijo está creciendo más que ninguno*).

Perfecto, una vez que escuchaste su versión, es necesario expo-
ner la tuya y hacerle ver también cómo te sientes con lo que está pasando y por qué te molesta. Si en realidad lo respetaste cuando tu hijo
habló, él hará lo mismo contigo.

¿Hasta ahí vamos bien? Entonces es el momento de hacer una
lista de ideas sobre cómo pueden resolver un problema.

Funciona mucho la lista, ya que, cuando vemos algo sobre papel (o pantalla de compu para los chavos), adquiere otro peso y nos
ayuda a concientizarnos. Esto pasa porque la interiorizamos y mentalmente la captamos más, así que funciona más de lo que te puedas imaginar.

En esta lista intercala tus ideas con las de él, piensen algunas juntos y lo más importante es que sin importar lo extraña o ridícula que
sea su idea, la escribas y la respetes.

Por ejemplo, si su problema (el calientito de hoy) es: tu hijo lleva
amigos a la casa, se van tardísimo y tu hija se queja porque se siente
incómoda (ah, y llevan tres semanas discutiendo por eso). La lista podría ser de la siguiente manera:

1 Que se vayan a las 7 p.m. **(mamá)**.

2 Que se queden a dormir **(hijo)**.

3 No invitarlos todos los días **(papá y mamá)**.

4 Que mi hermana se vaya a vivir a otro lado **(hijo)**.

5 No subir al cuarto con amigos después de cierta hora

6 Que sólo vengan los fines de semana **(mamá)**.

7 Que mi hermana se encierre en su cuarto y no salga hasta el otro día **(hijo)**.

8 Hablar con ellos para que sean más respetuosos **(papá y mamá)**.

Después de ver por escrito las ideas, hay que poner, en lugar de tierra, tinta de por medio, y ver más opciones. En este momento verás cómo cada una toma su dimensión y es más fácil analizar y aceptar que nuestra idea quizá no es la única ni la mejor.

De seguro habrá cosas que los dos eliminen por lógica, como que tu hermana se mude de la casa a los 15 años, o que se encierre en su cuarto en turnos de 12 x 24, cual seguridad de caseta de condominio. Y habrá otras que las podrán mezclar para llegar a una solución, como:

No invitarlos todos los días.

Que no se vayan a las 7 p.m., pero que a partir de esa hora ya no suban a los cuartos de la casa.

Pedirles que sean más respetuosos con tu hermana.

En una solución así, como dicen en los concursos de la tele, ¡¡todos ganan!!, y tu hijo se sentirá escuchado y proactivo en la situación.

Muchos problemas se pueden solucionar así, pero hay algunos chavos o problemas que no son tan fáciles.

El doctor Scott P. Sells, autor de *Parenting Your Out of Control Teenager*, recomienda que en estos casos, cuando el problema está tan intenso que tu hijo no dice ni media solución, es muy importante que uses tu firmeza de madre/padre (si no la tienes, tienes que hacer un esfuerzo y buscarla donde sea, porque si no, no funciona nada) y decir: "Yo ya te escuché y entendí algunos de tus puntos, pero parece que tú no quieres escucharme a mí. Por lo que veo, la negociación no nos sirve hoy. Así que tendré que decirte que no, hoy no pueden venir tus amigos."

Tu hijo (o en lo que se haya convertido para este momento) seguirá discutiendo cada vez más y más. Tú tendrás que terminar la plática e irte a otro lado, si te persigue (tipo *"taxi, siga a ese padre"*) lo mejor es que no vuelvas a hablar, ni a contestarle nada; si de plano no puedes, salte al supermercado, a la oficina, bueno, hasta a la tlapalería a comprar silicón para las ventanas.

La verdad es que todos tenemos que aprender a someternos a la autoridad en ciertos momentos y si fuiste amable y respetuoso con tu adolescente y a él le valió la oportunidad de negociar juntos, tendrá que aprender que el control de la casa lo llevas tú.

Traducido a idioma padre-chavo es:

"**Te amo,** pero tengo que ponerte límites, porque esta familia la llevo yo."

Esto lo hará pensarlo dos veces la próxima vez.

Ahora que, si sobre todo lo que ya le dijiste, te salta y llegan los famosos amigos a la casa... (acorde de película de terror). Sin engancharte ni enojarte (esto es como examen profesional con siete sinodales), tendrás que ponerle una consecuencia muy seria a tu hijo, de preferencia, sobre algo que tenga que ver con la situación.

"No tienes permiso ni dinero para ir al viaje al que te habían invitado tus amigos la próxima semana."

Y cumplirla sí o sí, para que entienda que sus acciones (y la hora a la que se van sus amigos) tienen consecuencias.

Como lo he platicado, en cada entrevista e investigación que he tenido con los expertos sobre la vida de los adolescentes, ninguna de estas acciones es infalible, ni todos los adolescentes reaccionan igual, pero estas estrategias suelen funcionar en gran parte de los casos.

Así que mucha suerte y que el amor y el respeto por tu hijo estén presentes en todo momento, para que él pueda crecer y la situación sea más fácil de resolver.

Tip de experto: Algunos adolescentes discuten únicamente por provocar y lograr una reacción en sus padres cuando están molestos. Otros lo hacen únicamente para resistirse a un límite que les hayan puesto.

¿Cómo saber si a mi hij@ le pasa algo y no me lo dice? ¡Si no lo sé, no lo puedo ayudar!

Cuando a un adolescente le está pasando algo importante, cambia, así de sencillo. Modifica su forma de actuar, de hablar, se aleja, está más irritable (con un carácter de los dos mil demonios; la adolescencia vale mil extras) o de plano está ausente, o más callado que de costumbre. Lo importante es que empieza a hacer algo distinto a la normalidad, y ésa es la señal a la que como madre o padre debes estar súper atento.

Ya sea que su cambio haya sido muy discreto o que se note en la carota de problema que trae (cara más larga que semana laboral con chamba en sábado), lamentablemente muchos papás reaccionamos muy poco positivo:

- ¿Y ahora, qué traes?
- ¿En qué bronca te metiste?
- ¿Qué te pasa?
- ¿Por qué traes esa cara?

Los especialistas más actualizados en adolescencia explican que la idea es hacer todo lo contrario, mostrarte calmado, cercano, comprensivo, empático, y que al acercarte a él o a ella, es muy importante que sea con un afecto natural porque los chavos tienen mejor olfato que perro beagle de aeropuerto, huelen la falsedad a más de diez metros.

También es básico esperar o generar el momento óptimo, porque muchas veces lo hacemos enfrente de otras personas, y pues eso no funciona. Hay que generar un momento oportuno, puede ser cuando vayan a algún lugar juntos, cuando entre a su recámara y aún no empiece a hacer algo, en fin, prácticamente hay que estarlos venadeando cual cazador para saber en qué momento se puede.

Una vez que te acercas es muy importante decirles cómo los ves y tratar de no usar sólo una emoción general, normalmente decimos "te veo triste".

No está mal, pero algo que empieza a aceitar el camino para que tus hijos hablen es que intentes buscar la emoción que en ese momento viven (obvio, tampoco es un programa de televisión de *Atínale a la emoción*), simplemente tratar de acercarte lo más posible porque sí, para que ellos sientan desde ese momento que no sólo lo dices por decirlo, sino que estás verdaderamente pendiente (eso se traduce a "le intereso a mi mamá").

Te veo triste / alejado / enojado / ausente _____

(ponga aquí la emoción más recurrente de su hijo).

Y después algo que no lo haga sentir enjuiciado, sino más bien apoyado.

Me duele verte así, ¿quieres platicar?

Y si te dice que sí, ahí va el ¿cómo te sientes? que platicamos anteriormente.

Tip de experto: En estos casos más que nunca, es esencial **no señalarlos, no enjuiciarlos,** cuestionarlos o criticarlos.

Algo que es muy eficiente, y que muy pocos padres aplicamos, es tocarlos, sí, hacer contacto físico con ellos es importantísimo.

Muchas veces no pueden decir nada y en el momento que les tocas el hombro, la pierna o les tomas la mano, los detonas, entonces generalmente no pueden dejar de hablar. Esto pasa porque el roce físico los hace conectarse y sentirse apoyados. En ese momento abren sus sentimientos (que es lo que estamos buscando), para que se desahoguen y lo puedas ayudar.

No siempre reaccionan a la primera. En ocasiones, las primeras veces que los tocas, al contrario, te repelen, se molestan, se enojan y hasta se quitan. Es normal, los chicos tienen una muralla contigo porque están tratando de formar su propio criterio, pero en el fondo te necesitan más que nunca (léelo dos veces, por favor), te necesitan más que nunca.

Cuando los tocas, sienten apoyo y tienen miedo de sacar todo contigo como un niño (niño que ya no quieren ser), pero en realidad lo necesitan, te lo agradecen y mejora mucho su relación, porque de una manera muy velada, muy a escondidas de los demás (por eso la importancia de que estén solos), saben que en situaciones límite cuentan contigo.

- Dos de cada tres jóvenes están muy satisfechos de cómo hablan con su madre.
- Cuatro de cada diez están muy satisfechos de cómo hablan con su padre.
- Cuando hay problemas, son más los que consideran más fácil hablar con el padre **(48%)** que con la madre **(38%)**.

Fuente: *Comunicación y conflictos entre hijos y padres,* publicado por la Fundación de Ayuda contra la Drogadicción (FAD).

INTERNET, REDES SOCIALES, CELULARES Y VIDEOJUEGOS

Amo los videojuegos y las redes sociales. Paso mucho tiempo metido en mi compu, mis papás casi no están en la casa. Sólo tengo dos mejores amigos y nunca he tenido suerte con las niñas.

Muchas veces juego videojuegos como Grand Theft Auto, *para sentir que tengo que ver con las viejas que salen ahí. En esos juegos soy alguien que no puedo ser aquí afuera.*

El año pasado una chava que no conocía, @Bunny35, me mandó un tweet *que decía: "Vi tu foto de perfil y me encantaste, ¿tienes galana?" Nunca había sentido lo que sentí en ese momento. Luego nos pasamos a Facebook y Snapchat, platicábamos todas las noches, súper tarde. A ella también le gustaban las pelis de* Rápido y furioso *y el manga japonés, teníamos mucho de que hablar. Era muy coqueta conmigo y decía que nadie la hacía sentir como yo.*

Se empezó a poner celosa cuando no le escribía o le decía que iba a salir. Me encantaba eso, nunca nadie me había cuidado así. Empezamos a ser como novios, ella me pedía que le mandara videos cursis y que le hablara como bebé, le mandé varios videos. Ella sólo me mandaba fotos.

Por un momento pensé que podría ser un engaño y no ser quien ella decía, pero la verdad estaba tan chingón lo que estaba viviendo, que me valió. Después de unas semana ya ni pensaba en eso.

Un día me escribió "Quiero darme contigo", nos prendimos y terminamos masturbándonos los dos, cada quien en su casa. Ella me pidió que le mandara fotos mientras yo me tocaba y se las mandé, ella también me mando fotos de sus bubis pero sin su cara, decía que era peligroso.

@Bunny35 no existía, la inventaron unos idiotas de mi escuela que siempre me molestaban. Las fotos que me mandaron eran posts de internet y de una amiga suya que les ayudó.

Enviaron mis conversaciones, mis videos y mis fotos esa noche a muchísima gente en mi escuela. Yo no supe nada de esto hasta que llegué al otro día a clases. Todo mundo me veía y se reía de mí. Habían visto mi foto masturbándome y los videos hablando como bebé. Me decían las frases que había dicho en el video y hasta me mandaron a mi celular memes[1] con mi cara y con frases horribles.

Viví lo peor que he sentido en mi vida. Quería salir corriendo. Nunca había estado tan avergonzado. Cuando subí al camión de la escuela me cantaron una canción que inventaron. Me quería morir.

Cuando llegué a mi casa, no estaban mis papás, fui a su baño y me tomé todas las pastillas que le quedaban a mi mamá, de una medicina muy fuerte que ella toma, se llama Rivotril. Ya no quería saber de nada.

Me metí a mi cuarto y me encerré. Cuando mi mamá llegó, forzaron la puerta y me encontraron en el piso. Me llevaron al hospital, me hicieron un lavado gástrico o algo así y salí al día siguiente. Les tuve que contar a mis papás lo que pasó, mi mamá nunca vio las imágenes, pero mi papá sí. Después de ir con un terapeuta, con la que platicamos todo lo que pasó, me cambiaron de escuela.

Me hicieron eliminar todas mis redes sociales y bajaron las fotos de la red, para llegar sin esa historia a la nueva escuela. Ahí nadie sabía lo que había pasado. Dos semanas después, alguien que había guardado las fotos en su compu las compartió con un alumno

---

[1] Meme: foto o idea de alguna persona o situación, con un texto inventado, con el objetivo de divertir y viralizarlo en internet.

de la nueva escuela, él me reconoció y se las mandó a la mayoría de mis nuevos compañeros otra vez. No puedo más. Ayuda.

Patricio, 15 años

Lamentablemente muchas situaciones como ésta llegan a mi página y redes sociales, en las que intentamos ayudar en todo lo posible y canalizar a los chavos con los expertos adecuados.

Son situaciones *fuertísimas,* que pasan todos los días y, por desgracia, hay muchísimos papás e hijos que las están viviendo en carne propia. Por eso tenemos que estar muy pendientes de nuestros hijos y sus redes, para no permitir que lleguen a niveles como estos (o peores).

Los padres de adolescentes no nos podemos dar el lujo de decir frases como: "Yo no le sé a estas cosas", "a mí no me interesa ese mundo", o la frase que ya casi devela placa de 1 000 000 representaciones: "Es mucha tecnología para mí", porque hoy, saber y estar involucrado en redes sociales e internet, puede salvar la vida de tu hijo o hija.

Ahora, ojo, no significa que todos los chavos estén metidos en estos problemas o que estén navegando por lo peor de la red. No vayas a aventar el libro y correr al cuarto de tu hijo a quitarle su teléfono o a quemar la computadora con leña verde y un letrero en papel ilustración que diga "¡¡¡Computadora hereje!!!"

Hay que involucrarnos y estar cerca porque el internet puede ser nuestro peor enemigo o nuestro mejor aliado.

No puedes prohibirles ni segregar a tus hijos de internet porque es su mundo, es su forma de comunicarse y es lo que les tocó vivir. Hay que cuidarlos de los peligros, pero también disfrutar las posibilidades de su mundo (que en nuestro mundo eran impensables), mandarles mensajes instantáneos a su celular en el momento que quieras; recibir fotos en tiempo real y compartirlas en las redes sociales donde puedes presumir a todos tus "amigos-**followers**" que tu criatura se recibió de la licenciatura de actuaría con honores o que su bicicleta ganó a la mejor adornada de la primavera en el festival de kínder 2; hacer una videollamada (como salía en la caricatura de los Jetsons) con tu hija que está del otro lado del mundo (o en el cuarto de a lado); saber quiénes son los amigos de tus hijos y saber a quién o a qué siguen en las redes sociales; tu hija (¡o tú!) puedan estudiar una maestría en línea en Harvard, sin tener visa gringa, o mandarle a tus hijos un video en cuestión de segundos, desde un avión o en medio del mar.

En fin, hay un millón de cosas que puedes aprovechar de la tecnología con tus hijos, lo importante es estar pendientes para que no se metan en problemas, como el caso que comenté al inicio de este capítulo. Y claro que se pueden aprovechar, porque si no, sería el equivalente a que en nuestra época nuestros papás hubieran dicho: "Pues qué bueno que quieren salir a andar en la bici y a jugar quemados, pero no los voy a dejar porque allá afuera se está haciendo un hoyo muy feo en la capa de ozono y hay mucho robachicos, así que no salen… hasta que cumplan 20 años."

Sólo tenemos que cuidarlos y poner reglas.

1. **La nueva calle** de los adolescentes **es el internet** y tenemos que cuidarlos.
2. **5 de cada 10 niños** de entre 5 y 9 años utilizan su tiempo libre para chatear, navegar por internet o bajar música.
3. Sólo **3 de cada 10** realizan actividades físicas programadas.

¿Cómo piensa y razona un adolescente de la era digital?

Los adolescentes de hoy son parte de estas dos generaciones:

- **Millenials.** Los nacidos entre 1980-2000. Esta generación va de salida.
- **Generación Z.** Los nacidos del 2000 en adelante, también conocidos como los posmilenio.

Estas generaciones (léase, tus hijos) son chavos que adoptaron la tecnología desde el primer momento de sus vidas, no saben vivir sin ella (hasta su primer termómetro era digital). Todavía me acuerdo de que mi hijo Elías (el más chico), lo primero que hizo cuando se pudo acercar a un portarretratos fue tocar la foto y mover el dedo hacía la derecha para cambiar la imagen como si fuera una tablet.

Ha sido tanto el contacto con la tecnología que han tenido estas generaciones, que como me dice Gabriela Gutiérrez, comunicóloga experta en marketing digital, es como si esta generación hubiera nacido con un sexto dedo, un dedo tecnológico que nosotros no tenemos.

El mundo de esta generación es el mundo virtual, a diferencia del que nos tocó vivir a nosotros, donde todo el día jugábamos a las escondidas, *stop,* un-dos-tres calabaza y varios jueguitos más.

⚠ **Atención:** repetir los nombres de estos juegos frente a tus hijos puede hacerte víctima de burlas y risas, por más de tres meses y medio (contando días inhábiles).

A la generación Z le cuestan mucho más trabajo las relaciones con las otras personas, por el tiempo que han vivido en el mundo virtual. Son individualistas, creen mucho en ellos mismos y su sociedad existe en internet, así de sencillo, de hecho, ahí pueden pensar y decir sus opiniones, mucho más fácil que en el mundo real, ¡qué fuerte!, ¿no?

Para ellos lo más importante es la inteligencia, la rapidez y la agilidad mental (por eso cuando les vas a enseñar algo en tu celular, ellos te lo quitan y hacen todo rapidísimo, cuando tú apenas estás carburando si está prendido o buscando el "dibujito" de las aplicaciones), y como toda la vida han convivido con la tecnología, se adaptan y la entienden un millón (o dos) de años luz más rápido que nosotros.

Por desgracia, lo que han ganado en ser más prácticos lo han perdido en las emociones. Sus videojuegos a distancia han hecho que su relaciones sean así también.

 El doctor Federico Soto, experto psicoterapeuta en adolescentes, me dice que los videojuegos y las redes sociales los han hecho perder muchas habilidades sociales que da el hecho de practicar un juego en sí.

Un juego de futbol te da el empujón con otro compañero, las bromas, la tolerancia ante lo que hacen los demás, seguridad, en pocas palabras te prueba a ti mismo. Cuando te cometen una falta o te pegan, los compañeros de tu equipo se enojan, te ayudan, conoces el trabajo en equipo y, al final, si ganas, comparten y celebran; o si pierdes, todos sufren y se apoyan entre sí. Es una prueba de realidad.

Sin embargo, si tu hijo sólo juega futbol en videojuegos o todo su mundo es estar en línea, no va a conocer ni practicar ninguna de estas experiencias.

Cuando entrevisté a la licenciada Teresa Baró, una de las expertas más reconocidas en comunicación no verbal de España, me platicó que muchos adolescentes de esta generación usan tantos **emoticones** (caritas digitales) sin ver directamente a las personas con las que se están comunicando, que están perdiendo la capacidad de leer las expresiones y las emociones en la cara de una persona cuando están frente a ella. Pueden reconocer más de 300 emoticones, pero no cuando una persona muestra duda o angustia en su cara.

Tienen una comunicación muy directa y sin filtros (pueden llegar a ser ofensivos) porque hablan tan directo como se escribe en un chat, a eso están acostumbrados.

No podemos alejarlos ni quitarles este mundo, es su generación y su entorno principal, pero sí es muy importante que promovamos actividades físicas, sociales y todo aquello que tenga que ver con estar y convivir con otras personas. De esta manera los ayudamos a equilibrar su vida, a disfrutar su mundo digital y a relacionarse con los demás.

Y para hacer esto —y equilibrarnos nosotros también (la verdad es que esta generación también nos pega de rozón a nosotros)—, es importante que generemos la convivencia, empezando por nosotros, y nos desconectemos para compartir con ellos.

Te comparto un ejemplo que me encanta y que creo que te puede ayudar a mejorar (como me ayudó a mí):

https://www.youtube.com/watch?v=_AhTNx0AnSU

¿A qué edad es prudente darle un celular a tu hijo(a) y qué tipo de aparato?

- ¿Estás cansado de que tu hijo te pida cada 20 minutos un celular?
- ¿Tú teléfono es robado (tomado prestado) de tu bolsa cada vez que lo necesitas?
- ¿Tienes miedo de que llegue el cumpleaños del querubín porque sabes que te exigirá (pedirá con amabilidad) un teléfono que no estás dispuesto a dar?

Si contestaste que sí a alguna de estas preguntas, o simplemente tienes un preadolescente (adolescente en capacitación) en tu casa, entonces de seguro tienes este problema.

La realidad es que no hay una edad exacta o específica para darle un teléfono a un preadolescente. Tiene mucho que ver con las necesidades y la situación de cada familia.

Si tu hijo es chico y está siempre con un adulto, no lo necesitaría.

Si tu hijo tiene que salir a la calle solo, se va a la escuela por sus propios medios y no tiene quién lo ayude en una emergencia, le urge uno.

Si tú estás divorciada(o) y tu expareja deja mucho tiempo solo a tu hijo en la nueva casa, sería muy importante que consideraras darle uno.

Una buena medida podría ser que un preadolescente necesita un teléfono cuando se queda en muchos lugares solo o viaja sin sus papás.

Cada familia tiene condiciones diferentes; lo ideal sería darles estas herramientas tecnológicas del cielo y el infierno poco a poco, para que vayan aprendiendo a usarlas y, según su edad y madurez, sean una ayuda y no un riesgo (*sexting, cyberbullying,* etcétera).

La asociación internacional The Parents Guide recomienda, en caso de que quieras comprarle un celular a tu hijo, lo siguiente:

6-7 años: No son apropiados para esta edad, aun el niño más maduro de 7 no está listo para las responsabilidades que un celular conlleva.

8-10 años: Se recomienda un celular de los más sencillos y austeros. Por lo general, los diseñados para niños tienen las teclas más chicas por el tamaño de sus dedos y no tienen conexión a internet. Se pueden comprar en las tiendas de conveniencia en sistema de prepago. Es importante habilitarles el servicio de mensajes de texto, ya que ésta será la principal manera por la que se comunicarán.

11-13 años: Elije un celular de acuerdo con las necesidades (y el bolsillo) de la familia. El ideal sería uno que no sea un *smartphone*. Es importante habilitarles los mensajes de texto ilimitado y utilizar los controles parentales del teléfono, para regular las fotos y los videos (ten cuidado con el *sexting,* aún están muy chicos), restringir la conexión a internet, las compras de apps, aplicaciones (si no quieres quedar en la quiebra) y la posibilidad de bloquear cualquier número de teléfono de quien los moleste (*cyberbullying*).

14-17 años: Aquí ya pasaste a mejor vida. Déjalo elegir un *smartphone* (si tu economía te lo permite) y pon muy bien las reglas y las precauciones que platico a lo largo del libro. Sigue dejando su plan de texteo ilimitado, ya que será su mejor forma de comunicación (y el ahorro más grande que puedas tener para las llamadas), y sigue aplicando los controles parentales, pero con acceso a internet. Un celular para ellos sin acceso a internet a esta edad es como una piedra... no les sirve de nada. Limita los tiempos que se podrá usar el celular, según la madurez de tu hijo y el uso que le dé.

Cada familia decide cómo, cuándo y qué tanto necesita su hijo un teléfono, inclusive qué tipo de teléfono.

Te platico algo que me pasó con mi hijo Santiago, que moría por un iPhone desde los 8 años. Un día íbamos solos en el coche y me preguntó:

—¿Cuánto vale tu coche?

—No entenderías ahorita el número, Santi.

—¿Cuántos iPhones podrías comprar con lo que cuesta tu coche?

—Varios.

—Más de 50.

—Sí.

—O sea que puedes comprar más de 50 iphones y a mí no me compras ni uno.

—No lo había pensado así, pero sí.

—Qué mala onda, ¿y por qué?

—Porque quiero comprarte uno cuando tengas la edad suficiente para usarlo y, sobre todo, que lo disfrutes tanto tanto como cuando yo me pude comprar uno.

Lo entendió y no me volvió a preguntar (…por lo pronto).

La primera vez que mi esposa y yo le dimos un celular a mi hijo Santiago fue a los 10 años, porque estaba yendo a muchos compromisos y comidas con amigos y necesitábamos estar en contacto con él por cualquier emergencia.

Fuimos a escoger un teléfono normal, bastante básico, pero ese día fue EL EVENTO para él y en realidad todos lo disfrutamos mucho, lo dejamos escoger su teléfono y color dentro del rango que le dimos. Salió fascinado y muy agradecido con nosotros.

En efecto, como el teléfono no tenía las millones de herramientas que quería, lo utilizó para lo que eran sus necesidades en ese momento: textear con nosotros y hablarnos, en realidad no necesitaba más, ¡¡¡tenía 10 años!!!

¿Cómo preparo el terreno para poner reglas?

Todo terreno donde se va a construir algo tiene que empezar por los cimientos, esas excavaciones largas y profundas que le dan sostén y agarre a una construcción, para que no se caiga el edificio, casa o hasta *bungalow* playero.

El doctor Brian J. Dixon, experto en redes sociales y educación, menciona que estos cimientos —las reglas— sólo se pueden poner correctamente si los padres están de acuerdo. Al grado de que hay que agendar (con sonidito de alarma una hora antes y todo) un momento para que los papás, tutores o hasta tíos encargados de un adolescente, puedan decidir y discutir los límites que pondrán a sus hijos.

Debe ser en privado y de preferencia solos, porque los adolescentes vienen equipados (ya sean la versión estándar o de lujo) con dos aditamentos peligrosos: oído biónico (para escuchar cualquier conversación de sus padres a diez metros de distancia, con dificultad de puerta en medio) y con identificador del padre más débil para los límites, o el que no estaba de acuerdo con X punto. Si juntas esto, es un arma biológica en contra de las reglas de la casa, porque saben cuál fue el punto en discusión y quien NO estaba de acuerdo. Así que al saber cuál es su víctima, te acechan y se acercan poco a poco a ti (cual ataque de "la semana del tiburón" de Nat Geo) y atacan sin piedad, asegurando de esta manera que vas a dar tu brazo (y todo el resto de tu cuerpo) a torcer.

Una vez que como papás están de acuerdo en platicar y negociar con los límites, es muy buena idea (por no decir casi casi obligatorio) hacer una lista de las cosas que te preocupan sobre internet, porque cada papá tenemos diferentes preocupaciones y lo que a uno le da "lo mismo", para otro es lo más importante. O sea, la idea es complementarse.

Preocupaciones de la mamá

- Me preocupa darle una computadora personal, que se enclaustre en su cuarto y pierda la poca convivencia que tengo con él.
- Tengo miedo de los depredadores sexuales y del peligro que corra mi hija o hijo.
- Como mi hijo es muy inseguro y sus compañeros lo traen de bajada, me preocupa que le hagan *cyberbullying* y termine todo peor.
- Como mi hijo tiene problemas de obesidad, me preocupa que se clave mucho en internet y ya no salga a hacer actividades físicas.
- Como mi hija es muy inmadura, me preocupa que suba las fotos que se toma y el uso que pueda hacer de ellas.
- Me preocupa que compre en línea aplicaciones, mejoras, actualizaciones y todo tipo de trucos que usan los desarrolladores para endeudar a los papás.

- Mi hijo es muy retraído y al clavarse en internet va a convivir menos con el mundo externo.
- Que juegue videojuegos con mucha carga de violencia y se vuelva más agresivo de lo que ya está en este momento.

Y el papá puede coincidir con algunas preocupaciones y tener otras.

De esta manera, al juntar ambas listas, de verdad sabrán qué reglas tienen que poner con base en sus intereses.

Ninguna familia es igual a otra (aunque se apelliden igual o también tengas sangre azul no por ser parte de la realeza, sino por irle al equipo de futbol Cruz Azul), por lo que tendrán su propio parámetro. De hecho, algunas veces se tienen que hacer reglas o cláusulas especiales para alguno de los hijos, por alguna tendencia o situación especial.

Y sumado a todo esto es necesario entender el mundo en el que vive tu hijo y su necesidad de utilizar, socializar y hasta hacer tareas en línea. La idea es buscar un equilibrio entre tus límites y sus gustos y necesidades. Recuerda, obviamente: su seguridad es primero.

Sé que suena complicado, pero en realidad no lo es tanto, porque una vez que se dejan claras las cosas, es mucho más fácil saber qué esperar y cómo actuar. Y te aseguro que si tu adolescente se mete en algún problema (espero de todo corazón que no sea así), va a ser mucho, mucho más complicado que organizarte para poner las reglas.

¿Cuándo y cómo debo hablar de tecnología (y de sus límites) con mis hijos?

Esta pregunta suena tan terrorífica como ¿cuándo debo hablar de sexo con mis hijos? ¿No?

La verdad es que esta plática va a ser mucho menos tensa y estarás menos nervioso(a), pero la diferencia es que aquí tus hijos ya usan la tecnología, por lo que vas a tener que estar más pendiente de lo que te imaginas.

Todos los expertos en tecnología coinciden en que esta plática es el talón de Aquiles de todas las familias, (algo así como el virus de la compu, en nuestro nuevo idioma), ya que muchos papás no le dan importancia. En este punto es donde nacen, se incuban, se siembran, se programan, o como quieras decirle, todos los problemas tecnológicos con tus hijos.

Así que por más sencillo que nos parezca, no le saquemos la vuelta a algo que en serio, en serio, puede hacer toda la diferencia.

De entrada, debes tener la plática tecnológica con cada uno de tus hijos, ya que utilizan diferentes dispositivos y tienen distintos gustos y objetivos, así que si pensabas hacer una junta con tus hijos al más puro estilo de tupperware o multinivel en medio de la sala con todo y cafecito, olvídalo, lo ideal es saber en qué está cada uno.

Además es necesario que platiques varias veces, no para ser cuchillito de palo como nos decían a nosotros (esta frase es lo menos tecnológica del mundo, no la repitas frente a tus hijos; ¡nunca!, porque te van a desterrar del paraíso digital). Es necesario hablar varias veces con ellos porque las tecnologías van cambiando muy rápido. Constantemente salen y se ponen de moda nuevas redes sociales, aplicaciones y actualizaciones, por lo que tienes que estar al día cuando tienes un hijo digital.

La experta en tecnología Janell Burley Hoffman menciona algunos puntos importantes para tocar en cada etapa de esta plática:

A) Conseguir información

La idea es buscar esta información de forma amigable, más que como mamá-policía, como mamá-cómplice.

- ¿Qué tecnologías estás usando?
- ¿Me puedes explicar y enseñar las redes o aplicaciones que no conozco (esto les abrirá un puente de comunicación increíble, en algo que a tus hijos les gusta y te pueden enseñar, aprovéchalo)? ¿Me puedes enseñar tu perfil para saber cómo interactúas?
- ¿Cuándo usas tal o cual tecnología y por qué? (Conocer de alguna manera el *modus operandi,* léase, manera de proceder de tu angelito.)

Si no tienes las cuentas de redes sociales que tienen ellos, ábrelas para irte relacionando con ellas (puedes dividirlas con tu pareja para que no sean tantas).

B) Definir lo que esperas

Por cada tipo de tecnología que use tu hijo define cómo te gustaría que la use, con qué límite y hasta dónde (ésta es la base de las bases). Vuelve a platicar en cualquier momento que sientas que las cosas se te salen de las manos.

- Sé una mamá o un papá directo con lo que NO quieres, pero también muéstrate dispuesto a contestar sus preguntas, hacer alianzas con tu hijo y ceder en cosas que no sean complicadas.

- Si cuando hablas con ellos no sabes bien qué posición tomar en cuanto a algunas reglas, tranquila(o), no tienes que contestar en ese segundo. Tómate un tiempo, investiga, profundiza en el tema, piensa bien en las reglas y ya luego se las dices.

C) Vuelve a tocar los puntos (las veces que sea necesario)
No toques el tema sólo cuando haya crisis. Si hablan con frecuencia será más difícil que haya problemas.

- Si tu hijo está metido en un nueva aplicación, red social o tiene un nuevo dispositivo, vuelve a platicar y a revisar el estatus (el famoso, ¿en qué van las cosas?)
- Si notas a tu hijo con una actitud diferente, quizá tenga que ver con los nuevos videojuegos que está jugando, o con los mensajes que está intercambiando, chécalo, es muy importante.

Así como lo platiqué en mi libro *¡Renuncio! Tengo un hijo adolescente, ¡y no sé qué hacer!,* es de verdad ESENCIAL negociar con los adolescentes, ya que si les cierras todas las puertas, sienten que no pueden crecer y se escapan por las ventanas.

En el caso de la tecnología, esto aplica al 100 por ciento, es su mundo, su vida, es la banda ancha por la que... vuelan. Así que más que nunca hay que entender lo que sienten, lo que están viviendo y ceder en algunas cosas que sean posibles.

Por ejemplo, la hija de 13 años de una amiga nuestra había hecho una cuenta de Twitter a escondidas. La mamá le había prohibido tener cuenta en esa red, por las groserías e insultos que había leído alguna vez en esta plataforma.

Lo consulté con la agencia especializada en redes Social Rocks, experta en este tipo de temas y nos sugirieron que la mamá le permitiera a la niña tener su cuenta de Twitter (de cualquier manera lo hacía a escondidas), pero que juntas decidieran a qué personas y cuentas iban a seguir, y así se hizo. La niña tuvo su cuenta oficial, su mamá la cuidaba y tuvieron un nuevo tema que las acercaba.

Estos casos son más sencillos porque los adolescentes tienen menos edad, pero conforme van creciendo las cosas pueden ser más complicadas, como veremos.

Sin embargo, como puedes comprobar, la base de todo esto es arrancar con ellos lo más temprano posible y tener estas pláticas tecnológicas iniciales para poner las reglas y, en especial, revisarlas. Así que lejos de la edad que tengan tus hijos, empieza ya.

→ **¿Cuánto tiempo debe estar un adolescente en internet?**

¿Dónde?, ¿cómo lo regulo?, ¿cómo le afecta?, ¿a qué hora se apaga esto? Ah, ¿y cómo empiezo?

¿Estás cansada de pelear todos los días con tus hijos, sobre cuánto tiempo pueden usar internet?

¿Sientes que lo estás haciendo mal, pero tienes tantas cosas en la cabeza, que prefieres dejarlo pasar?

¿Te la pasas preguntándole a todos tus amigos qué hacen ellos con sus hijos sobre este tema?

Parece anuncio de televisión en la madrugada, ¿verdad?, pero lamentablemente es cierto, la mayoría de los papás nos sentimos así (o peor).

Todos los días hay un millón de elementos que pueden hacer que esto se complique y vaya desde el: "No es justo, tú no sabes", (azotes de puertas o lágrimas de tus hijos). Hasta el: "Hagan lo que quieran (de nosotros)."

Y todo esto porque no tenemos unas reglas digitales (algo así como un kit de supervivencia digital), que deje bien delimitado qué SÍ y qué NO.

Cuando un chavo sabe las reglas desde antes, la palabra injusto cambia por completo, porque saben a qué atenerse (ahora sí saben a qué le tiran). Pero cuando lo renegociamos todos los días, como marchante de mercado (según el humor que tengan ellos y el que traigamos nosotros), creen que siempre lo inclinamos a nuestro favor y no hay nada más peligroso que un adolescente con sed de justicia y rabia de internet, suelto en casa.

Lo primero que debes considerar para tus reglas digitales es que son de tu familia, no de otra; tienen que ser congruentes con ustedes y con la educación que les das a tus hijos. De nada sirve que les pidas a tus chavos que no estén todo el día en sus teléfonos, si tú estás más clavado que ellos, o que les pongas reglas muy liberales, cuando tú eres muy conservador. Definitivamente, dentro de estas reglas digitales deben estar:

1 El tiempo que pueden pasar en internet.

2 A qué horas deben apagarlo.

3 Qué espacios y momentos son áreas de internet y cuáles no.

Tiempo en línea

El tiempo en internet que debe pasar tu hijo no es sólo un número sencillo, así como a ojo de buen internetero, depende más bien de una evaluación de las actividades que tiene y de las que debes generarle.

Espero que estés sentada(o), porque la información que viene está durísima.

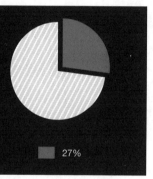

El Interactive Advertising Bureau (IAB), una asociación donde se concentran las empresas de publicidad interactiva del mundo, reportó que en 2014 de los 66 millones de internautas que hay en México, 27 por ciento son adolescentes de entre 13 y 18 años.

◼ 27%

◼ 6 hr. diarias

Y lo más fuerte: el tiempo de conexión promedio de los usuarios es de 6.08 horas, sí 6.08 horas diarias, ¡imagínate!, una hora más que los números del 2013, y por lo menos tres horas más de lo que dedican a otros medios como radio, televisión, que ya los tienen medio olvidados. Este tiempo es contando todos los dispositivos que usan durante el día, celulares, tabletas, computadoras, etcétera.

Uno de los principales problemas sobre este punto es que tanto en Estados Unidos como en América Latina los promedios son muy parecidos y año con año aumentan (imagínate como estás en este momento). Sin embargo, que estos números sean un promedio no significa que para nada sea el tiempo ideal que un adolescente deba pasar en línea. Sólo piensa, estamos hablando de la cuarta parte de las 24 horas del día (incluyendo sus horas de sueño). Por eso tantos expertos están preocupados y ocupados en el tema.

Shawn Marie Edgington, creadora de One-Click Safety Series, así como la mayoría de los expertos y organizaciones digitales, mencionan que entre dos horas y dos horas y media diarias en línea debe ser un buen límite para un adolescente entre 13 y 18 años.

En este punto coincide la APP (American Association of Pediatry), en la tabla de lineamientos entre edades y tiempo en línea.

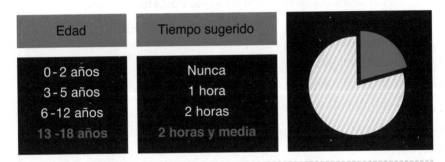

Edad	Tiempo sugerido	
0-2 años	Nunca	
3-5 años	1 hora	
6-12 años	2 horas	
13-18 años	2 horas y media	

Tiempo en línea
Según Microsoft, 40% de los adolescentes en México y América Latina están conectados a internet las 24 horas del día. Solo 10% se conectan menos de tres horas.

Y aquí es donde su evaluación de actividades es importantísima para llegar a los números de tus hijos.

¿Cuánto tiempo debe invertir tu hij@ en línea para la tarea de la escuela? Pregúntale a sus maestros cuál es el promedio de su salón.

¿Cuánto tiempo hace actividades físicas diariamente? ¿Y a la semana?

¿Cuánto tiempo le lleva transportarse de la escuela a la casa? ¿Y para comer y cenar?

¿Cuánto tiempo invierte en clases extraescolares o pasatiempos que le gusten?

¿Cuánto tiempo invierte en ver a otros amigos o amigas y convivir (como le hacíamos antes) "en persona"?

Parece examen de final de semestre, pero una vez que tengas la respuesta de todos estos tiempos, sabrás cuánto tiempo le resta a tu adolescente para estar en línea y entretenerse, o sea, cuánto tiempo sería el ideal. O, por otro lado, podrás saber si está utilizando mucho tiempo internet y si es un muy buen momento para preguntarte, ¿qué está dejando de hacer?

Adolescentes

En México y gran parte de América Latina

- **24%** navega en internet constantemente en su teléfono inteligente.
- **92%** utiliza internet todos los días.
- **2%** con menos frecuencia de una semana.

En Estados Unidos:

- **85%** de los adolescentes afroamericanos tiene un teléfono inteligente.
- **71%** de anglosajones e hispanos.

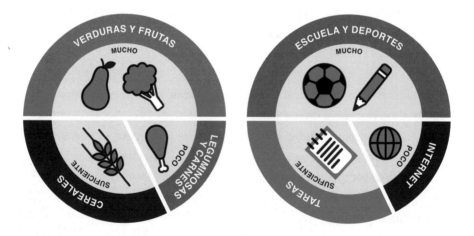

A mí me gusta ver este punto del tiempo del internet como el plato de nutrición del bien comer, ¿sí lo ubicas, no? Todos lo hemos visto alguna vez, por lo menos pegado al lado del pizarrón de tu primaria.

Necesitas verduras y frutas —muchas— (que sería como ir a la escuela y hacer actividades físicas), cereales —suficientes— (tareas y pasatiempos) y leguminosas, alimentos de origen animal —pocos—, que son los que te piden que sean más moderados y, en este caso, sería como estar en las redes.

Tienes que comer balanceado para estar sano, y con las actividades de tus hijos es igual.

Si se la pasa clavado ocho horas en internet, sería el equivalente a que se coma ocho hamburguesas (con extra queso) al día y cero frutas y verduras.

También es muy importante que convivan físicamente con más chavos. Esta generación esta viviendo una despersonalización muy seria y les hacen mucha falta habilidades para convivir con otros adolescentes igual que ellos, ya que casi todo el tiempo están en la red con relaciones virtuales, por lo que esto ayudará muchísimo.

De hecho, cuando ellos conviven con otros adolescentes, lo agradecen mucho y lo aprecian, porque lo necesitan y los hacen sentir bien, sólo que por las tendencias casi no lo viven, hay que echarles una manita con eso.

Con estas bases, tú le puedes poner un horario a tu hijo(a), de la siguiente manera:

Alejandro, 15 años
Vestirse, desayunar y transporte: *una hora y media*
Escuela y regreso a casa: *siete horas*
Comida: *una hora*
Entrenamiento de futbol: *una hora y media (lunes, miércoles, viernes)*
Clases de dibujo: *cómics una hora y media (martes y jueves)*
Tarea: *una hora y media (con internet)*
Internet entretenimiento: *una hora y media*
Cena y baño: *una hora*

En este ejemplo tienes hora y media para internet y redes sociales, que aunque parezca poco, si tiene varias actividades más, es muy buen tiempo.

La experta en tecnología, Romina Riviello de Digital Family, me platica que otra cosa esencial es no sólo preocuparte por el tiempo que pasan en pantalla, sino también si el contenido que están buscando es adecuado para su edad, si su comportamiento en las redes es positivo, en fin, si su tiempo en línea está como platicábamos: bien balanceado. Recordemos que las redes no son malas, el asunto es que no sean excesivas y dirijamos bien a nuestros hijos.

Ahora que si después de todo esto, tu preocupación principal sigue siendo el tiempo que tu hij@ pasa en línea, sería una muy buena opción poner límites firmes (lo veremos más adelante) y buscarle actividades físicas y sociales que le llamen la atención.

No le digas: "Vas a tener menos tiempo de internet." Mejor averigua de unas clases de *parkour* (desplazarse escalando paredes), patineta, gimnasia, repostería, o lo que le emocione, y tu adolescente empezará a ceder tiempo de internet, para sus otras actividades.

El tiempo de internet en tu casa lo decides tú, con base en los horarios que les des a tus hijos, tu organización para generarles más actividades, tu presencia, constancia y aplicación de consecuencias.

Es un trabajo de tiempo completo, pero vale la pena no ser de los padres que consideran un iPad o una computadora la nana más fácil de encontrar o el boleto más barato para que sus hijos los dejen de "molestar".

Apaguen su celular

La hora de apagar los dispositivos, celulares y todo aparato caro que aparezca o desaparezca en tu casa (ojo, porque eso es también todo un drama), tendrá que ver con las horas que consideres necesarias para que tus hijos descansen.

Todos sabemos que la mayoría de los adolescentes van a prender su celular (nueva minilaptop portátil) con singular alegría, en el momento que se apague la luz de la recámara.

Platicando sobre este punto, el doctor Roberto Richheimer W., pediatra del grupo ABC, me comenta que el sueño inconstante e interrumpido afecta mucho a la concentración y a la salud de los adolescentes, ya que en esta etapa de su vida su organismo necesita un mayor número de horas de sueño (muchos adolescentes duermen de 10 a 12 horas diarias —no te asustes, no están incubando en Gremlins). Por lo que recomienda que lo mínimo que debe dormir un adolescente es un lapso de ocho horas continuas.

De igual manera, la revista médica *BMJ Journal* reporta un estudio reciente donde mientras más tiempo pasan los adolescentes frente a una pantalla antes de dormir, peor es su calidad de sueño, ya que cuando prendemos los celulares, contestamos mensajes o jugamos antes de dormir, estimulamos nuestro cerebro y lo activamos, y tarda mucho más en descansar. Por lo mismo, el estudio hecho a 10 000 adolescentes en todo el mundo, recomienda que se restrinjan lo más posible los dispositivos antes de dormir.

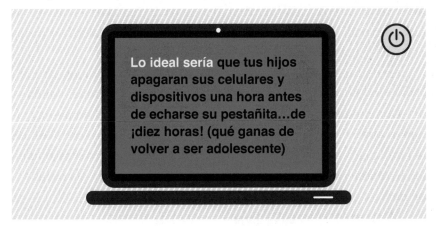

Lo ideal sería que tus hijos apagaran sus celulares y dispositivos una hora antes de echarse su pestañita...de ¡diez horas! (qué ganas de volver a ser adolescente)

Si en este caso tus hijos te dicen que el teléfono es su despertador, cómprales uno de los normalitos; si lo usan de lamparita, consíguele una en la ferretería con dos pilas D; si quieren ponerse a jugar o a chatear, pues... ya tuvieron tiempo para eso.

Sé que no es tan fácil como suena, pero son muchos los beneficios que pueden ganar. Los chavos son muy adaptables cuando hay constancia. Si los acostumbras a dejar afuera de su cuarto los teléfonos (cargando en una zona de tregua tecnológica), sus otros hermanos harán lo mismo o ya están dormidos, y por si fuera poco, están cansados por actividades físicas que hicieron en el día, te aseguro que más rápido de lo que imaginas vas a ver cambios.

La Asociación Americana de Fisioterapia (ACA) ha confirmado que el uso excesivo de reproductores musicales disminuye el nivel de audición de la persona. La gran mayoría de los adolescentes escuchan sus dispositivos de 1 a 4 horas diarias.

Espacios y momentos en internet

Lo ideal es que toda familia tenga sus espacios libres de internet. Cada una tendrá que elegir los suyos. Esto es básico para la convivencia familiar, si no, cuando menos te lo imagines, tu familia se va a convertir en una masa humana, donde están todos en el mismo lugar, pero nadie se hace caso entre sí (¿te acordaste de algo?), algo así como un panal, pero con puros zánganos y celulares.

Lo normal es respetar los horarios de comida, horarios de convivencia y todos aquellos donde se puedan compartir cosas juntos.

Como decía al inicio, cada familia es distinta y así como hay algunas que no prohíben los celulares ni en la primera comunión de la hermana o en el bar mitzvah del primo, hay otras familias que no los permiten ni en el coche, para así platicar y convivir. Esto depende de ti.

Mi sugerencia es que intentes buscar los momentos de convivencia con tus hijos, ya que si los dejas (o te dejas) ir en las redes, perderás los momentos más valiosos con tus hijos y te sentirás cada vez más alejado de ellos. El problema es que cuando te das cuenta, volteas a verlos y ya no tienes ni de qué hablar.

Ahora, para que esto funcione, tú como mamá o papá tienes que ser el primero en cumplirlo (a menos que de verdad tengas una emergencia). Recuerda que los adolescentes aprenden más con el ejemplo que con cualquier orden.

En fin, una vez que tengas tus reglas digitales, será más fácil que las cosas caminen bien en tu casa. Si bien hay algunos chavos más duros que otros, la realidad es que si hay reglas claras —por ejemplo, constancia, monitoreo y, algo importantísimo, consecuencias—, es muy probable que puedas tener a tus hijos disfrutando no sólo de la tecnología, sino también de ti y tú de ellos.

¿Cómo pongo reglas de internet, teléfono y redes sociales?

CONTRATO EN LÍNEA

www.yordirosado.com.mx   Contrato en línea para padres y adolescentes R5

Una vez que ya tienes identificadas tus preocupaciones en línea, y ya sabes en qué andan tus hijos (o quieren andar), es muy importante que dejes muy claras, visibles y hasta pegadas a lado de la computadora (y si es necesario también en el refrigerador) las reglas.

Recientemente varias instituciones muy serias han compartido contratos en línea que han funcionado muy bien para manejar las reglas padres-hijos (con muchos *terabytes* en medio) y han disminuido muchos riesgos en línea con los chavos.

Esto ha funcionado muy bien porque los adolescentes reaccionan de una manera increíble cuando saben a qué atenerse y, en especial, cuando sienten igualdad.

Al final, en teoría, todo contrato está hecho para beneficiar a ambas partes (olvídate de los contratos leoninos con letritas chiquitas que has visto), y esto ellos lo sienten. Acuérdate de que uno de sus principales objetivos en la adolescencia es crecer, negociar y sentir que consiguen algo, por lo que un contrato es una figura adecuada (frase dominguera de mi abogado) para conseguir lo que necesitan.

Todo se reduce a una negociación:

El chavo quiere que le des un dispositivo, sentirse seguro, tiempo de internet y permiso para usarlo. Y tú quieres que no se pierda en la red, que no corra peligros, que no abusen de él y no perder la convivencia (ya de entrada, que no se le olvide tu nombre).

Asociaciones como The Modern Parent, SafeKids.com, Irules, ConnectSafely.org y Digital Family México (a quien agradezco toda su ayuda y asesoría), coinciden con la mayoría de los puntos de seguridad y han implementado este tipo de contratos en talleres, familias, escuelas y comunidades enteras con muchísimo éxito.

Recopilando los puntos esenciales, generando otros que me parecen importantes, ocupando el trabajo que he tenido con adolescentes en los últimos quince años, adaptándolo de una manera divertida para que tus hijos lo sientan amigable y empático y, sobre todo, haciéndolo recíproco e incluyendo responsabilidades para los papás (por la forma como razonan los adolescentes); te comparto mi propia versión, la cual estoy seguro de que te ayudará a cuidar lo más preciado que tenemos en nuestra vida... nuestros hijos.

Instrucciones para aplicar el contrato

A   Primero explícale a tu hijo varios de los riesgos que presenta hoy estar en línea, estos los encontrarás en el apartado "¿Cómo consigo las claves de mis hijos cuando están empezando en internet?". Esto servirá para que se vayan concientizando.

B   Si tienes varios hijos, no trates de firmar el contrato con todos al mismo tiempo. Te van a echar montón y pueden terminar no queriéndolo firmar. Hazte un favor y hazlo uno por uno.

C   Busca que sea relajado el momento (es muy importante para los chavos). Puede ser en tu cama, en una banca —en caso de que tengas jardín—, en el cuarto de la tele (obviamente con la tele apagada), en la mesa donde desayunan. En cualquier lugar donde se sienta cómodo y no le parezca demasiado formal, pero pueda poner toda la atención. Evita pedirle que se ponga traje y que se presente en la biblioteca de la casa.

D   No lo obligues a leerlo juntos como de escuelita, si él lo quiere leer solo y comentarlo, déjalo. Te aseguro que empezarán a salir temas de los que nunca habían platicado.

    Si en algún momento tu hijo reniega de algo importante, sé firme pero amoroso y en algunos casos dale alternativas. "Pero ¿cómo voy a pagar mi celular si lo rompo, si yo no trabajo ni tengo dinero?", "Puedes pagármelo de lo que te doy los fines de semana o pagármelo con trabajo aquí en la casa."

E   Sé que generar este momento y enfrentarte a tus hijos en este tema puede costarte trabajo y muchos papás prefieren evitar el enfrentamiento. Te puedo asegurar que vale la pena, tus hijos van a reaccionar mucho mejor de lo que te imaginas, te lo aseguro, y si reaccionan mal, es que hay algo importante que esconden y/o tienes que averiguar de inmediato antes de que se te salga de las manos.

Firmar un contrato como estos puede ser la diferencia entre tener un problema muy serio en línea y jamás tenerlo. Ánimo, estamos hablando de la seguridad de tu hij@.

Contrato en línea para padres y adolescentes R5

Yo	Yo
(nombre de mamá/papá), se me denominará en el siguiente contrato como **el padre (intenso).**	(nombre del adolescente), se me denominará en el siguiente contrato como **el adolescente (peligroso).**

Este contrato se ha hecho porque la tecnología ha cambiado muchas situaciones. El internet tiene cosas padrísimas que hay que disfrutar y otras que tenemos que aprender a controlar para que no se conviertan en problemas. En la red hay mucha gente buena, pero también hay mucha gente mala (adultos y adolescentes) que buscan hacer daño a los demás. Estas personas inventan engaños y trampas todos los días para poner en riesgo a los adolescentes y a toda la familia.

Éste es un contrato para padres que aman a sus hijos y NO quieren que corran ningún peligro, y para hijos que NO quieren que les vaya a pasar nada a ellos, ni a su familia.

Es necesario que tanto el padre como el adolescente estén dispuestos a cambiar y a ceder en algunas cosas, para que este contrato funcione.

Cláusulas

1 Como adolescente no jugaré ni textearé mientras hago la tarea (aunque esté a punto de pasar el nivel más difícil del juego o mis amig@s me manden un millón de textos diciendo "contesta-contesta-contesta").

2 El padre es el dueño de los dispositivos (celular, compu, tablet, etcétera) y están en préstamo con el adolescente.*

3 No utilizaré mi teléfono durante la comida. Esto no por mala vibra, simplemente para pasar tiempo juntos y que no se me vaya a olvidar el nombre (o hasta la cara) de algún miembro de mi familia.

4 Si el adolescente cumple las reglas y los tiempos que vienen en este contrato, tendrá derecho a utilizar sus dispositivos. En caso de que NO los cumpla, serán retirados por el adulto, según las reglas establecidas.

5 Si mis padres me piden que deje de jugar, textear o apague mi dispositivo porque necesitan mi atención, lo haré a la primera (esto por respeto a ellos y porque ¡no quiero que castiguen mi, su celular!).

6 Si tiro, mojo, descompongo o rompo la pantalla (aunque sea de una orillita) del dispositivo, será mi obligación pagarlo de mi propio dinero y no podré utilizarlo hasta que lo termine de pagar. Sólo podré hacerlo si es necesario para una emergencia (celular) o una tarea o examen (compu/tablet prestada).

* Aunque el adolescente haya cooperado o comprado el dispositivo con parte de su dinero, es mantenido y vive en casa de sus papás. Además el servicio de internet también es pagado por los adultos, por lo que los dispositivos los controlarán los papás.

7 Los dispositivos se tendrán que apagar y entregar a las_____ horas. Antes de esto el adolescente los podrá usar dentro de los tiempos permitidos, ¡como quiera! (Aunque al padre ya se le haya acabado la pila del suyo, y le dé coraje.)

8 No contactaré en línea a nadie antes de las 9 a.m. ni después de las 9 p.m. Lo hago por respeto a su casa y a la mía. Si mis amigos están chateando más tarde, entenderé que cada familia tiene sus propias reglas y pues, ni modo.

9 No contestaré el teléfono cuando esté hablando con alguien más en persona; esperaré a que termine y regresaré la llamada, es parte de mi educación.

También lo pondré en silencio en los lugares públicos como el cine, las clases, cuando esté estudiando con otras personas y en todo lugar donde moleste a los demás.

10 No utilizaré sexting (mandar mensajes y fotos sexuales) con nadie, porque aunque sé que en ocasiones (con alguien conocido) puede parecer divertido. Después me puedos arrepentir de lo que puse y avergonzarme durísimo o hasta meterme en un problema legal.

11 Dejaré alguna vez (cuando sea posible) el teléfono en mi casa. Me portaré como los machos (o las machas). Me daré cuenta de que aunque amo mi teléfono, no es una extensión mía y hay muchas cosas que puedo vivir y disfrutar también sin él.

12 Mis padres me dejarán utilizar redes sociales, pero a cambio ellos tendrán todas las claves de acceso para cuidarme (redes, correo, etcétera). Les daré mis contraseñas sin ningún problema. Ellos prometen fielmente NO leer todo lo que escribo ni hacerme sentir incómod@, sólo estarán pendientes de cosas, personas o situaciones, que puedan ser peligrosas para mí.

13 Si los padres por "equivocación" o... mala suerte, empiezan a leer algo de mi vida privada (que no me pone en peligro), se comprometen al 100 por ciento a dejarlo de leer y no comentarme nada sobre eso, aunque se mueran de ganas.

14 No aceptaré como amig@ en las redes a nadie que no conozca (por más buena onda o guap@ que parezca). Recordaré que es peligroso y que en la red, el león y el ligue no son como los pintan.

15 No hablaré o escribiré en línea o por teléfono con nadie que no conozca en persona. Si algún desconocido me contacta, le avisaré a mis papás, sí o sí, porque pueden ponerme una trampa.

16 No compartiré mi información privada ni la de mi familia con nadie que haya conocido en línea (nombres, direcciones, fotos, números de teléfono, claves, nombres de escuelas, etcétera) porque sé que se puede utilizar para engaños, robos, asaltos, delitos y hasta secuestros.

17 El padre tampoco compartirá información e intimidades de los adolescentes en línea con sus amigos, porque para ellos es chistoso, pero a los hijos les da #PenaHorrenda.

18 Cuidaré mi imagen, fotos, *selfies* y forma de escribir en las redes (groserías), ya que muchas escuelas, clubes y clases se fijan en eso para aceptarte o no.
    El padre tendrá que cuidar también su imagen en las redes, por el bien de su trabajo (y porque a veces también los papás hacen cosas raras y en realidad #SeVenMuuyMal).

19 No haré *cyberbullying*, molestaré, acosaré o insultaré a nadie (conocido o desconocido) en línea o por mensaje de texto. Tampoco ofenderé a nadie por su raza, religión, nivel económico, orientación sexual, problemas físicos o cualquier otra razón.

20 Tampoco reenviaré, contestaré o daré *like* a mensajes negativos que lastimen a otra persona (de esta manera esperaré que tampoco lo hagan conmigo #JusticiaDivina).

21 Mis claves (passwords) no las tendrá ni mi mejor amigo, porque en algún momento nos podemos pelear y podría usarlas en mi contra.

22 Prometo bloquear, ignorar, no contestar y comentarle a mis padres (o a algún adulto de confianza, o adulto confiable en la escuela) sobre cualquier mensaje, post o imagen que me moleste, lastime, ofenda, o me cause cualquier acoso en la red (por súper mínimo que sea).

23 El padre "promete" NO regañar a su hij@, si le platica o enseña un comentario o foto donde haya sido ofendido, lastimado, molestado o se encuentre en una situación vergonzosa. Sin importar lo fuerte que ésta sea o que el mism@ adolescente lo haya generado en un inicio. El padre se compromete a apoyarl@ con todo su amor y ayudarlo a resolver el problema.

24 Si alguno de mis amig@s es víctima de acoso o *cyberbullying* prometo fielmente ser un verdadero buen amig@ y reportar esto a la escuela o a un adulto para que lo puedan ayudar.

25 No subiré imágenes, selfies ni videos míos inapropiados como fotos con poca ropa, partes íntimas (aunque no se vea mi cara), señales de groserías, fotos haciendo cosas indebidas como tomando o utilizando drogas (aunque sea de juego), porque sé que las cosas que subes a internet se quedan siempre ahí y después las pueden usar en mi contra, para burlarse o ponerme en ridículo. En conclusión, NO subiré ninguna foto que NO pudieran ver mis papás... y hasta mis tíos lejanos.

26 Todas mis redes sociales estarán en los niveles más altos de seguridad y tendré todas mis cuentas privadas, a menos que mi padre (en este caso conocido como "el padre lindo y cariñoso"), me dé permiso de tener algunas cuentas públicas.

27 No compartiré mi ubicación en ninguna aplicación (si alguien quiere saber dónde estoy, que me llame o me mande un texto).

28 No utilizaré las tarjetas de crédito o débito de mis padres ni compraré nada en línea con dinero que no sea mío, sin pedir permiso antes.

29 Estoy convencid@ de que todas estas reglas son para ayudar a protegerme, cuidarme y para que pueda seguir disfrutando los dispositivos y las redes sociales.

Nombre y firma
Adolescente

Nombre y firma
Padre

Nombre y firma
Testigo

Este contrato lo puedes bajar en línea para firmarlo con tus hijos. La versión es editable, por si existe alguna cláusula que no concuerde con las ideas de tu familia u otras que quieras añadir. La idea es que muchos papás y adolescentes se puedan ayudar y cuidar con él, así que compártelo todo lo que puedas. Lo puedes bajar en:

www.yordirosado.com.mx

Como ves, el contrato es en serio y para los dos lados y eso hace que tu hijo lo respete y sienta que tú también tienes responsabilidad. Al final aquí lo más importante es su seguridad.

Por supuesto, como todo contrato tiene partes delicadas y puntos más difíciles de negociar (como el punto de las claves), esto lo veremos para resolverlo.

Hoy muchos de los chavos que usan la red han tenido algún tipo de acoso (*cyberbullying*), por lo que si trabajas este contrato con tu adolescente, lo vas a ayudar muchísimo, cuidará mucho más cada movimiento que haga en la red y, sobre todo, te vas a sentir más segura(o).

Al final no podemos saber cada cosa que hizo bien o mal nuestro chavo, pero te puedo asegurar que por el simple hecho de haber leído y firmado el contrato, se va a concientizar y hará muchas menos faltas de las que hubiera cometido. Los adolescentes son muy comprometidos cuando se lo proponen.

Una vez me dijeron una frase que me impactó mucho y que pongo en práctica: "Que tu palabra valga más que tu propia firma." Te puedo asegurar que la palabra de muchos adolescentes te va a sorprender.

¿Cómo hago para que cumplan las reglas digitales?

Pon tu mano en el corazón y promete fielmente seguir estos pasos. Para que las reglas y el contrato digital (mencionado en la pregunta anterior) funcionen, es muy importante que existan penalidades, secuelas, penas convencionales, en fin, es esencial que existan CONSECUENCIAS.

 La doctora Winifred Lloyds, autora de la guía *Parenting in the Digital Age*, asegura que las consecuencias a priori (o sea, como dice nuestro tradicional y bonito dicho: "Sobre advertencia no hay engaño") son la forma más efectiva de conseguir que los adolescentes de esta era digital cumplan las reglas.

Por lo mismo, es necesario poner las reglas claras antes de que se cometa la falta o el famoso "no me di cuenta", con los horarios de internet, los lugares donde usar los teléfonos, la clasificación de aplicaciones (apps), la pornografía, los juegos que usan etcétera, etcétera, etcétera.

En este caso, con que les digas las reglas y ellos las hayan escuchado, al más puro y policíaco estilo de "recibido pareja", es más que suficiente para que sepan qué esperar.

En el caso del contrato digital hay que poner las consecuencias al final del contrato y firmarlas, para que se puedan cumplir.

Consecuencias
1a. Advertencia o tres días sin cel.
2a. Una semana sin celular .
3a. Dos semanas sin celular ni computadoras (sólo para escuela).
4a. De uno a tres meses sin celular y volver a revisar las reglas antes de volver a empezar.

Las consecuencias pueden ser las que consideres y, de preferencia, tienen que ir escalonadas (hacia arriba, obviamente, hacia abajo sólo te convertiría en padre-trasatlántico). La idea de hacerlo así es para que ellos tengan oportunidad de equivocarse y tú de subirles las consecuencias poco a poco, porque si en la segunda falta los condenas a la silla eléctrica, entonces después ¿qué haces?

Cada padre pondrá las consecuencias que mejor considere según sus hijos, su familia, y las aplicará.

En este terreno digital, las consecuencias que más funcionan son las que van relacionadas con la acción, como lo comenta el doctor John Townsend, ganador del premio Gold Medallion Award por su especialidad en Límites.

Por lo que si tu interno (hijo encarcelado por las cuatro paredes de incomprensión de sus padres) se ha pasado del tiempo de uso de internet en el que habían acordado, podrías aplicar cualquiera de las siguientes opciones:

A   Restringir el plan de internet que tiene en su celular.

B   Confiscarle su computadora personal o tableta por uno o dos días (nada más no le vayas a hacer como algunas maestras de la primaria que te quitaban algo y te lo regresaban ¡hasta el final del año! y a ti ya hasta se te había olvidado).

C   No darle permiso o dinero para ir al café internet, donde se conecta.

D   Negociar diaria o semanalmente la contraseña de acceso de internet en tu casa. Sólo se la das si ha cumplido las reglas. Este servicio (configuración de contraseña del módem) lo prestan muchas compañías de internet Telmex, Axtel, At&t.

Tú como padre tienes la clave *master* y cada vez que quieras, puedes cambiar el acceso al módem de tu casa, desde tu propio smartphone o computadora.

Entre más tenga relación lo que hizo tu hij@ con la consecuencia, más fácil es para ellos entender y no repetirlo.

Además, como mamá o papá tienes un arma enorme (prácticamente nuclear), que consiste en quitarles por un cierto tiempo el celular, el servicio de internet, o la computadora. Es lo que más les puede doler, porque es como desconectarlos de su mundo, de sus amigos, de sus eventos, de sus videos, de sus redes sociales, de sus juegos, de sus aplicaciones, de su música, en fin, es como diez castigos en uno, así que aprovecha esa arma, funciona muy bien, sólo cuida no exagerar con ellos, por favor.

Por esta razón es importantisisisimo que seas tú el que pague, compre, firme a 18 meses sin intereses, o hasta entre a tandas por sus celulares, computadoras y servicio de internet, pues de esta manera los aparatos son tuyos y tú tienes el control, de otra forma se complica mucho.

En fin, cuando aplicas los límites de una manera firme, amorosa (sin gritos, enojos ni agresiones) y de una manera constante, es mucho más sencillo que los adolescentes cumplan las reglas que les has puesto.

Mucha suerte.

¿Debo tener las claves de internet y redes sociales de mis hijos o es violar su intimidad? ¿Hasta dónde debo entrar?

Me encantaría decirte que NO, pero en realidad SÍ debes tenerlas. La única forma de cuidar a tus adolescentes digitales (de esos que en lugar de verte, casi casi te escanean) es monitoreando en qué están y quiénes los rodean.

Permitir a tus hijos navegar sin cuidarlos es el equivalente a dejar abierta la puerta de tu casa sin importar quién entre (sólo que, en este caso, tu puerta da a cada rincón de este planeta, imagínate).

Hoy en día siete de cada diez adolescentes han estado en contacto con algún tipo de peligro en internet.

Este tema lo empecé a tocar en mi libro anterior y ahora lo retomo para ampliarlo, porque hoy por hoy es uno de los más importantes para evitar *cyberbullying* (*bullying* por medio de internet a tus hijos), acoso, *sexting,* pornografía, robos físicos y digitales, ataque sexual en línea, secuestros, pederastia, comunidades contra la salud de tus hijos, comunidades delictivas y, lamentablemente, muchos etcéteras.

Todos los expertos en redes y en tecnología coinciden en que los padres deben de tener las contraseñas de sus hijos, además de varias estrategias para darles una libertad segura. Muchos papás y escuelas en diferentes países del mundo se están organizando por medio de redes y asociaciones para cuidar a los adolescentes. La idea es que si todos tienen las mismas reglas es más fácil que las sigan, den sus claves y hasta cuiden y denuncien las cuentas de los compañeros — cuasi terroristas que están lastimando y atacando a los demás — en su escuela. Algo así como un programa de testigo protegido, pero en el recreo. Por fortuna, estos programas han funcionado muy bien.

En muchas escuelas de México, Estados Unidos y Latinoamérica los maestros (involucradísimos en el rollo digital) están siguiendo, siendo amigos y monitoreando las cuentas personales y los grupos de **chateo** de los estudiantes para cuidarlos y ser un tipo de réferi digital entre ellos. Por supuesto habrá chats donde no los invitan, pero al estar monitoreando, al menos podrán estar al tanto de algunos problemas de los chavos, antes ningun maestro estaba pendiente.

Lo chistoso de esto es que al principio los maestros lo hacían de forma obligatoria pero lo impresionante es que hoy son los propios chavos los que invitan a los maestros a los grupos, porque se están acostumbrando y porque se sienten más cuidados. Acuérdate de que el ser humano (aunque sea adolescente) a todo se acostumbra.

Así que tú podrías empezar con las claves de tus hijos, organizar algo en su escuela, hacer algo más, te aseguro que hay muchos papás que están en el mismo canal. Necesitamos unir fuerzas para que las cosas cambien (jaja, me escuché como candidato a dos días de que termine la campaña, pero es la verdad).

También existen papás que les cuesta trabajo entender el punto de las claves porque consideran que es una violación a la intimidad del adolescente o que es imposible que sus hijos "aflojen" sus claves. Los respeto, y si no están de acuerdo, les pido que me concedan el beneficio de la duda y que lean las siguientes dos respuestas y, ahí sí, tomen su propia decisión, muchas gracias.

¿Cómo consigo las claves de mis hijos cuando están empezando a usar internet?

Hasta dentro de lo más difícil hay una parte fácil, ¿estás de acuerdo? Si tus hijos están en la etapa tween o pubertad (7 a 12 años), es mucho más sencillo poner límites desde un principio y hacer que te den sus claves y firmen (aunque apenas estén inventando su firma, y hasta haciendo planas para aprendérsela) el contrato en línea que comentamos anteriormente.

Esto es muy sencillo porque les intercambias el permiso y la ayuda de abrirles un perfil en alguna red social, según su edad (a veces, más bien la ayuda la necesitas tú), o una cuenta de correo, con tal de que, como dice el contrato en línea, te quedes con sus claves/contraseñas y puedas checarlas las veces que quieras (ojo, checar significa buscar situaciones que atenten contra su seguridad, no andar chismeando o invadir su intimidad).

Al principio, no les preocupa que tengas sus claves, porque no están escribiendo cosas que no puedas leer y, a lo largo del tiempo (si lo hicimos bien y no nos metimos hasta la cocina), se acostumbran y aprenden a vivir monitoreados en línea. Pero lo realmente difícil es lo que sigue.

Mis hijos ya están más grandes y jamás tomé precauciones en internet, ¿cómo los cuido y cómo consigo sus claves?

Lo primero que te puedo decir es que nunca, absolutamente nunca es tarde para mejorar la situación con tu adolescente, así que más que preocuparnos, hay que ocuparnos. O sea que manos a la carga (o más bien al mouse).

Es cierto que cuando tus hijos ya tienen mucho tiempo usando las redes y ha sido un espacio íntimo y privado de ellos, se ponen peor de tensos que "perro en lancha", cuando les pides sus claves.

Es normal que actúen así (nosotros mismos lo haríamos), sin embargo hay varias formas de actuar y diferentes planteamientos que les podemos mostrar para que cambien de opinión, o sea, para que den sus contraseñas a torcer (recordemos, todo esto es con el único objetivo de cuidarlos).

A **El primer planteamiento es decirles que no queremos violar su intimidad, lo hacemos por su seguridad.**

Parece gratuito y difícil que accedan, pero la palabra seguridad para los chavos tiene mucho peso, en especial cuando la dicen sus papás. ¿Por qué?, porque durante toda su infancia, su mamá o papá han visto por ellos y ellos lo saben.

Tienen un disco duro (bueno, más bien ya lo tienen en la "nube" de datos) donde recuerdan todas aquellas veces donde les dijiste, "No hagas esto", lo hicieron y las cosas no salieron bien.

La doctora Susana Mondragón, una de las psicoterapeutas más respetadas en nuestro país, dice que esto pasa porque aunque los chavos externamente se quieren alejar de sus padres, en su cerebro tienen un apartado, algo así como un cajoncito, donde están las conductas aprendidas y una de ellas es la confianza y la seguridad que sienten con sus padres. Esta confianza se genera por el vínculo que han tendido con sus hijos desde la infancia, y por más que sean adolescentes, en el fondo esta confianza es indeleble (o sea, no se borra ni con thiner).

Por lo tanto, su inconsciente sabe que la persona que siempre ha estado con ellos para cuidarlos eres tú, y aunque hoy parezcan que solos se comen el mundo (light, de preferencia) y que no te necesitan, en realidad tienen miedo y parte de su seguridad más importante es sentirse cuidados por ti.

La experta en comunicaciones y seguridad en línea, Daniela Santibañez, me dice que es impresionante la cantidad de adolescentes (que jamás compartieron sus claves con sus padres) y que hoy se las están dando al primer intento, al decirles que es por su seguridad.

De hecho, hace poco di una conferencia en el norte del país y, al terminar, platiqué con tres adolescentes de 16 años: ¿les darían las claves a sus papás de sus redes, para que los cuiden de los peligros de la red?

—Sí —respondieron los tres.

—¿En serio?

—No tengo nada que ocultar. Yo tampoco…

Me quedé con el ojo tan cuadrado, como lo tienes tú ahorita, pero así fue.

No significa que todos vayan a reaccionar así, pero sí que a muchos no les suena tan descabellado. Y como por fortuna cada vez somos más los padres que estamos haciendo esto, los chavos se están dando cuenta y cada vez tienen más amigos que cedieron sus claves y lo empiezan a ver normal.

Los adolescentes saben más de tecnología. Los padres sabemos más de la vida.

B Otra buena forma de hablar con ellos es comentarles varios ejemplos claros y concisos de cosas peligrosas que están pasando en la red y explicárselas abiertamente.

Sitios como Silk Road 2.0 y Atlantis están vendiendo drogas por internet, sí, así de fácil, te las entregan en la puerta de tu casa (o donde decidas recibirla).

El servicio es internacional, por lo que tienen una red de dealers en todo el mundo y entregan casi en cualquier país. En sus páginas de mercado negro tienen preguntas frecuentes, asesoría y hasta experto para preguntar en vivo.

En este sitio (confiscado por el FBI en 2013, pero se encuentra otra vez en línea), se encuentra el Doctor X, el cual es un grupo de "médicos preparados" (pero obviamente con una ética más que retorcida), que te contesta cualquier pregunta, los chavos preguntan, cosas como:"Tengo diabetes, ¿qué droga puedo usar que no me afecte?""¿Qué reacción voy a tener si combino metanfetaminas y cocaína?, ¿qué combinación me recomienda, Doctor X?"

Y por si fuera poco, se publicitan en Twitter, Facebook y hasta comerciales en YouTube, checa este link por favor, para que te des cuenta del tipo de publicidad que manejan: https://youtu.be/xhgzdab-Tml.

- Hay muchos sitios que están contactando e involucrando a jóvenes con trampas para hacer comunidades de bulimia, anorexia, cortarse (cutting), delincuencia y suicidio. Están organizados por psicólogos y expertos en comunicación que ven tus debilidades en línea (hackeando tus pláticas y perfiles), después te contactan utilizando una identidad falsa y atractiva para ti, te ayudan con tus debilidades y cuando ya confías en ellos, te hacen dependiente de estos grupos, y cuando menos te imaginas, ya estás deprimido en un grupo de bulimia o anorexia.

- Tapingo, Bombas y terrorismo es una página donde te enseñan a fabricar tu propia bomba. Se protege con una leyenda al inicio de la página donde dice que el uso es educativo y no bélico, y que es tu responsabilidad lo que hagas con tu producto final. ¡Imagínate nada más! Obviamente no tiene ninguna restricción de edad.

 Te enseñan cómo hacer bombas, qué efectos lograrás, te dan un menú con tipos de bomba y te dicen dónde puedes conseguir los materiales (en su mayoría, caseros), para tener tu explosivo amateur en menos de una hora: http://www.oocities.org/tapingo/Caseras.htm

- Trata en Facebook. Existe un grupo grande de personas que están enganchando a chicas adolescentes vía Facebook, diciendo que buscan conductoras para televisión o modelos para agencia. Ponen los logotipos de las televisoras o agencias de modelos más importantes, les endulzan el oído y muchas chicas se la creen.

 Después les piden fotos en diferentes poses para hacerles su book (catálogo de fotos gratis), con el pretexto de una sesión fotográfica "profesional", les piden posiciones y entre la inexperiencia y emoción de ellas caen (creen que así lo hacen las modelos profesionales, tipo Victoria Secret, y ellas quieren imitarlas).

Poco a poco las fotos son con menos ropa y terminan pidiéndoles posiciones sexuales, con muy pocas prendas o desnudas. Cuando se dan cuenta, ya tienen fotos de ellas bastante comprometedoras y sus contraseñas de Facebook, por lo que las extorsionan y chantajean con más videos o mandarán los que ya tienen a todos sus contactos de Facebook.

Finalmente venden los videos y las fotos a sitios de pornografía, estas niñas son parte de páginas donde los usuarios pagan por verlas desnudas.

El tiempo aproximado del primer contacto con la chica a las fotos o videos finales, es de dos semanas.

- Existe una página llamada Lost all hope (pérdida de toda esperanza), donde su objetivo es ayudar a los adolescentes a escoger un método correcto para suicidarse y cómo hacerlo. No puedo creer lo que estoy escribiendo, pero es real, estuve buena parte de una noche navegando por el sitio y cada minuto me sorprendía más, de hecho, hubo un momento donde no pude seguir leyendo. Hay una parte de la página donde "el autor" busca que lo pienses bien y ofrece diferentes argumentos para no suicidarte, al final te dice que si ya estás seguro de hacerlo, lo pienses de tres días a una semana ¡Es ofensivo, de tres días a una semana! Al mismo tiempo te muestra una tabla sobre cuáles son los métodos más eficaces para suicidarte y cuánto sufres con cada uno para que elijas el correcto, así como una serie de recomendaciones para que dejes listas todas tus cosas.

Si esto lo sumamos a que el suicidio es una de las principales causas de muerte en adolescentes en todo el mundo y que sólo en México ha subido más del 275 por ciento en los últimos diez años, esta página es más peligrosa de lo que podamos imaginar.

http://lostallhope.com

¿Está *fuertísimo* no? Una vez que tus hijos se dan cuenta del peligro y de que al final son chavos que no tienen experiencia y que se encuentran muy vulnerables ante esto, como que cambia la cosa, y te empiezan a compartir sus claves, no así de "Yupi, ¡qué padre!, mi mamá tiene mis claves", sino para sentirse cuidados.

C También funciona mucho hablar con ellos, decirles que las cosas han cambiado en los últimos tiempos (ahora sí que las cosas como son) y que "todos" necesitan hacer cambios grandes por la seguridad de la casa (fraudes económicos, clonaciones de tarjetas de crédito y de perfiles, robos de información, hackers, seguridad física de su casa, etcétera), por lo tanto, necesitas sus claves. Tú, como padre, tendrás que estar pendiente de todas las cuentas de la casa y hasta vas a tener que dar de baja varias cuentas tuyas (sí, tuyas) que ponen en riesgo a la familia.

Recuerda que si ellos te ven poner el ejemplo y hacer cosas como deshacerte de algo importante para ti, dejar de usar tal o cual red, darle tus claves a tu pareja (si jamás harías esto, entonces la que se debe de preocupar es tu pareja), en fin, empezar por ti, ellos se dan cuenta de la importancia del asunto y empiezan también a ceder.

D Puedes explicarles que cuando él o ella empezaron a usar internet no había tantos peligros (por eso no les pediste las claves), pero ahora las cosas han cambiado y una de tus responsabilidades más importantes es la seguridad de esta familia. Lo último que quieres es violar su intimidad (por eso en realidad la respetarás), pero necesitas estar con los ojos abiertos.

Me gusta pensar en el asunto de violar su intimidad de la siguiente manera:

Es como si tu hija de 16 años invita a tres amigos (hombres) a comer. Después de la comida, suben a su cuarto y cierran con seguro. Pasan cuatro horas y no han salido para nada, de repente empiezas a escuchar gritar a tu hija como nunca la habías escuchado antes. ¿Entras o no? ¿No entras porque es su cuarto y es su privacidad? ¡Por supuesto que entras! ¿no?, porque aquí es más importante la seguridad que su privacidad.

"Hay cinco millones de chicos de entre 7 y 12 años en México que usan internet y la mayoría no cuentan con supervisión de sus padres."

Tener sus claves es como tener las llaves de su cuarto, respetas su espacio y su intimidad, pero si corre algún peligro, las usas.

Violar la intimidad de tus hijos sería ponerte a leer todas sus conversaciones y tú sólo estás buscando situaciones donde estén en riesgo.

Éstas son algunas formas de platicar con tus hijos y algunas razones importantes para que te compartan sus claves y se comprometan a seguir las reglas digitales de tu casa y el Contrato en línea. Escoge la que creas que funciona mejor con tus hijos.

Recuerda, es su seguridad y si tienes sus claves es para cuidarlos y para buscar o evitar situaciones o personas que los pongan en peligro, no para irrumpir en su mundo ni leer de más, eso sí sería violar su intimidad y meterte en camisa de once, doce y hasta trece varas.

Sabemos qué estamos buscando: pederastia, adicciones, acoso sexual, *cyberbullying,* etcétera, no su forma de hablar con sus amigos, o sus pláticas con su novio(a).

Si empiezas a leer una conversación que no lleva a ningún peligro, es mejor que le des su privacidad y no la sigas leyendo (por su bien y... por el tuyo).

Para que nuestros hijos sean maduros con nosotros, tenemos que demostrar ser aún más maduros con ellos. Y lo más importante, hay muchos peligros en la red, y es difícil no apanicarse, pero esta generación es la que les tocó vivir a nuestros hijos y tienen que enfrentarla y, por supuesto, también disfrutarla.

Cada generación tuvo sus propios peligros y en nuestra tuvimos que aprender a salir de ellos. La ventaja de hoy es que esta misma tecnología que a veces complica las cosas, también las mejora muchísimo en otros terrenos. Hoy somos muchos, muchísimos papás involucrados, informados y pendientes de esto (tú eres parte de esto). Hoy somos muchas redes de papás echando un ojo (y el otro también) para cuidar a nuestros hijos, pero sin olvidar disfrutar:

Disfrutar lo mejor de la tecnología, disfrutar lo mejor de esta época y disfrutar lo mejor de nuestros hijos, sobrinos, nietos, ahijados y cualquier relación que tengas con ese adolescente que te hizo leer este libro.

¿Qué les preocupa de internet a los jóvenes?

- No les preocupa nada porque saben cómo manejarse en el mundo virtual: **50%.**
- Temen que gente peligrosa, con malas intenciones, se comuniquen con ellos: **40%.**
- Les preocupa que se utilicen sus fotos con malas intenciones: **30%.**
- Les preocupa que los agredan o se burlen de ellos: **20%.**

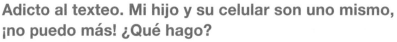

Adicto al texteo. Mi hijo y su celular son uno mismo, ¡no puedo más! ¿Qué hago?

Tranquila, tranquilo, sólo di tu nombre en voz alta (sin apellido, por favor) y el PAHAT, grupo de Padres Anónimos con Hijos Adictos al Texteo te tendemos la mano. Repite: "Sólo por hoy voy a aguantar cómo mi hijo textea mientras le hablo y no me voltea ni a ver."

Sería fantástico que hubiera un grupo de apoyo así, ¿no?

Las nuevas enfermedades

- **Texiedad,** ansiedad, angustia y frustración que siente una persona cuando luego de enviar un mensaje de texto no recibe respuesta.
- **Teofrenia,** estrés que experimenta una persona cuando revisa su celular a cada minuto, esperando actualizaciones o mensajes que nunca llegan.

La realidad es que la mayoría de los padres estamos teniendo este problema con los hijos (¡¡y hasta con nuestras parejas!!).

Los adolescentes han cambiado brutalmente. El texteo ha cambiado su forma de comunicarse y de conectar con los demás. Gracias a la tecnología y a la época que les tocó vivir, su estilo de comunicación es cada vez menos verbal y mucho más visual. Y si a eso le sumamos las características y forma de actuar de todo adolescente...

Te acuerdas cuando...

- Te ibas con tus primos y siempre querías quedarte más tiempo (o de plano más noches).
- Fuiste la primera vez de compras y querías toooodo.
- Hablabas por teléfono con alguien y te quedabas horas (hasta la oreja se te calentaba).

Los adolescentes siempre han sido (y fuimos) así. Siempre quieren más, mucho más de todo, a menos que pongas límites muy claros. Y si a esto le sumamos la tecnología, tenemos el efecto que todos estamos teniendo con nuestros hijos, sobrinos y alumnos.

Un adolescente manda 3 339 textos al mes en promedio.

Cuarenta y dos por ciento de los adolescentes pueden mandar un mensaje de texto con los ojos tapados. ¡Es muchísimo!

Texteo

- **90%** de los adolescentes se comunican por medio de mensajes de texto.
- **52%** de los adolescentes admite enviar mensajes de texto mientras conducen

Si bien ya sabemos por qué lo hacen, también sabemos que es muy importante poner límites porque, de lo contrario, vas a tener un hijo que va a tener una relación muy pobre con su familia, puede tener un accidente y le va a costar mucho trabajo relacionarse con otras personas (a menos que toda su vida sea con un teléfono de por medio). Es importante poner límites en:

- El tiempo que usa el teléfono.
- Las horas para dormir.
- Los momentos de comer y convivir.
- Cuando maneja: no debe textear.

Más adelante trataremos estos puntos, pero hay dos cosas que son esenciales para que funcionen estos límites.

¿Cuántos mensajes al día?

En promedio los adolescentes mandan al día.

3339 mensajes de texto.

42% de ellos pueden textear sin tener que ver el teclado.

La primera, que seas firme ante ellos y empieces por ti. Hay muchísimos papás que dicen fuera teléfonos y son los primeros que están calvados en su grupo de WhatsApp mandando emoticones (caritas, manitas, casitas, animalitos y todo lo habido y por haber) o manejando mientras textean. Ningún adolescente va a creer que algo es importante si tú no lo haces.

Y segundo, que revises las cosas que les pides porque muchas veces no lo hacemos y entonces después de un rato ellos se cansan de hacerlo. "¿Para qué hago algo que mi mamá no se da cuenta?"

Durante muchos años trabajé para la empresa MVS Comunicación y se me quedó muy grabada una frase que decía su fundador, don Joaquín Vargas: "Orden dada y no vigilada vale para una chingada."

¿A qué edad está bien que deje a mi hijo entrar a las redes sociales?

¡Lotería!, ¡bingo!, ¡le pegué!, o como se diga en tu país. Ésta es una de las preguntas que más me hacen los padres cuando hablamos sobre redes sociales.

La respuesta es: cuando creas que tu hij@ es lo suficientemente maduro para enfrentar las redes. Estoy seguro que pensaste… ¿Y cuándo es eso? (¿verdad?).

Tip de experto: textear mientras se maneja es el equivalente a manejar con un nivel de alcohol alto. **El promedio de tiempo que un conductor baja la mirada mientras textea es de 5 segundos**

La primera referencia que nos ayuda bastante es la edad mínima que pide cada red social.

Facebook	Edad mínima: **13 años**
Instagram	Durante muchos años se manejó sin edad mínima. Hoy en día sugiere **13 años** por las disposiciones COPPA.
Twitter	Menciona que el servicio y su contenido no es apto para menores de **13 años.**
Ask	**13 años**
Snapchat	Su servicio no está dirigido para menores de **13 años,** pero tiene una opción que se llama SnapKidz que es especial para niños menores.
YouTube	Al ser un buscador se puede acceder sin tener en cuenta ni edad específica. Para tener una cuenta es necesario tener un correo gmail (el cual pide un mínimo de **13 años**).
Vine	**13 años**
Tmblr	Aunque sugiere que **ninguna persona menor de 13** puede utilizarlo, al mostrarte contenido para adultos, sólo te pregunta si eres mayor y con un simple clic, te permite ver el contenido.

Edad mínima promedio:

13 años

La Ley de Protección de los Niños en Línea (COPPA) lanza nuevas disposiciones a partir del 2013 y menciona que cualquier sitio o red social que utilice datos sobre los gustos de tus hijos para mandar publicidad o información específica, tiene como obligación pedir una edad mínima de 13 años. Ésa es la razón por la cual la mayoría de las redes sociales marcan esa edad.

De hecho, todas estas redes te dan la opción de reportar una cuenta creada por un menor para que la eliminen.

Por lo tanto, 13 años es la edad que recomienda o pide la mayoría de redes.

En efecto, a esta edad un adolescente puede entender las reglas, conocer los riesgos, manejar las precauciones para cuidarse en la red y además te presionan 24-7-365, o sea tooodos los días, por tener una cuenta propia.

Sin embargo, no todos los chavos tienen la misma madurez.

Jimena Gadea, estratega en redes sociales en México y Latinoamérica, comenta que un adolescente está listo para usar una red social cuando sabe cuidarse en ella y cuando tiene la conciencia de quién es y de cómo quiere que lo vean los demás.

Por lo que la edad específica de tu hijo para arrancar en las redes depende más de cómo lo veas y de la madurez que tenga, antes que cualquier otra cosa. Si tu hijo ya tiene la cosquillita digital, pero todavía no lo ves listo para una red social en forma, puedes buscar alguna aplicación o chat privado para chavos más chicos donde no corra ningún peligro.

Lo que te recomiendo muchísimo es que NO le vayas a abrir una cuenta mintiendo con su edad, primero porque si la red sugiere una edad mínima, es por algo, y segundo, porque aunque tú creas que nadie se va a enterar tu hijo sí lo sabe. Y cómo le puedes decir a tu hijo que no te diga mentiras o que no haga cosas prohibidas si lo aprende de ti.

Por otro lado, hay varios puntos que te van a servir mucho al "darle permiso" a tu hijo de tener una cuenta.

Sé que la frase "dar permiso" en este tema te puso a temblar, pero la realidad es que ésa debe ser tu actitud. Tienes que ponerte en modo de "yo pongo las reglas".

Como papás, tenemos que tomar el control de esto lo más pronto y firmemente posible, porque si no, después tu chavo se puede meter en problemas muy serios y cuando menos te imagines, se te puede salir de las manos, de los pies y de todo el cuerpo.

Aunque en la etapa *tween* y preadolescente ya te llevan la contraria en muchas cosas y su frase de guerra es *No es cierto* o *No es justo* (me retumbaron los oídos), en realidad todavía es fácil que sigan las reglas. Por lo tanto, es un muy buen momento para platicar de la fecha de inicio en las redes sociales y sobre todo para convertirlo en algo positivo. Una cuenta en redes sociales se puede transformar en un premio, en algo que desean con todo su cibercorazón y en una herramienta para ti.

Si tú lo manejas de esta manera, tu hijo estará ilusionado, y al ser tú el que le otorga tan distinguido privilegio, tendrás la oportunidad de tener algo que puede salvarle la vida el día de mañana: sus contraseñas.

Como en este momento están tan ilusionados de tener su cuenta y por lo general no tienen aún nada que ocultar, darte sus claves o contraseñas no les causa gran problema, y lo mejor de todo es que si lo haces bien, aprenderán a vivir contigo cuidándolos en las redes. Recuerda que no se trata de violar su privacidad, sólo buscamos en sus cuentas situaciones en realidad peligrosas.

Aprovecha la comunicación con tu hijo, si te está pidiendo que le abras una cuenta y ves que está listo, no desaproveches la oportunidad, siéntate con él/ella, abran la cuenta juntos, involúcrate (si no sabes cómo hacerlo, aprendan juntos), pero no pierdas por nada del mundo una de las mejores oportunidades que vas a tener de empezarlo a cuidar en el mundo digital.

> Según la Alianza por la Seguridad en Internet (ASI) **86%** de los menores consideran que las redes sociales son sitios seguros, por lo que no leen las recomendaciones de seguridad de los sitios.

¿Qué debe saber mi hijo antes de usar una red social?

Antes de darles permiso de tener su propia cuenta es muy importante que los prepares. De esta manera haces tiempo para que vayan concientizándose un poco más y aprovechas para evaluarlo cuando platiques con él/ella para saber en qué momento ya están listos para cuidarse en las redes.

Según la AMIPCI, Asociación Mexicana de Internet, 9 de cada 10 adolescentes internautas acceden a una red social.

Algunos puntos muy importantes que tus hijos deben saber para entrar a las redes son:

- Datos que pueden compartir en las redes y datos que están prohibidísimos (dirección, ubicación, datos familiares, números de teléfono, cuentas, etcétera).
- Trata a los demás como quieres que te traten a ti.
- Deben acudir a ti si alguien los está molestando en la red o existe algún tipo de acoso personal o sexual.
- No **postear** fotos o imágenes inadecuados. Lo que se postea en ia red se queda en la red (algo así como Las Vegas, pero aquí sí se entera hasta tu vecino).
- Pensar muy bien lo que van a escribir/publicar antes de hacerlo. Cualquiera puede copiarlo, capturar la pantalla y compartirlo con cuanta persona encuentre en la red. En este caso funciona mucho que le digas a tu hij@ que piense que todo lo que escriba lo podrían ver todos sus compañeros de la escuela y sus papás. ¿Estás seguro de escribirlo?
- Saber que es responsable de lo que comparta u organice en la red. Una idea que parece chistosa al principio puede terminar lastimando a mucha gente.
- No aceptar a gente que no conozca.
- No tener o postear pláticas o palabras de tono sexual.
- Comentarte cuando encuentre páginas pornográficas, violentas o peligrosas.
- Checar (contigo) los niveles de privacidad de las cuentas, para que no pueda ser seguido o visitado por todo mundo (en la red cuando dices todo mundo, no es sólo una expresión).

- Interactuar, chatear, textear, comentar con gente que conozca en persona.
- Ignorar, bloquear y reportar a cualquier persona que lo ofenda, lo ataque o simplemente lo haga sentir incómodo.
- No compartir imágenes o comentarios que ofendan o hagan *bullying* a alguien más.

  Checa el contrato digital que aparece en este libro.

Algunas de las redes principales tienen información sobre cómo cuidar a tus hijos en ellas. Por ejemplo, Facebook, una de las redes más amigables (prometo que no soy amigo ni pariente lejanísimo del dueño), tiene un apartado que se llama *Centro de Seguridad para familias* (https://www.facebook.com/safety/). Son una serie de recomendaciones muy prácticas sobre seguridad y cuidados para empezar a usar esta red social. Aunque está enfocada en Facebook, la realidad es que es una buena guía para las redes sociales.

Tip de experto: Los incentivos (permisos, felicitaciones públicas y hasta pequeños premios) ayudan mucho a que *tweens* y preadolescentes cuiden más su comportamiento en la red.

Lo más importante es saber que las redes sociales son increíbles y que tus hijos las van a disfrutar muchísimo, pero de que hay que cuidarlos, hay que cuidarlos.

¿Qué redes sociales y aplicaciones (apps) son las más populares entre los adolescentes? ¿Qué buscan mis hijos en cada una de ellas? ¿Cuáles son peligrosas?

Todos los días nacen y mueren muchas redes y aplicaciones (se oye muy fúnebre, pero así es). Algunas maduran, crecen, se consolidan, cambian de estructura (y hasta de usuarios) y otras de plano nunca pegan o son una llamarada de petate (jamás me imaginé usar esa frase en un tema tan digital), o sea, que se hacen famosas por un tiempo y luego se usan en el famoso "te acuerdas cuando había..."

Aquí te doy una lista de las más conocidas y sus características:

Facebook: Es la red de redes. Es la más conocida y usada (más de 1350 millones de usuarios). Cada usuario tiene su muro donde puede publicar sus mensajes/ fotos / video / ligas, etcétera y compartirlo con sus amigos. De igual manera los amigos pueden comentar, postear y dar *like* (decir me gusta y comenzar a seguir a esa persona).

Una de sus principales funciones (entre muchas otras) es contactar y encontrar amigos o grupos. Es una de las redes con más candados y protecciones para la privacidad, así como un alto compromiso con la protección de menores y acoso en la red.

Facebook es una red social madura, que se ha hecho fuerte principalmente con la generación que la vio nacer.

Es tan famosa y funcional que muchos padres y (hasta abuelitos) tienen su cuenta y es precisamente eso lo que ha hecho que los adolescentes busquen otras redes (nos sienten rondando por ahí). Si bien casi todo adolescente tiene una cuenta de Facebook y la utiliza de manera ocasional, hoy por hoy no es su prioridad para comunicarse.

Instagram: Es la red y aplicación más popular para adolescentes, casi la número UNO (difícilmente vas a encontrar uno sin cuenta). Todo se centra en las fotografías o los videos que se comparten. Es mucho más estética y visual. Puedes aplicar filtros a las fotos para hacerlas ver mejor o con alguna característica en especial. Es la capital de las *selfies*. Su nivel de protección es alto, ya que puedes tener tu cuenta privada (sólo pueden ver tus fotos las personas que aceptes) y no hay mensajes privados. Es una buena opción para que un adolescente se inicie en el mundo de las redes.

Vine: Esta aplicación permite crear y publicar videos que duran sólo ocho segundos (sí, para un chavo es más que suficiente). Es muy popular entre los adolescentes; los *vines* (minivideos) se caracterizan por ser de humor, en su mayoría. Los filtros de seguridad no son muy buenos y puedes encontrar contenido inapropiado.

Twitter: Es un servicio de *microblogging* (publicaciones pequeñas) que permite enviar mensajes con un máximo de 140 caracteres (éstos son los famosos tweets), que se muestran en la página principal del usuario. Los usuarios pueden suscribirse a las cuentas de otros, a esto se le llama "seguir", y a los usuarios abonados se les llama "seguidores" o "*followers*". Por lo mismo, los mensajes son públicos. El auge de esta red es por seguir a las celebridades, personas públicas del mundo, organizaciones o agencias de información. Esta red se ha tornado noticiosa y actual, ya que se maneja en tiempo real y además se ha convertido en la favorita para comentar y enterarse de situaciones del momento. Los HT (*hashtags*) son temas de plática que se unifican y agrupan con un nombre, por ejemplo, #LasFrasesDeLasMamasSon.

Muchos de los adolescentes tienen cuenta, pero están migrando (cual aves en invierno) a otras plataformas.

Snapchat: Los adolescentes ¡la aaaaaman! Es una aplicación móvil dedicada al envío de fotos que se destruyen entre uno y diez segundos después de haberlos leído (sí, así como los mensajes de misión imposible). Ésta permite a los chavos tomar fotografías, grabar videos, añadir textos y dibujos, y enviarlos a una lista de contactos limitada. Es la aplicación más utilizada para el *sexting,* ya que mucha gente envía fotos, textos con contenido sexual y todo tipo de secretos a través de ella, lo cual la hace peligrosa. Por más que se destruyan las fotos, el receptor puede hacer una captura de pantalla (foto) y compartirla con toda la comunidad o incluso mandarla a algún sitio pornográfico y publicarla. Como decía al principio, es una de las redes que más utilizan los adolescentes, por lo que si decides darle permiso a tu hij@ de tenerla, es muy importante que hables con él o con ella y le expliques los riesgos.

Tumblr: Esta plataforma permite a sus usuarios publicar textos, imágenes, videos, enlaces, citas y audio, también deja que otros usuarios comenten la información que se les proporciona y que exista una interacción entre ellos. No tiene restricciones con el contenido, en ella tus hijos se pueden encontrar de todo, es algo así como Las Vegas de las redes sociales. Sólo hay que cuidar que no te digan: "lo que pasa en Tumblr, se queda en Tumblr".

Ask.fm: Es una página donde los usuarios pueden hacer preguntas y respuestas de forma anónima. Es muy utilizada por los *tweens* y preadolescentes, no hay límites ni restricciones en las preguntas, por lo que encuentras todo tipo de material. Por lo mismo, es peligrosa y se ha relacionado con varios casos de acoso sexual y nueve casos de suicidio en Estados Unidos e Inglaterra.

YouTube: Sitio web y red social en el cual los usuarios suben y comparten videos. Es súper popular gracias a la posibilidad de alojar grabaciones personales de manera sencilla y una gran variedad de clips de películas, programas de televisión, videos musicales, tutoriales (clases de todo y para todo), ahora es muy utilizado por **videobloggers.**

Difícilmente encontrarás a alguien que tenga acceso a internet y no haya pasado (aunque sea de pisa y corre) a YouTube (es algo así como la Meca para los musulmanes). Éste es uno de los sitios más visitados de la web. Los administradores del sitio restringen videos con material inadecuado como porno, violencia extrema o material ilegal.

 **Kik:** Es la aplicación de mensajeo más popular entre los *tweens* (preadolescentes), ya que no te pide un número de teléfono, sólo una cuenta de correo. Puede ser inofensiva para los grupos de chicos que la usan para comunicarse, pero también se puede utilizar para otros fines.

Algunos tweens precoces, pueden iniciar sus pininos en *cyberbullying*. Al tener acceso tan sencillo, puede haber adultos rastreando jóvenes. El término *sext buddy* (amigo de texteo sexual) se está supliendo por kik buddy.

Es una aplicación peligrosa, sin embargo es en la que la mayoría de los preadolescentes se comunican. Si los dejas usarla, es importante que no acepten entrar en contacto con ningún extraño.

 **Tinder:** Esta aplicación permite a los usuarios comunicarse con otras personas con base en sus preferencias para platicar, checar gustos en común y concretar citas o encuentros, o sea, ligar. Saca la información de los perfíles de Facebook. Si dos usuarios están interesados en sí, ambos son informados y se les permite iniciar la plática a través del chat interno de la aplicación. También ubica a la gente que está físicamente cerca de ti. En México, Centro y Sudamérica, se está utilizando para buscar citas y sexo (así de claro). En este punto es peligrosa porque se pueden contactar adultos con adolescentes.

En general la utilizan personas más grandes que los adolescentes y por muchos adultos. En Estados Unidos, es una plataforma más social y no tanto sexual, lo cual es la idea original.

Grindr: Es muy parecida a Tinder, pero está dirigida para el sector gay.

Periscope: Es una red social operada por Twitter en la que se puede transmitir video en vivo (*streaming*), es algo así como ser dueño de tu propio canal de televisión donde puedes transmitir a tus seguidores a la hora que tú quieras. Los seguidores te pueden poner comentarios (y todos los ven al mismo tiempo) y te van dando corazones (*likes*) si les gusta tu contenido. Los videos se guardan 24 horas para que tus seguidores los puedan ver en repetición y posteriormente se borran. Los administradores de la página no permiten contenido sexual, denigrante o ilegal, por lo que cualquier transmisión que viole estas reglas podrá ser reportada por los usuarios y bloqueada por los administradores.

Taringa!: Esta plataforma social, de origen Argentino, es de uso masivo en los países de habla hispana. En Taringa!, los usuarios suben lo que quieran, desde cuentos, opiniones, música, videos, fotos, información normal y también prohibida o hasta ilegal, como programas y *software hackeado*, etcétera.

Todo se comparte en forma de posts, temas y *shouts*. El material que se presenta puede ser peligroso.

Happn: Es una red social para saber quién es esa persona con la que te cruzaste en la calle, en un antro o en el metro. La aplicación registra la localización de todos los que pasan cerca de ti (y obviamente tienen activa la aplicación, tampoco es magia), así que si te encuentras con alguien que te gusta, y resulta que tú también le llamaste la atención, los conecta para que se conozcan y ahí empieza la historia (o termina).

Blendr: Esta aplicación sirve para ligar y utiliza la localización gps. Los usuarios califican a otros y pueden contactarse en una cita. Se pueden mandar fotos, videos y mensajes. Es utilizada por muchos adultos para contactar menores. Es muy fácil hacer un perfil y es muy frecuente con el *sexting*. Es peligrosa.

Omegle: En definitiva uno de los sitios más peligrosos para los adolescentes (y para cualquiera). Consiste en hablar con un extraño, así de fácil. El sistema te elije (cual ruleta) una persona al azar y empiezas a platicar con ella, en una conversación anónima. Estas de acuerdo que extraño y anónimo no son las palabras que queremos juntar para las redes de nuestros hijos. ⚠

Whisper: Es una aplicación donde compartes secretos y confesiones sobre imágenes de manera anónima. Puedes subir una foto tuya o un pensamiento y al no saber quién escribe hay un gran riesgo de *cyberbullying*. Existen mensajes y confesiones fuertes, por lo tanto, es peligrosa para un adolescente.

En mayor o menor medida muchas de estas redes pueden ser peligrosas, lo más importante es que enseñes a tus hijos a cuidarse, a tener reglas y a que nunca, nunca, nunca, se conecten con extraños. Si siguen las reglas, estás pendiente de ellos y saben cómo evitar riesgos en la red, habrá muchísimas redes sociales y aplicaciones que podrán disfrutar con sus amigos… y también contigo.

Adolescentes chicos vs. adolescentes grandes

- Entre los 15 a 17 años: visitan más Facebook **(44 %)**
- Entre los 13 a 14 años: Facebook **35%**
- Snapchat: **13%**
- Twitter: **3%**

¿Qué es el *sexting* y cómo manejo esto con mis adolescentes?

Desde que escuchas el SEX, sabes que la cosa no está bien. *Sexting* se refiere a mandar mensajes, fotos o videos (poco o muuuy) explícitos de tipo sexual por medio de teléfonos y mensajes de texto. Esto lo utilizan novios, ligues, amigovios, *frees,* galanes o galanas, *dates,* en fin (te preguntaste qué significa cada palabra para los chavos, ¿no?, ahí va).

Sexting

Novios: relación formal con derechos y obligaciones (con la seriedad necesaria hasta de presentarle a tus papás).

Ligues, *dates:* es alguien con quien apenas están saliendo ("quedando", dirían las abuelitas), como que se gustan, pero todavía no saben si va a funcionar o no.

Amigovios, *frees:* como la palabra lo dice, es alguien con quien *supuestamente* estás libre. Ambos tienen derecho sobre el otro, pero no obligaciones. Se ven para intercambiar salidas, besos y más, pero NO son novios y no tienen que rendirle cuentas al otro (suele terminar uno muy enamorado… y lastimado).

Galanes y galanas: es una palabra que usan muchos grupos de adolescentes hoy en día. Es más formal que *free,* pero menos que novio.

Se refiere a alguien con quien estás saliendo con vías de ser novios, pero alguno de los dos todavía no da el siguiente paso; es algo así como una dimensión desconocida, pero disfrutable.

 **El asunto del *sexting* es que además de mandarse fotos tan privadas entre chavos muy jóvenes, existe el riesgo (altísimo y súper latente) de que esas fotos se hagan públicas en línea.**

Cuando son novios (o lo que sea) empieza esto como un juego entre coqueteo y erotismo, pero si terminan o truenan, muchas veces uno de ellos (tal vez el dejado o enojado), sube y reparte la foto íntima de su ex en línea para que todo mundo se ría, burle o lo que quiera.

El novio de tu hija hoy puede ser el peor enemigo de mañana...

Es un movimiento muy pero muy bajo, pero por desgracia es una de las tendencias más fuertes que hay entre adolescentes (y también entre muchos adultos).

La mayoría de los papás y las mamás (en especial los que tenemos niñas), pensamos: "Mi hija jamás haría eso", sin embargo estamos muy lejanos a la verdad. En un estudio reciente se comprobó que más del 40 por ciento de los adolescentes admiten haber hecho *sexting* aunque sea una vez en su vida. Y que 51 por ciento de las mujeres han sido presionadas por algún chico para mandar fotos explícitas.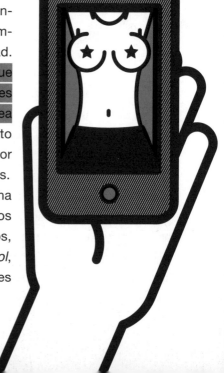

Por desgracia, esta tendencia se ha puesto de moda en los chavos y a ellos no les suena tan fuerte como a nosotros, más bien les parece algo coqueto y *cool*, y lo que no saben son las repercusiones tan serias que puede tener esto.

Cuarenta por ciento de las chicas que han mandado mensajes sugestivos o fotos dijeron que lo hicieron por hacer una "broma" o porque les parece chistoso.

Para conocer más de esto, hablé con el director de información de la policía cibernética de México, él me comentó que éste es uno de los casos que más se reciben a diario, una tendencia mundial que está creciendo cada vez más.

En ocasiones, alguno de los dos tiene 19 años, por lo que son mayores de edad y otras veces las fotos son mandadas inclusive a extraños.

La realidad es que aun con menores de edad hay muchos elementos para perseguir esto como delito, ya que al haber fotos inapropiadas de menores puede llegar muy lejos, por ejemplo:

La posibilidad de estar publicando pornografía infantil.

Se puede tomar una ofensa sexual para la persona que recibe una foto o un texto.

Llamar la atención de los depredadores sexuales que están en la red (estas fotos son como carnada para ellos).

Se puede considerar como corrupción de personas menores.

Acoso sexual y extorsión.

En fin, legalmente hay muchísimas repercusiones pero en lo personal y aún más. Lo primero y más directo es el daño emocional y moral que puede causarse a la persona que aparece en la foto cuando la han hecho pública. Imagínate nada más cómo se puede sentir una niña o un adolescente cuando todos sus conocidos están "compartiendo" una foto, un video o un comentario sexual que era supuestamente privado entre su novia y él. Si cuando les pasa esto a las celebridades mundiales (acostumbradas a ser figuras públicas), les pega durísimo, ahora imagínate cómo le puede afectar a tu hija frente a toda su escuela (o todas las escuelas de la ciudad).

Muchas parejas, exparejas o "cuates" que tienen las fotos, pueden utilizarlas para extorsionar, presionar para hacer cosas sexuales o físicas que no se quieren hacer, amenazar para "extender" una relación de noviazgo que ya no se quiere tener o hasta para hacer cosas ilegales. Es una moneda de cambio (creo que me quedé muy corto), más bien, una arma de control, muy poderosa.

Lo peor de todo es que este tipo de situaciones hacen que muchos chavos entren en una depresión muy seria y hasta puedan llegar al suicidio.

En México:

- 9 de cada 10 jóvenes publican información comprometedora sin que sus padres lo sepan.
- 16% de los padres hacen algo al respecto.
- 47% no hacen nada porque se sienten limitados ante las nuevas tecnologías.

En Estados Unidos:

- 44% de los estadounidenses y los latinos entre 18 a 24 años ha practicado *sexting* alguna vez y una quinta parte ha recibido imágenes personales de alto contenido erótico.

Como vimos, este asunto nada tiene de "juego", es más bien peligroso. Ahora te comparto algunos puntos importantes de algunos expertos como Brian Housman, autor de *Tech Savvy Parenting* y algunos otros que he entrevistado.

- Habla con tus hijos sobre las consecuencias reales y los problemas que puede generar el *sexting,* dales ejemplos (los chavos funcionan mejor así).
- Hazles ver que su mejor súper-hiper-ultra-amigo de hoy puede ser su archienemigo de mañana. Mucho más a esta edad.
- Enséñalos a pensar y a evaluar lo que van a publicar antes de darle clic a su dispositivo, porque una vez que suben algo a la red, es dominio de todo mundo.
- Recuérdales que aunque le mandes una foto o un texto "privado" a alguien a su teléfono celular o su mail, pueden robarle el teléfono o hackearle su cuenta.

- Para su cuidado, invítalos a firmar el contrato digital que te presento en este libro.
- Explícales muy bien cómo una persona puede extorsionarte o presionarte por tener fotos privadas de ese tipo.
- Pregúntale cómo se sentiría si una de sus fotos o videos privados lo vieran todos sus amigos, primos y compañeros de la escuela.
- Coméntale que en el colegio lo pueden correr por este tipo de fotos o mensajes, así como toooodos los riesgos legales que tiene intercambiar un material como éste.
- Explícale (sin regaños ni juicios) que el *texting* que les parece hoy chistoso o *cool,* en realidad puede ser muy peligroso.
- En la medida de lo posible, revisa de vez en cuando sus fotos, ya sea en su celular o en sus redes, para que sepas el tipo de fotos que tienen.

Algunos expertos recomiendan poner controles y filtros donde puedes ver cada foto que toman, o inclusive que deshabilites las fotografías con tu operador de telefonía para que no puedan mandar ni recibir ninguna. En efecto, algunos filtros funcionan y los veremos más adelante, pero en este caso lo mejor es explicarles las consecuencias, enseñarlos a cuidarse y prepararlos para que su mejor filtro sean ellos mismos.

Con tanta información en la red, ¿qué postura debemos tener los padres?, ¿qué les debemos permitir y qué no a nuestros hijos?

En un taller para padres de adolescentes que impartí, una mamá se me acercó y me dijo:

—Yordi, ya no puedo más con mi hijo, ya no me da la vida.

—¿Tiene muchos problemas con él?

—Todavía no, pero ya no puedo cuidarlo más.

—¿Cómo?

—Tiene 15 años y desde que empezó a usar internet, a los 13, puse miles de reglas para que no entrara a páginas prohibidas, regulo el tiempo de internet, intento estar sentada con él cuando ve internet, si no puedo, pongo a la señora que hace el quehacer de la casa junto a él, para que vea que no se meta en cosas feas. Cuando llega a entrar solo, casi nunca, reviso el historial para saber a dónde se metió y estoy pensando en poner una cámara de seguridad en el estudio para ver a dónde se mete, porque tengo otra niña más chica y me quita mucho tiempo todo esto. Estoy muy tensa y muy irritable todo el día, todo me enoja, no tengo tiempo para nadie.

Imagínate nada más a la señora, de verdad estaba angustiada y no sólo no tenía tiempo para nadie, lo más importante, no tenía tiempo ¡para ella! Y cada vez se le complicaban más las cosas, y cómo no, ¿sentándose a lado de su hijo cuando entraba en internet? Eso sí es demasiado, está de no creerse. Con la mejor de las intenciones le dije que estaba cometiendo un gran error, haciendo algo de lo más impráctico, desgastando la relación con su hijo y entrando en un nivel de estrés tremendo.

El internet y las posibilidades de usarlo, o controlarlo son gigantescas (es como el chiste de la hormiguita, tratando de ahorcar al elefante). La mejor forma de cuidar a nuestros hijos de la información y de los peligros que hay en internet, es concientizarlos y explicarles lo que pueden encontrar y de lo que se tienen que cuidar. Hacerlos ver qué es bueno, qué es malo y qué es peligroso, porque es imposible que estés TODA la vida (como dice la canción de Emmanuel) viendo dónde se meten. Imagínate todos los sitios que puede conocer en internet, cada casa de los amigos a las que van donde se pueden navegar, cada cibercafé a donde se pueden meter, cada celular que alguien les puede prestar. Literalmente es im-po-si-ble (perdón que repita tanto la palabra, pero no encuentro otra que pueda usar), imposible cuidarlos siempre.

El día que tu hij@ esté frente a un sitio peligroso, un intento de acoso en la red o le estén haciendo *cyberbullying*, no estarás tú, ni su maestro, ni su papá, ni yo, ni la policía digital, diciéndole qué hacer o donde dar clic; ese día estará solo con lo que le hayas enseñado.

Enseñar a tus hijos a navegar en la red es como enseñarlos a cruzar la calle.

Primero, cuando están chicos tienes que tomarlos de la mano, no despegárteles ni un milímetro, explicarles por qué hay que tener cuidado, enseñarlos a voltear para los dos lados, checar que no haya alcantarillas abiertas u hoyos en el suelo y cuidar cada paso que dan. **Una vez que ya entendieron y crecieron un poco, cruzas con ellos, sólo de la mano. Más adelante les sueltas la mano, pero cruzas a su lado.**

Y cuando ya están listos los dejas salir solos a la calle, ellos saben qué hacer, cuáles son los peligros y pueden estar ellos solitos, porque es imposible que sigas ayudándoles a cruzar cada calle cuando tengan 30 años. Todo tiene que ver con la forma en que los preparaste.

P.D. del autor (o sea yo)

La señora entendió muy bien el concepto y me comentó que empezaría a preparar a su hijo en lugar de andarlo pastoreando cada segundo.

Es normal que a veces (muchas) nos equivoquemos con nuestros hijos. Es tanto el amor y el miedo que tenemos a que les pase algo, que muchas veces en lugar de ayudarlos, hacemos lo contrario.

Todos los padres somos humanos y es un trabajo de todos los días, lo importante es que siempre lo intentemos. Eso te convierte:

En la mejor madre o padre que pueda tener tu hijo.

Tip de experto: Tu hij@ debe ver en internet lo que lo dejarías ver en la vida real. **¿Lo dejarías ver prostitución, delitos o violencia extrema?**

¿Qué tan metidos deben estar mis hijos en internet?

Todos sabemos que el internet es uno de los avances más importantes que ha tenido la humanidad en las últimas décadas y que nos da una infinidad de beneficios que jamás imaginamos. De hecho la Organización de las Naciones Unidas (ONU) declaró el acceso a internet como un derecho humano, ¿así o más importante?

Globalizar la información, tener contacto y comunicación con millones (de hecho, billones) de personas en todo el mundo y hasta fuera de él (cuántos hemos seguido los *tweets* de los astronautas), saber de la organización de movimientos, asociaciones, búsqueda de gente perdida, y hasta revoluciones, redes sociales de todos tipos y objetivos, estudios en línea y programas escolares, actualidad e información en vivo, entretenimiento, compras en línea (desde un lápiz hasta una isla), tutoriales para aprender a hacer todo (hay tutoriales para aprender a hacer tutoriales), aplicaciones para TODO, negocios en línea, libros, cirugías a distancia, aprendizaje, acceso a la música conocida y desconocida, operaciones financieras, videocomunicaciones que te acercan a la gente que quieres (y a la que no, también), programas, películas, documentales a la hora que quieras y muchísimas cosas más que no terminaría de mencionar en un solo libro (digital, obviamente), ah y todo lo que esté por inventarse (como dicen los contratos).

Creo que esto nos da una idea muy clara de la importancia del internet en la vida de nuestros hijos (y en la nuestra).

El internet y todo lo que esto conlleva forma parte de la época y la vida de nuestros hijos; ellos son, como mencionaba, la generación Z y no saben, ni sabrán vivir una vida fuera de este mundo digital.

Por eso no debemos intentar separarlos de su mundo, esto sería restarles oportunidades, sacarlos de su zona de pertenencia, quitarles millones de herramientas, aislarlos de su generación, ir contra su naturaleza y, a la larga, sería casi imposible.

Su Facebook es el equivalente a nuestro chismógrafo (donde sólo querías llegar a la hoja de "¿Quién te gusta del salón?"), su ligue en WhatsApp es como cuando nosotros íbamos emocionadísimos a tomar un café con nuestro nuevo pretendiente, su Google es lo que era nuestra Enciclopedia Británica (¿se hicieron millonarios los que las vendían?, había muchísimas) y su Pinterest es como cuando íbamos nosotros a Sanborns a hojear revistas (eso yo lo sigo disfrutando).

La red es uno de los mejores recursos tecnológicos que tenemos como seres humanos, hay que aprovecharlo y disfrutarlo.

Por supuesto, esta generación digital tendrá algunas repercusiones sociales a la larga (cada generación ha tenido las suyas), y claro que hay cosas negativas y algunas otras muy peligrosas. Por lo mismo tenemos que conocer cuáles son los peligros y cómo funciona cada uno; tenemos que aprender a controlarles los tiempos en la red, monitorearlos y, sobre todo, darles a nuestros hijos la información para defenderse y protegerse ellos mismos. Una vez que tengan todo esto, pueden gozar, disfrutar y aprovechar al máximo el internet, al fin y al cabo sabrán cuándo irse de bajadita y cuándo darse la vuelta y regresarse.

¿Qué peligros hay en la red?

La red es como una gran ciudad, con avenidas principales, zonas turísticas preciosas, colonias seguras, parques con muchos árboles, jugueterías, pero también barrios peligrosos, zona roja, basureros y hasta cementerio. Uno decide por dónde andar y, especialmente, por dónde quiere que naveguen sus hijos.

Los principales peligros de la red se pueden dividir en:

1 Exceso de información y huella digital.

2 Contenido inapropiado.

3 Contenido sexualmente explícito.

Exceso de información. Uno de los problemas que tiene la red es que cualquier cosa que subas a ella se quedará por siempre. Ésa es tu huella digital en la red. Cada foto que subiste, cada comentario que escribiste (tuyo o a otra persona), cada dato público o personal, cada sitio que visitaste, cada estado de cuenta a tu nombre y lo que hayas hecho en la red queda registrado (aunque creas que ya lo borraste). Esta huella digital te seguirá y la irás armando cada día que aprietes una tecla en internet. Por eso es tan importante lo que hagas y la información que compartas en la red. Es importantísimo que tus hijos sepan esto. Cada cosa que escriban o foto que suban es su **imagen en la red** y no importa cuánto tiempo pase, ahí se quedará. Es algo así como hacerse un tatuaje, sólo que aquí ni con quince sesiones de láser lo puedes borrar.

Su imagen (y la tuya) es muy importante, porque cada vez son más personas e instituciones que antes de entrevistarte o platicar contigo, te **googlean** (te buscan en internet) para saber qué has hecho, qué se dice de ti, qué tipos de fotos subes y hasta si eres buen pagador o no.

Checa esta liga que te podría dejar muy claro lo que te digo: https://youtu.be/w_413nklzpo.

Dentro del contenido inapropiado podemos encontrar mucho material que es promocionado en la red como contenido "cool", o para sentirte "con onda" y en realidad, puede ser muy peligroso y dañino para otras personas, incluso ilegal. Desde cómo aprender a hackear la cuenta de alguien para quitarle su tiempo aire del celular, dinero de su cuenta de itunes (servicio de compra de música, aplicaciones y video) o cuentas bancarias, hasta distribuir imágenes y **viralizarlas** (hacerlas famosas en la red) para burlarse de otras personas (memes), checar organizaciones que generan movimientos peligrosos entre los jóvenes, tutoriales (clases) sobre cómo abrir un candado, juegos para realizar bebidas alcohólicas o ruletas para ligar con la persona "que te toque", entre muchas otras cosas.

Cyberbullying

Consiste en postear (enviar o publicar en la red, texteo u otro medio tecnológico) entre menores de edad, un mensaje o fotografía cruel que lastime a otro. Estos mensajes pueden ser privados o, en el peor de los casos, públicos, distribuidos ya sea en redes sociales o en grupos de chateo (grupos de plática), lo que hace que la víctima se sienta todavía peor.

Es un ataque emocional *fuertísimo* pues en principio puede entenderse como broma y después generar aislamiento, vergüenza, tristeza, cambios radicales de humor, depresión, venganza y hasta suicidio.

El material que se usa en el *cyberbullying* es denigrante, puede consistir en divulgar información privada (verdadera o falsa) de alguien, tipo:

"Pepe Romero de 2A lo tiene horrible, lo tiene tan chico que no se lo encuentra él mismo, por eso se tarda tanto en el baño. Nadie jamás se cogería a alguien tan asqueroso."

Imagínate cómo se puede sentir Pepe después de leer éste y cientos de ataques todos los días en su propio teléfono y, por si fuera poco, que lo compartan con toda la escuela. ¿Tú querrías ir al otro día a clases?

- Según la encuesta de Microsoft más reciente **4 de cada 10** adolescentes participaron de alguna acción de *bullying* activa o pasivamente.
- **México es el primer país** en cuanto a *cyberbullying* infantil.
  Según la Organización para la Cooperación y Desarrollo Económico.

Uno de los grandes problemas de este tipo de ataque es que en segundos lo tiene todo mundo en su celular y el que lo genera se esconde detrás del anonimato de internet.

Este tema es tan recurrente que más adelante hay una pregunta al respecto. Por lo pronto, checa esta liga para tener una idea de lo que es el *cyberbullying:* https://www.youtube.com/watch?v=Tzz0w-maPIA.

Si no estás leyendo el libro en una versión digital, vale la pena que escribas esta liga en tu dispositivo y lo veas.

Comunidades negativas

Son grupos en línea que promueven actividades muy peligrosas (y a veces mortales) como bulimia, anorexia, *cutting* (adolescentes que se cortan), experimentos con drogas, cultos extraños, suicidio, etcétera.

Los chavos que se ven atraídos a estas comunidades tienden a la depresión y a las relaciones poco sanas en la vida real con los demás adolescentes, por lo mismo, buscan amigos, quieren sentir que pertenecen a algo, por eso caen en estas comunidades.

Cuando los adolescentes llegan a estos grupos se sienten bienvenidos (ya que los demás miembros se sienten igual de mal), y consiguen la aceptación que tanto les ha costado conseguir afuera. Se sienten integrados al pensar "los del grupo y yo pensamos igual".

Grupos de ataque, odio y bandas

Estos grupos y bandas se identifican en su forma de vestir, actuar y hasta en la música que escuchan. Tienen el objetivo de atacar en línea (haters / trolls) a ciertos grupos por su raza, religión, gustos, comunidades, preferencia sexual, posición económica, escuelas, etcétera.

Están formados por adolescentes "problema" y agresivos, buscan sacar su enojo y descargarlo contra alguien o algo.

La mayoría de estos grupos son promovidos por adultos que poco a poco reclutan integrantes en la red.

Hackers y tribus de hackeo

Estos grupos están formados por chavos que manejan de una manera impresionante la tecnología (muchos de ellos son programadores), y poco a poco pueden interesarse por actividades ilegales.

Utilizan sus conocimientos para violar en línea la seguridad de otras computadoras y sistemas, robar información, imágenes, videos, datos privados, deshabilitar otras máquinas o sistemas operativos, entrar a redes sociales o correos para comentar lo que quieran (hackear cuentas), robo monetario o controlar sistemas tanto privados como públicos.

Cada vez se han vuelto más peligrosos, ya que muchas organizaciones criminales los están reclutando para conseguir información

y ubicaciones de adultos y adolescentes para robos, extorsiones y secuestros.

Videojuegos

Muchos adolescentes, en especial hombres, están muy metidos en esto. La adicción a jugar todos los días (y noches) durante muchísimas horas en línea (jugar con personas que no conoces "en tiempo real") y la violencia excesiva de los juegos, son algunos de los principales riesgos que pueden meter a tus hijos en problemas. Más adelante hablaré sobre este tema.

Dentro del contenido sexualmente explícito podemos encontrar a muchas personas y hasta organizaciones que ponen en riesgo muy serio a los tweens (7 a 12 años) y a los adolescentes. También muchos chavos se ponen en riesgo solos, por las acciones, actividades, fotos, chats y hasta juegos que al principio les parecen inocentes y luego no saben cómo salir de ellos.

Pornografía y material sexual

La red está llena (más bien, llenísima) de imágenes sexuales. Uno de cada diez sitios en internet tiene presencia de pornografía, por lo que es muy común que los adolescentes y preadolescentes se encuentren con estas imágenes. Mucho de este material está etiquetado con nombres de caricaturas, personajes, productos, celebridades famosas, moda, maquillajes, futbol y todo tipo de intereses que los niños y adolescentes tengan. Todo esto tiene la mala intención de meterlos a los sitios pornográficos que después piden dinero para ver más imágenes.

Muchos adolescentes buscan la pornografía por curiosidad natural de su edad (este tema lo veremos en la pregunta sobre pornografía, checa el índice del libro. Sin embargo, el tema a cuidar aquí es que este tipo de material no se convierta en una adicción o que vean escenas de violencia sexual, zoofilia (sexo con animales), sexo comunal, porque pueden tomar estas imágenes como su referencia natural de lo que es la sexualidad.

57 % de los jóvenes ha buscado contenido sexual en internet.

Relaciones vía internet (*cyberdating*)

Hoy en día muchos adolescentes empiezan (y continúan por mucho tiempo) relaciones amorosas en la red, sin conocer físicamente a la persona con la que están ligando. Si bien estas relaciones generan muchísima plática y conocimiento en un principio (lo que en un caso positivo puede ser bastante constructivo), muchas otras veces, alguno de los "enamorados" no es quien dice ser.

Aprovechándose de la distancia, el anonimato, los *nicknames* (apodos de la red), las fotos robadas y el jamás prender la webcam (cámara con acceso a internet), pueden engañar a la otra parte y meterlo en un gran problema, tanto emocional como físico. Esta persona virtual puede ser de otro sexo, edad, ubicación, realidad, orientación sexual o tener intenciones muy distintas a las que dicen al principio. ♥

Sobre este tema les recomiendo mucho un documental que después se convirtió en una serie muy interesante de MTV (sí MTV, aunque no lo crean), se llama *Catfish,* vale mucho la pena que lo veas, tú y tus hijos: https://www.youtube.com/results?search_query=catfish.

Pornografía producida por los propios chavos (*sexcasting*)

Algunos adolescentes generan sus propias imágenes sexuales en línea, convencidos por adultos que los contactan y los seducen con regalos, dinero o una supuesta "amistad". Otras veces son sus mismos compañeros los que los convencen o los presionan, para después ridiculizarlos con las imágenes.

La forma más común es cuando sus novios / frees / dates / ligues o galanes, les piden las fotos en un juego sexy, se las mandan y jamás se imaginan que esas fotos pueden caer en otras manos (o en los celulares de todo el salón). Muchas veces el novi@ se puede transformar en un ex dolido y convertirse en su peor pesadilla.

Depredadores sexuales (*cybergrooming*)

Son adultos / pedófilos que a través de la red buscan y contactan (prácticamente cazan) chav@s con el objetivo de establecer contacto sexual.

Según Eric Stephens, director de Tecnología de Microsoft México, en el taller preventivo contra el delito cibernético, estos adultos primero crean empatía con los adolescentes, diciéndoles que les gustan las mismas actividades para ganar su confianza, después generan una amistad, un ligue de pareja o una hermandad, según sus gustos y ya que tienen esto, les piden información delicada y súper privada a los chav@s.

Después utilizan esta información para chantajearlos y pedirles imágenes sexuales por la *webcam*; una vez que tienen estas imágenes las utilizan para presionarlos con los encuentros físicos que quieren.

También buscan generar pornografía infantil y juvenil, para luego negociar con ella. Imagínate el daño físico y emocional que les causan a los adolescentes. Por desgracia, muchas veces los propios chavos son los que llaman la atención de estos depredadores por su comportamiento en la red (fotos, juegos eróticos, comentarios en cuentas de otros amigos, *likes*, videos compartidos, etcétera).

Algunos buscan adolescentes que se ven inseguros e inocentes, otros se guían por las fotos que suben en ciertas páginas y algunos más buscan en modo ruleta quién los acepta como amigos y ahí ven si avanza o no la situación.

 El licenciado José Antonio Granados Valencia, director ejecutivo de información de ciberdelincuencia en México, afirma que ésta es una de las principales situaciones en México y en Latinoamérica, y que si se continúa el contacto con el acosador, es posible llegar a él, cuando esté chateando y acosando a la persona.

Checa estos dos ejemplos:

https://www.youtube.com/watch?v=Ak3qp4qRAiY

https://www.youtube.com/watch?v=yIrc0-Hg28w)

La Policía de Investigaciones de Chile (PDI) lanzó una campaña de prevención contra el *grooming* #todoscontraelgrooming, a un mes de salir a la luz consiguió más de 5 millones de visualizaciones.

Turismo sexual

Es un movimiento reciente, donde muchos adultos buscan niños y preadolescentes para chatear sexualmente y masturbarse. Es común que esos adultos provengan de países ricos que buscan a chicas y chicos en países pobres. A partir de conversaciones tiernas y juegos, o hasta pagos con tarjetas prepago, hacen que los niños se quiten la ropa y jueguen con sus genitales.

La ONU y el FBI reportan que hay más de 750 mil pedófilos buscando chicos a cualquier hora del día.

Terres des Homes creó una niña virtual de 10 años de edad en computadora llamada Sweetie, con el objetivo de cazar a estos pedófilos. Como ella fue programada con movimientos humanos, los adultos creen que es real y empiezan a convencerla o a ofrecerle dinero para que se quite la ropa, mientras tanto (con la ayuda de Sweetie) la organización y las autoridades en conjunto piden datos personales de los adultos y tratan de localizarlos y detenerlos en el momento que están realizando la conexión, ya que ésa es la única forma de comprobarlo.

Puedes conocer a Sweetie y su forma de operar en la siguiente liga: https://www.youtube.com/watch?v=5kDnz66gUBI. Si estás leyendo este libro impreso, vale la pena que teclees esta dirección en tu computadora y conozcas la situación.

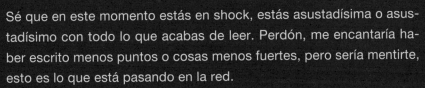

Turismo sexual

Cada vez son más los ciudadanos de Europa, Estados Unidos y Canadá que aprovechan la vulnerabilidad de niños en Centro y Sudamérica, con especial interés en países como México, Brasil, Colombia, Perú y Argentina.

Red Ecpat International.

Sé que en este momento estás en shock, estás asustadísima o asustadísimo con todo lo que acabas de leer. Perdón, me encantaría haber escrito menos puntos o cosas menos fuertes, pero sería mentirte, esto es lo que está pasando en la red.

De hecho, te recomiendo mucho una película que se llama Hombres, mujeres y niños (*Men, Women & Children*), de Jason Reitman (está en los sistemas de televisión por demanda, Netflix, iTunes), pues habla sobre el tema; esta peli te va a ayudar a entenderlo y a darte cuenta de lo que está pasando.

Éste es el avance, pero no dejes de ver la película: https://www.youtube.com/watch?v=ZHc8H3FkVK8.

También es verdad que NO todos los chavos que son inseguros entran en comunidades negativas, ni que cada chava que sube una selfie en bikini es parte de una página porno; la realidad es que si nosotros cumplimos con nuestras obligaciones de padres (aho-

padres digitales), los cuidamos —realmente— y ellos conocen los peligros que hay en la red, el panorama cambia por completo.

Los adolescentes son muy inteligentes, y cuando tienen la información real y objetiva, se cuidan más de lo que te puedas imaginar.

Pornografía
México es el país latinoamericano con mayor tráfico de imágenes con menores desnudos.

 **Así que vamos todos (incluyéndome), a dejar de preocuparnos y mejor ocupémonos, porque de nosotros depende si nuestros hijos pasean por los parques y las colonias seguras de la ciudad, o por la zona roja.**

 ¿Cómo cuido a mis hijos de la pederastia, sus contenidos inadecuados, la sextorsión, el *sexting,* el robo de información y los secuestros virtuales?

Sólo de escuchar estas palabras nos tiembla todo lo temblable, ¿estás de acuerdo? Por fortuna hay varias armas que podemos utilizar para que estas pesadillas NO entren a nuestras casas, y mucho menos a la vida de alguno de nuestros hijos.

Las expertas digitales, Romina Riviello y Daniela Santibáñez, de Digital Families, me platican que lo más importante para cuidar a nuestros hijos es hacer una combinación de diferentes elementos que nos cubran por todos los flancos.

1 Tienes que estar consciente de que existen estos problemas (creo que si leíste las respuestas anteriores, te queda más que claro lo serio de este asunto).

2 Habla con tus chavos para estar en el mismo canal; y pregúntales:

- ¿Qué consideras inapropiado en la red? (Para que tú tengas una idea de las ideas que tienen ellos, sino, jamás te va a decir algo que en realidad es terrible, pero a él le parece "tranquilón".)

- ¿Te has encontrado "por casualidad" o te ha aparecido este tipo de cosas en la red? ¿Qué? (Esto abre mucho la plática y genera confianza para hablar del tema.)
- ¿Podrías platicarme si te encuentras con algo que te haga sentir incómodo, te preocupe o te provoque miedo? ¿Por qué sí? ¿Por qué no? Ésta es una súper guía para que sepas qué estás haciendo bien o qué debes cambiar para hablar con tu hijo.

3 Firma con tus hijos el contrato digital del que hablamos en las preguntas anteriores. Con esto tendrás un pie del otro lado, pues este contrato los hace concientizarse mucho y estar a las vivas.

4 Monitorea a tus hijos constante y personalmente (no que lo cheque el amigo del primo de tu hijo mayor).

5 Motivar a tus hijos a que vengan contigo o con algún otro adulto de confianza, si encuentran contenido inapropiado.

Ojo, los chavos no siempre logran hablar con sus papás cuando tienen algo penoso en medio. Si crees que es el caso de tu hij@, es muy importante que te ayudes de ese tío o amigo tuyo (que tu hijo adora) y usarlo como intermediario. Así sabrás lo que le está pasando a tu hijo, para ayudarlo.

6 Configurar los controles parentales, como filtros, aplicaciones, bloqueos y restringir la entrada a contenidos inapropiados en medida de lo posible.

7 Hacer una comunidad de los padres de los amigos de tus hijos y llegar a varios acuerdos. El famoso "o todos coludos o todos rabones" de nuestras tías funciona muchísimo en esta situación, porque los chavos sienten que todos tienen los mismos límites.

- Acordar la hora a la que dejan de usar el internet en la noche.
- Qué tipo de contenido pueden ver.
- Ver que todos los papás chequen lo que está pasando en las redes y los movimientos digitales de los amigos o el salón de clases.
- Tiempo que pueden utilizar internet diariamente.

- Estrategias para promover actividades físicas o recreativas (sin internet de por medio).
- (8) El arma más poderosa para cuidarlo es el criterio que desarrolle tu hij@. Es muy, muy, muy importante que le expliques:

Qué pasa en la red, cómo pasa, por qué y qué consecuencias tiene

Si entiende esto, él mismo será su mejor control parental, será su mejor defensor. Si de verdad aplicas estos pasos a conciencia, es difícil que tu hij@ tenga un problema en la red. Primero, porque se sabe muy cuidado (la palabra vigilado es la que tenemos que borrar de nuestro padre-diccionario). Segundo, porque identificarás cualquier tipo de problema antes de que se haga grande, y tercero, porque el criterio de tu hij@ será su mejor aliado.

Recuérdale siempre:

- Mucha gente se hace pasar por otra en la red.
- La webcam siempre está prendida.
- Todos los días se inventan nuevas formas de engañarlos.
- Nada de lo que diga o haga en línea es privado.
- Los mensajes o fotos que suba a internet se quedan para siempre ahí.

¿En realidad sirven los controles parentales, cuáles son los mejores?

Mi hijo es un experto en las apps (aplicaciones) de juegos digitales, conoce todos los nombres, cómo se juegan, los nuevos que salieron y los trucos que tienen. Hace tiempo me dijo que no podía bajar un juego y que por favor le ayudara, le comenté que en la noche lo veíamos.

Cuando llegué en la noche, no me dijo nada (obvio, me sorprendió, pues en otro momento se me hubiera ido a la yugular con el asunto de la aplicación). Cuando le comenté que estaba listo para ayudarlo, me dijo que ya no lo necesitaba, pero lo noté un poco nervioso. Le pregunté cómo se llamaba el juego y me dijo "no me acuerdo". En ese momento supe que algo estaba mal, él jamás olvida un nombre de un juego (se los sabe hasta dormido). Le volví a preguntar varias veces y no sólo no sabía, sino que se fue del cuarto donde estábamos.

Me di cuenta de que estaba ocultando algo y de inmediato pensé en el control parental que le puse a su *tablet*. Lo primero que se me vino a la cabeza fue que había tratado de bajar algo y la restricción no se lo permitió, pero cuando se dio cuenta de lo que había pasado, quiso evitar el tema conmigo.

Lo llamé a mi cuarto (a solas) y le dije: "Cuéntame con toda confianza qué juego querías bajar, no te preocupes si no es para tu edad, no te voy a regañar, dime cuál es, lo checo y si me parece bien, yo te lo bajo."

De inmediato me dijo el nombre del juego, lo chequé en mi celular y en realidad no estaba tan fuerte, pero estaba fuera de la edad que yo había puesto en el control parental (había pasado año y medio desde mi última actualización y mi hijo ya había crecido), por lo que le bajé el juego y cambié la edad al iPad.

El control parental no dejó que lo bajara, cuidó a mi hijo y me dio la oportunidad de ver antes lo que él quería jugar.

Los controles parentales son una herramienta que nos ayuda a cuidar a nuestros hijos cuando usan internet. Son candados digitales que puedes activar en la mayoría de los dispositivos (computadoras, celulares, *tablets,* consolas de videojuegos, etcétera), en los sistemas operativos (Windows, iOs, OS X), en los buscadores (Goggle, YouTube, etcétera), y además existen programas / software independientes, muy buenos y que controlan todo (y más) al mismo tiempo.

Muchos de los dispositivos que tienes en tu casa tienen control parental; esto quizá no lo sabes (en una de esas y hasta tu tamagochi tenía, y tú ni idea).

Controlan el contenido que puedes ver en la red, la categoría de juegos y los programas que puedes utilizar; registran tus actividades (o sea, te chismean lo que hizo tu hijo) y se pueden personalizar para cada integrante o hasta mascota de la familia.

Y la respuesta a la pregunta inicial es: sí, sí funcionan... parcialmente. Ah, caray, se escucha un poco confuso, ¿verdad? No te preocupes, ahí te va cómo está el asunto. Es verdad que hay muy buenos filtros (controles parentales) y cada uno tiene sus pros y sus contras, pero es importante decir que ninguno es infalible.

Existen muchos elementos que influyen para que funcionen:

- La edad de tu hijo.
- Qué tan hábil es con lo tecnológico.
- Qué tan bueno es el filtro que pusiste.
- Tener las características que tú necesitas.
- Si lo sabes usar.

Los controles parentales de los dispositivos y de los sistemas operativos vienen de cajón (léase en el resto del mundo ¡a fuerza!), pero aparte tienes que conseguir los programas con más aplicaciones (en la red o tiendas de software) y hay muchísimos.

Ahora vamos con el rollo de la funcionalidad:

Entre más chicos son tus hijos, más funcionan estos candados. Los chavos que están pasando por la etapa *tween,* pubertad y primeros años de adolescencia (o sea, para acabar pronto, los más chavitos), no se dan cuenta de que están activos los candados, se atienen a las reglas, o respetan más las decisiones de los padres en caso de que pongan los candados. Normalmente no tienen ni los conocimientos, ni las ganas de violar los candados (están demasiado asombrados y maravillados de estar en la red).

Algunos controles parentales son generales y aplican básicos como: candado estricto, moderado, o sin candado. Y hay otros súper específicos que bloquean palabras o situaciones específicas, como: *bullying,* sexualidad, términos sobre alcohol, drogas, soledad, suicidio, violencia, peligros, música con lenguaje inapropiado, pagos en la red, apuestas, racismo, etcétera (casi casi puedes bloquear todo lo relacionado con tu ex novi@ y que jamás vuelva a amar en su vida).

Otros pueden rastrear a tu hijo donde esté (inclusive donde vaya caminando), checar sus *mails* y mensajes, ver su actividad en redes sociales (24 horas aprox.), y documentar cada letra que haya escrito tu angelito (o diablito) digital.

Otro elemento que puede controlar un buen filtro es el tiempo en internet que puedes utilizar a diario (esto es una chulada, se escuchó como comercial de coche usado en televisión).

De hecho, con este asunto del tiempo puedes hacer un calendario diario y limitar la conexión a internet incluso con diferentes horarios cada día. También hay aplicaciones que apagan la computadora de tus hijos a control remoto (la puedes buscar en las tiendas de aplicaciones como *turn off*).

Así que vámos directito a lo que tienes que saber para buscar un buen filtro.

Existen gratuitos y de paga (en ambos hay muy buenas opciones, los de paga tienen más funciones). Y la pregunta obligada es ¿cuál es el mejor? (redoble de tambor de circo sin animales). La realidad es que el mejor es el que se adapte a lo que tú y tus adolescentes necesiten.

Hay algunos muy famosos, como Norton online family, Netnanny. com, Qustodio parental control, MammaBear, Safe eyes, care4teen, etcétera, pero te recomiendo que mejor busques en Google "controles parentales". Te saldrán muchas opciones en el idioma que requieras; primero, es muy importante que leas las especificaciones para que encuentres lo que tú necesitas.

Poner candados en internet no sólo protege a tu hijo, protege a toda la familia.

El libro *CyberSafe* de la American Academy of Pediatrics sugiere que un buen control parental debe tener estas características, así que chécalas, para que tengas una buena opción:

1 **Control de tiempo en internet.** Permite que manejes el tiempo que tu hijo pasa en internet o con un videojuego. Ojo, checa que el tiempo se mida independientemente del reloj del dispositivo, porque si no, por ahí te dan la vuelta los chavos.

2 **Acceso a distancia.** Esta función te permite ver y configurar el control parental desde otra computadora con internet.

3 **Grado de control.** Esto incluye juegos, internet, filtros de búsqueda y la posibilidad de bloquear juegos y sitios específicos.

4 **Notificaciones de eventos.** El sistema te avisa si tu hijo está buscando algo restringido.

5 **Bloqueo de sitios.** Que tenga la posibilidad de bloquear "cualquier" sitio.

Si cumples con esos cinco puntos, tendrás un muy buen control parental. Ahora viene lo feo: cuando los adolescentes están más creciditos, la cosa cambia.

El experto en tecnología Javier Matuk explica que los controles parentales funcionan muy bien hasta cierta edad, porque después es muy sencillo desactivarlos y hasta volverlos a activar, para que los papás no se den cuenta.

Algunos chavos los deshabilitan de una manera muy sencilla, le preguntan a Googgle o lo buscan en YouTube y ¡zas! Te da la respuesta hasta con muñequitos (haz la prueba y te vas a sorprender).

Y si los filtros son un poco más complicados, entran a unos sitios de Proxys (suena como a nombre de medicina), que son intermediarios que le hacen creer al dispositivo o a la página que NO eres tú, que NO tienes esas restricciones, que NO estás en la región en la que estás, para acabar pronto, que NO estás de acuerdo con los controles que te puso tu mamá o tu papá.

Si bien muchos chavos hacen esto, existen otros que no están tan de acuerdo con los candados, pero no los violan tan fácilmente. Es importante ir actualizando los candados para controlarlos y darles cada vez mayor contenido, de acuerdo con su edad y con la confianza que se han ido ganando. Y sí, algún día los controles ya no te servirán.

Me gusta mucho lo que sugiere la doctora Gwenn Schurgin, experta en seguridad digital: "El objetivo de los filtros parentales no es controlar a tus hijos, es enseñarlos poco a poco a tomar buenas decisiones sobre lo que deben ver y a cuidarse en la red."

Es como irlos entrenando poco a poco para que aprendan a cuidarse. Al final, lo ideal sería poner controles parentales a tus hijos cuando están chicos (si es que todavía tienes la oportunidad), y después ir creciendo los controles con ellos, para que vayan haciéndose un criterio sobre qué deben y qué no deben ver.

Así llegará un momento donde quizá ya no te funcionen los controles, pero a esas alturas, ya evitaste que vieran material inadecuado para su edad, pues ya controlaste el tiempo en internet y los habrás concientizado mucho más del contenido que deben escoger en la red que, a fin de cuentas, es lo más importante.

El mejor programa que existe para cuidar a tus hijos en internet es lo que hayas programado en su cabeza.

¿Cuáles son los focos rojos que me indican que mis hijos están en problemas en internet?

El problema más grande que pueden tener los adolescentes en internet es que los papás no estemos pendientes de lo que pasa con ellos. A veces tanto trabajo, responsabilidades, compromisos, presiones, reuniones con amigas, el partido con los amigos y hasta la telenovela de las 9 de la noche, nos hace no tener la menor idea de lo que está pasando en la red con nuestros hijos.

La verdad es que muchas veces estamos preocupados por los riesgos que hay en la calle, en los antros o en las fiestas, y se nos olvida que en internet también hay muchos peligros.

La época cuando nos dejaban salir a jugar a la calle y nuestra mamá nos pedía que tocáramos el timbre cada vez que pasáramos por la puerta de la casa, ya está muy, muy lejos.

Hoy puedes creer que tu hij@ está tranquil@ en el cuarto de a lado y (sin saberlo) lleva tres días platicando con el encargado de un movimiento de trata de personas, o está siendo víctima de *cyberbullying* o acosado por algún compañero.

Como lo he dicho, no pienses que cada chavo que está metido en su computadora o teléfono está en broncas, no es así, pero de que tenemos que estar más pendientes que nunca es cierto. Así que lo mejor es tener los ojos, las orejas y las puertas donde está la compu… bien abiertas.

Si ves alguna de estas situaciones en tu hij@, existe la posibilidad de que esté metido en algún problema:

- **Aislamiento y poco interés en las demás personas (inclusive en sus mejores amigos).** Posiblemente está metido en alguna comunidad negativa, está deprimido o se metió en un problema serio en la red, y sólo tiene cabeza para preocuparse por eso.
- **Esconder lo que ve en internet.** Siempre que llegas a la computadora, desparece las ventanas que estaba checando o apaga la máquina. Es posible que esté viendo material inadecuado para su edad (pornografía, violencia, etcétera), sitios prohibidos o en comunicación con gente peligrosa. Esto también aplica cuando siempre borra el historial de las páginas que visitó.
- **Emociones muy muy extremas o comportamientos extraños e irracionales durante o después de estar conectado a internet.** Puede ser que esté siendo víctima de alguien en la red (desde unos compañeros de escuela hasta un adulto).
- **Uso excesivo del internet o texteo,** especialmente en las noches, cuando ya nadie lo está checando. Puede estar experimentando una adicción seria al internet o estar metido con personas, sitios o situaciones peligrosas.
- **Peleas, enojos y enfrentamientos mucho más fuertes y frecuentes con sus papás, familia y amigos.** Las personas peli-

grosas en la red buscan y te incitan a separarte de tu familia para no correr peligro.

- **Dejar de frecuentar a sus amigos y no querer ir a la escuela, a las fiestas o algún lugar social que frecuentaba.** En general cuando algún adolescente es víctima de burlas, ataques, *bullying*, evita ver a los causantes o a los que se ríen de él.

- **Recepción de paquetes por los que tu hij@ no puede pagar.** Puede estar dando información privada a cambio de regalos, estar metido en un asunto de apuestas, recibiendo drogas, consiguiendo dinero que no es suyo, intercambiando sus fotos en la red o teniendo relación con algún depredador sexual.

- **Obsesión con que nadie toque su teléfono ni un segundo.** Eso la mayoría de los jóvenes lo hace, pero no deja que nadie lea ningún mensaje de los que le mandan. Tal vez tenga comunicación con alguien con quien corre algún peligro o intercambia contenido inadecuado para su edad.

Éstas son algunas de las señales más claras, sin embargo, no significan que tu hij@ esté metido en el problema de cada punto. Cada chavo es distinto y reacciona diferente. Esta guía muestra una visión general, pero hay muchas variables de lo que puede estar pasando alrededor.

También es muy importante que cheques que las acciones sean constantes y más intensas de lo normal (en especíal en el caso de lo emocional), porque ya de entrada los adolescentes, por el simple hecho de serlo, tienen las emociones muy disparadas, así que hay que ser muy minucioso y observador para separar esto de su comportamiento normal.

Debes estar muy atento y si ves algo raro, toma cartas en el asunto de inmediato. Este tipo de problemas pueden presentarse a cualquier edad de la adolescencia, obviamente, pero hay que tener especial cuidado cuando tienen entre 13 y 16 años, porque es una de las etapas más vulnerables.

 Si crees que tu hij@ está metido en un problema de estos, asegúrate de ello al 100 por ciento, investiga mucho más, checa sus dispositivos, pídele a toda tu familia que te ayude a monitorear lo que está haciendo, instala un control parental de máxima seguridad, o intervén su teléfono o computadora con un experto. Sé que esto último suena fuertísimo, y es lo último que quisieras hacer, pero si es una emergencia, no hay que dudarlo, estamos hablando de la seguridad de tus hijos. ☝

→ **¿Qué hago si mi adolescente está metido en problemas?**

Todo depende del nivel del problema en el que se encuentre. Cuando los adolescentes están metidos en un problema digital NO tan fuerte aún (contenido inapropiado, inicio de *cyberbullying*, alguien desconocido lo está tratando de contactar constantemente, etcétera), se lo mencionan con sutileza a algún miembro de la familia o a alguno de sus papás (sí, aunque parezca de película de fantasía, muchas veces se lo comentan al que más confianza le tienen).

Si has notado uno o varios de los focos rojos de la pregunta anterior en tu hij@, avísale a todos los miembros de la familia para que estén con las antenas bien paradas, especialmente a los hermanos, porque muchas veces hablan más con ellos.

Una vez que tengas la certeza de que algo anda mal, tienes que actuar pronto.

La doctora Nancy E Willard, experta en seguridad en línea y autora del libro *Cyber safe Kids, Cyber safe Teens,* dice que lo más importante es que si tu hijo te insinúa que hay un problema, le pongas mucha atención, lo dejes hablar y no te exaltes ni te enojes, porque si lo haces, cerrarías el canal de comunicación que en este momento es más que oro.

En caso de que te enteres por otra persona, habla con tu hijo y dale confianza para que te platique (nunca eches de cabeza al hermano que te platicó, es y será tu mejor fuente de información). Una vez que te diga lo que está pasando, no le expreses una solución inmediata ni le digas qué debió o debe hacer (como eran nuestros papás que se preguntaban y se contestaban solitos), mejor pregúntale: "¿Qué crees que debes hacer?"

De esta manera validas su opinión y se sentirá más seguro hablando contigo, sobre todo (si no es algo muy fuerte), lo enseñas a que aprenda a resolver este tipo de situaciones, para cuando tenga otra más adelante.

En el tema del *cyberbullying* es necesario apoyarlos, entenderlos y aplicar la técnica de bloquear y reportar (este tema lo desarrollo en la pregunta sobre *cyberbullying*).

En caso de que tu adolescente se haya saltado las reglas puestas previamente, esté visitando contenido inapropiado o su tiempo en la compu, teléfono o videojuegos se esté convirtiendo en una adicción (de esas veces que ya no te acuerdas la última vez que vio a los ojos mientras le hablas), entonces es necesario aplicar las consecuencias, como lo platicamos en la pregunta anterior "¿Cómo hago que cumplan las reglas digitales?", y ser muy firme en esto para que conozca sus límites y no se meta en más problemas.

Ahora, cuando el nivel de los problemas va en aumento, las soluciones también crecen. En caso de que esté metido en alguna comunidad negativa y riesgosa como bulimia, anorexia, depresión, cutting (cortarse), bullying muy fuerte, etcétera, es necesario buscar —inmediatamente— ayuda profesional con algún psicólogo o especialista para trabajar no sólo con la situación tecnológica, sino con las emociones y la historia personal de cada uno de los adolescentes.

Cuando tu hij@ está siendo víctima de acoso sexual o de una organización que le esté pidiendo fotos o videos sexuales a cambio de regalos, amistades ficticias, promesas o amenazas, o que lo(a) extorsionen para tener intercambios sexuales con un adulto o un menor, es importantísimo NO decirle nada a tu hij@ ya que puede borrar la información, advertirle a los agresores o huir para estar con esta persona. Recuerda que muchas veces los enganchan emocionalmente. Por supuesto no te puedes dar el lujo de perder las evidencias o, peor aún, de que tu hij@ se salga de casa.

En caso de acoso sexual, es necesario no alertar a los delincuentes y notificar lo más pronto posible a las autoridades para que se monitoree cada movimiento y puedan llegar a ellos. Es muy importante contactar apoyo psicológico para manejar la situación con tu hij@.

Lo mismo para los casos de delincuencia, amenazas, movimientos ilegales, drogas, *bullying,* etcétera, es necesario denunciarlo ante la policía digital o cibernética de tu país para que ellos tomen cartas en el asunto.

Espero de todo corazón que jamás estés en una situación así, pero si es el caso, ya sabes qué hacer y no dudes en actuar rápido, porque, en estas situaciones, un minuto puede ser la diferencia.

Un problema que a muchos padres les preocupa es encontrarse en situaciones como:

"Mi hija está investigando otras creencias religiosas/espirituales distintas a las nuestras."

"Mi hijo está leyendo sobre volverse vegeteriano y aún está en pleno crecimiento."

"Mi hija está leyendo sobre tener una pareja de su mismo sexo."

La adolescencia es una época en la que se cuestionan los valores con los que has crecido y se exploran nuevos. Es normal. Los adolescentes quieren saber dónde están parados y por qué. Esto no significa que vayan a cambiar sus valores e ideas, sino que están tratando de conformar un criterio propio. Intenta platicar con ellos de una manera tranquila y entiende el proceso que están viviendo. Bloquearles el material que ven hará que vayan a otro lugar a buscarlo.

¿Qué es la *deep web* y qué peligro corren mis hijos si entran?

Últimamente se ha escuchado hablar mucho de la *deep web,* la mayoría de las cosas que se dicen son reales.

Los sitios de internet, las redes sociales, Google, nuestros correos y todo lo que vemos en internet constituye el 4% de la red.

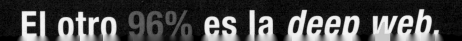

El otro 96% es la *deep web.*

Esta web consiste tanto en información, estudios de mercado reveladores, bases de datos de las redes sociales, datos privados o confidenciales de los sistemas gubernamentales y privados, hasta las cosas más oscuras que te puedas imaginar.

La *deep web* tiene varios niveles, para entrar necesitas un explorador especial que cambia la dirección IP (TOR), para que no puedan rastrear a la persona que está interactuando.

En esta zona *onion* de la web (las terminaciones de estos sitios no son .com son .onion), se encuentran comunidades completas de pedófilos que negocian y ofrecen sexo con menores de edad, material pornográfico muy muy fuerte donde se involucran pedofilia, zoofilia, necrofilia, etcétera, venta de drogas y armas, intercambio de sustancias prohibidas, imágenes gore reales (violencia y sangre extrema), tráfico y venta de órganos, y muchas otras cosas más que no me gustaría escribir por respeto a las mamás y los papás que están leyendo esto.

Sólo puedo decirte que a lo largo de esta investigación hubo momentos que mi compañero experto en redes sociales e investigador, Christopher Heredia, y un servidor tuvimos que parar porque no podíamos con más de lo que esta oscura parte de la red ofrece.

Todo es real, inclusive existe una moneda de cambio (*bit-coin*) que utilizan estos delincuentes para negociar. Por supuesto, cualquier persona que sea sorprendida interactuando en esta parte de la *deep web* está cometiendo un delito, sin embargo, y por desgracia, es muy difícil (casi imposible) dar con ellos.

Regresando a lo de nuestros hijos, aunque hoy muchas personas hablan de esto, en realidad NO es algo en lo que estén metidos los adolescentes. Si acaso alguno estuviera interactuando (o como espectador), tendría que tener instalado el buscador TOR en su computadora, ya que es el elemento que impide que te rastreen.

Pero para el adolescente común es muy complicado ingresar, las direcciones no son palabras sino códigos muy complejos y el material que encuentran no es algo que le interese a la mayoría. Por ello, actualmente no es un riesgo latente entre los adolescentes en general.

Caché a mi hijo viendo pornografía en internet, ¿cómo reacciono?

Si es tu caso, sé que te sientes terrible y que no la estás pasando nada bien. Si eres mamá, te sientes sorprendida, apenada, enojada, decepcionada, asqueada (¡¡aaghhh!!) y no puedes creer cómo uno de tus hijos está metiendo este tipo de imágenes a tu casa (bueno, con el hecho de escuchar los títulos de los videos, no puedes más). Posiblemente te sientes triste y te estás cuestionando hasta la educación que le diste a tu hijo.

Si eres papá, quizá recordaste la primera vez que tuviste contacto con una imagen porno en tu vida y en este momento te sientes confundido. Estás enojado, incómodo, muy apenado con las mujeres de tu casa y quieres poner orden, pero no sabes cómo.

Como sabemos, la pornografía siempre ha existido, pero ha evolucionado de una manera que ahora sí dice "quítate que ahí te voy".

Antes, para que un chavo viera pornografía, tenía que hacer una misión imposible al cuarto de su hermano mayor o hasta de su papá para robarse (tomar prestada por nueve semanas y media) una revista *Playboy*. Otra opción era que sus amigos se convertían casi casi en parte del crimen organizado, traficando con revistas (cerradas con bolsa de plástico) y una vez abierta se las enseñaban a toda su bolita de amigos,

Si a la que cachaste fue a tu hija, literal te quieres morir; no quieres imaginar a tu hija en el terreno sexual, ni en la peor de tus pesadillas (estoy igual que tú). Es normal que nos sintamos así.

donde por la edad que teníamos había una muy delgada línea entre el disfrute y el asco, para acabar pronto.

El internet ha cambiado todo esto. Ya no hay que hacer toda una odisea ni contar con los amigos más aventados para ver pornografía. Hoy los chavos tienen millones de sitios e imágenes porno en su computadora y su celular, sí, con un clic, y por si fuera poco... gratis. Eso une elementos muy peligrosos:

La pornografía siempre ha sido buscada y el internet te la da en el momento que quieras. 12 por ciento de los sitios de internet son pornográficos. La cuarta parte de las búsquedas totales en internet son sobre pornografía. Por si esto fuera poco, gran parte de las palabras y los contenidos que les interesan a los preadolescentes y adolescentes, están truqueados con imágenes sexuales, y cuando los buscas aparecen *pop ups* (imágenes extras a tu pantalla) con imágenes sexuales.

Tú buscas Minecraft, Barbie o Real Madrid, y aparece una imagen sexual que apenaría hasta al más viejo (o en este caso, al más adolescente) de la casa.

Esto hace que muchas veces los adolescentes encuentren este material por accidente y, lamentablemente, muy chicos.

Hoy en día el promedio del primer contacto con la pornografía es a los 9 años de edad. Ésta es la primera generación de adolescentes en la historia que tienen pornografía gratis, a la hora que quieran y al alcance de su mano.

Lejos de todo esto, que es más que abrumador, vamos a la parte natural del asunto. En la adolescencia, el cuerpo empieza a presentar muchos cambios (todos los que pasamos por ahí, lo sabemos a la perfección). Crecen los genitales, se desarrollan los pezones, crece vello púbico, se tornean los músculos, en fin, de la noche a la mañana (literalmente) los adolescentes encuentran muchas cosas nuevas y esto les genera una gran curiosidad en su cuerpo y en la sexualidad que está despertando en ellos.

De hecho, éste es el primer momento donde su cuerpo empieza a sentir atracción por el de los demás. Sexólogos y expertos aseguran que esto sucede porque su cuerpo se está preparando para la reproducción, por lo que es natural que se despierte su interés.

Estos cambios físicos vienen acompañados de excitación, sensualidad y una atracción que antes no tenían, por lo que muchos buscan la pornografía para resolver todo tipo de dudas que hoy les interesan.

Es como si a una persona que de repente tuviera mucha sed (despertar sexual) y la hicieran caminar por el desierto (falta de información), luego le pusieran enfrente una jarra de agua helada, que puede tomar en el momento que quiera (pornografía).

De igual manera, muchos adolescentes buscan la pornografía como herramienta para la masturbación, pues buscan saciar sensaciones que antes no tenían ni conocían. Por eso es muy común que tanto hombres como mujeres se topen o busquen pornografía y decidan verla.

El problema, como comenta Brian Housman, experto en adolescentes desde hace más de 20 años, es el tipo de imágenes y material que presenta la pornografía y lo que pasa después de la primera exposición a ella. El interés de los adolescentes en la sexualidad es natural, lo que NO es natural son las imágenes que presenta la pornografía.

La pornografía presenta imágenes exageradas y antinaturales que degradan a la mujer. La muestran utilizada, servil y como un instrumento, más que un ser humano. El problema principal es que éstas son las primeras imágenes de sexo que ven nuestros hijos y ésta es la referencia inicial de hombres y mujeres.

Últimamente lo sitios pornográficos tienen muchas categorías de diferentes tipos de relaciones sexuales (cada vez más extrañas y hasta violentas) y también muchos videos donde es el hombre el que es tratado como un objeto.

Por lo tanto, es necesario (me atrevería a decir, obligatorio) hablar con nuestros hijos sobre porno. Lo ideal sería hablar con ellos antes de que lo vean, pero si eso no fue posible y encontraste señales, o peor aún, tuviste el incómodo momento de sorprenderlos (esto me parece incómodo, hasta escribirlo), es más que urgente hablar.

En una plática con la maestra en sexología Irene Toríces, experta en adolescentes, me comentó que no debemos perder la oportunidad de ser nosotros los que resolvamos las dudas de nuestros hijos (antes que cualquier otra persona, o peor aún, algún sitio de internet). Ella afirma que a la mayoría de los chavos les cuesta mucho trabajo "hablar" sobre sexualidad, por lo que las imágenes de la red les dan la opción de no hablar y responden (terriblemente mal) sus dudas.

Así que vámonos directo y sin escalas al asunto de hablar con ellos (si estás temblando, no te preocupes, a todos nos cuesta trabajo).

Como dije, lo ideal es que ya hayas hablado de sexualidad con ellos. En mi libro *¡Renuncio! Tengo un hijo adolescente, ¡y no sé qué hacer!,* hay un capítulo completo sobre este tema.

Recuerda que es muy buena opción que el padre del mismo sexo sea el que hable con el adolescente (sé que eso a veces no es posible) y que no sea una sola plática, sino una serie de conversaciones, para que se sientan más relajados y generes confianza en tu hij@, de esta manera quizá se anime a preguntarte cuando tenga un problema.

Hablar de pornografía tiene varios puntos que debes de seguir:

1 Primero, no hablar enojado, molesto o agresivo (por más que estés que no te calienta ni el sol). Recuerda la etapa por la que está pasando tu hijo, la curiosidad natural, etcétera. El tono que utilices al inicio de esta conversación es básico para saber si vas a mejorar esta situación con tu hijo, o si vas a empeorar la historia.

2 Nunca, nunca, pero nunca utilices la pena y la humillación para hacerlo sentir mal. Él o ella ya se sienten TERRIBLE de que sepas lo que estaban haciendo (a veces ni ellos entienden cómo se engancharon), así que, por favor, elimina esto.

3 Si ya habías hablado de sexo con ellos, tienes un punto de donde partir. Si tú y tu hij@ son de diferente sexo, no te preocupes, dile que sabes que está plática lo está haciendo sentir incómodo, pero que te sientes igual, así que ambos están haciendo esfuerzo y más adelante se van a sentir mejor.

4 Es importante que sepa que haberlo encontrado viendo porno no es agradable para ti ni para la casa (que más adelante hablarán de eso), pero que "lo entiendes" (ése va a ser el primer enlace que te va ayudar a que se abra poco a poco). Dile que sabes que la pornografía genera mucha atracción, que él o ella están generando nuevas sensaciones y que es normal que quiera resolver sus dudas, pero que te gustaría que cuente contigo para resolverlas.

Dile algo así como: "Sé que a veces nos cuesta trabajo hablar con nuestros papás de sexualidad, nos da mucha pena, pero te prometo que le voy a echar todas las ganas para que sea menos difícil y, sobre todo, te voy a decir exactamente la realidad de las cosas porque a nadie le interesas más que a mí."

Sé que puedes ser una mamá o un papá muy penoso y a veces en algunas familias es casi imposible hablar de esto, pero es muy importante hacerlo.

Inténtalo, encuéntrale la manera, no es fácil, pero sé que muchos papás lo logran, aun cuando al principio lo veían imposible.

A veces algunos padres se ayudan de terceras personas para hablar con sus hijos, no está mal, pero lo ideal sería que fueras tú la persona con la que tus hijos pueden contar en cualquier momento. Acuérdate, para educar a un hijo de hoy, hay que ser un papá de hoy.

5 El mensaje más importante sobre hablar con tu hijo de porno es que sepa lo que está viendo y las consecuencias que puede tener si se vuelve adicto a la pornografía.

6 Explícale lo siguiente: el porno es una serie de videos y películas echas por profesionales. La pornografía es una de las industrias que más generan dinero en el mundo, por eso hay tantos videos y exageran tanto.

Aunque hombres y mujeres ven porno, es más grande el número de hombres, por eso la mayoría del porno está hecho para ellos, explicación que nos dice que ésa es una de las peores partes de esta industria.

Estas imágenes hacen que el hombre se vea superior a la mujer, a ella la despersonalizan, la hacen ver como un objeto en lugar de un ser humano, la humillan, la degradan, buscan la satisfacción del hombre, la tratan como un sirviente sexual más que una mujer en toda la extensión de la palabra.

 Si tu hijo no sabe todo esto, creerá que es así como se debe tratar a una mujer en la sexualidad, ¡imagínate!, lo verá normal porque no tiene otra referencia y, peor aún, si es tu hija la que está viendo porno, creerá que es así como debe comportarse.

Por otro lado, como decía, hoy en día también hay videos que denigran al hombre, lo cual es la misma historia pero al revés.

¿Ahora entiendes por qué es tan importante que hables con ellos? En este momento tienes la oportunidad, como madre o como padre, de sembrar en tus hijos la idea de cómo debe ser uno con el sexo contrario. Estamos hablando de su autoestima, de respeto y del valor que nos debemos dar cada uno.

7 Tus hijos deben saber que la pornografía NO es real, que los productores de estas películas desvirtúan la sexualidad y la exageran a niveles impresionantes para causar morbo y vender más. Las personas que aparecen son actores, les pagan por hacer eso, no lo están disfrutando (están actuando) y, como toda película, hay muchas ediciones (cortes), efectos especiales, ángulos donde las cosas se ven distintas (más grandes o más chicas) y castings (pruebas de talento) para buscar a las personas que cumplan con ciertas características físicas.

Es muy importante que sepan esto porque después en su vida sexual podrían comparar todo a partir del porno y esto les generaría muchos problemas.

Éste video es un ejemplo de la realidad del sexo contra la pornografía, es un poco explícito, pero creo que vale la pena verlo para tener armas para explicarles a tus hijos lo anterior: **https://youtu. be/JSJIPKMIKII.** La maestra Irene Torices comenta que cuando un joven ha estado expuesto a pornografía, presenta temor al desempeño cuando inicia su vida sexual. Esto significa que el chavo o la chava se compara con las imágenes que ha visto y presenta muchos problemas en la sexualidad, como problemas de erección, eyaculación precoz, dificultad para lograr un orgasmo, en el caso de las mujeres. Sé que en este momento lo último que quieres saber es sobre la sexualidad de tu adolescente, pero la realidad es que, el día de mañana, tu hij@ necesitará una sexualidad sana para su relación en pareja y hasta para formar una familia.

Por eso es tan importante que sepan que los penes no son tan grandes, que no es normal durar tanto tiempo sin eyacular durante la penetración, que las mujeres no consiguen un orgasmo de una manera rápida, que a la mayoría de las mujeres en la vida real no les gusta en lo absoluto que las traten así, que las modelos de los videos, por lo general, se han hecho muchas operaciones para tener ese cuerpo, que no todas las mujeres gritan o hacen ruido al tener placer, que no es común que una mujer esté con dos hombres al mismo tiempo, que muchos de los videos los hacen parecer como sexo real de personas normales, pero también están planeados y que, aunque parezca que el porno es gratis en la red, hay muchos anuncios que generan dinero, etcétera, etcétera, etcétera.

8 Deben saber lo que es un acto sexual entre dos personas: una conexión profunda, de confianza, seguridad, pasión, atracción mutua, excitación... y entre más conectado esté a una relación amorosa, más especial y grande es. Deben saber que tener sexo y hacer el amor son cosas distintas.

9 Que es muy penoso que otra persona (especialmente mujer) se encuentre con este tipo de imágenes en la computadora de la casa o al entrar a algún cuarto, esto se debe cuidar mucho.

La adicción a la pornografía hace que cada vez necesites imágenes más fuertes para llegar a la excitación. Esto hace que busquen imágenes más duras y alejadas de lo natural y presenten muchos problemas cuando inician su propia vida sexual.

Tip de experto: Muchos adolescentes al ver que en la pornografía no se usa condón, creen que es algo normal y toman esto de ejemplo. **En algunos países y estados ya es obligatorio grabar pornografía con condón.**

Una vez que sepan todo esto tendrán una perspectiva muy diferente de lo que sólo les ofrece la imagen. Algunos adolescentes siguen viendo pornografía pero tienen mucho más cuidado en todos los aspectos y generan una confianza con sus padres que no tenían antes; otros dejan de verla por los puntos que has platicado con ellos o porque se saturan de estas imágenes y saben sus consecuencias. Independientemente de la situación, lo que va a suceder es que tu adolescente tendrá mucho más cuidado y respeto por su familia y los valores de su casa; no se comparará físicamente con estas imágenes; tendrá mucho más cuidado para no crear una adicción; abrirás un puente de comunicación para hablar de sus dudas con él (esto vale oro) y algo muy, muy, importante… no pensará que degradar o humillar a una mujer o a un hombre es algo normal.

Tip de experto: Cuando tu hij@ te dice: ¡Ya, ya! ¡Ya lo entendí mamá / papá¡ ¡Ya no me digas más, **por favor!**, **no sientas que no le importó y que estás perdiendo tu tiempo. Significa, que efectivamente te está escuchando y que te entendió.**

¿Qué es el *cyberbullying* y cómo puede afectar a mi adolescente?

Estábamos en vacaciones de Semana Santa, abrí mi correo y tenía un mensaje que decía información 2C, es el grupo en el que voy. Al abrirlo vi una página que se llamaba "La más Zorra", me pareció horrible, pero seguí leyendo. Era una página con diez fotos de diferentes niñas que yo no conocía y no van en la escuela. La última foto era la mía, sentí lo peor que he sentido. Hicieron un concurso donde la gente de la escuela votaba por quién era, según ellos, la más fácil, al final de la página, las demás casi no tenían votos y yo tenía casi todos.

Yo jamás he sido así, sólo he tenido un novio y nunca me he metido con nadie. A partir de ese día me empezaron a mandar fotos pornográficas en posiciones horribles con mi cara, decían cosas como "Me gusta" y muchas otras que prefiero no decir. Me mandaban fotos todo el día, me las mandaba gente y cuentas que no conocía.

Es la peor época de mi vida, lloraba todos los días y no quería que acabaran las vacaciones. Bloquee algunos usuarios que me mandaban fotos, pero me buscaban por otras redes sociales. No podía cerrar todas mis cuentas, también es mi vida. No podía dormir pensando en ir a la escuela.

El lunes de regreso a clases hice todo por no ir, pero no me dejaron. Ese día cuando me levanté tenía diarrea, entré a la escuela y me di cuenta de que me temblaban los labios, tenía terror. Llegué a mi salón corriendo sin voltear a ver a nadie, parecía que todo estaba bien. Cuando llegué a mi banca estaba una de las fotos pornográficas con mi cara en una hoja. De ahí en adelante pasé el peor año de mi vida. Me volví muy callada.

Nunca les dije nada a mis papás.

Patricia, 14 años

El *cyberbullying* es cuando un menor es amenazado, acosado, atormentado, ridiculizado, excluido, apenado o molestado de cualquier manera por otro menor, a través del internet, los teléfonos o cualquier tipo de tecnología. Es uno de los problemas más fuertes y frecuentes que viven hoy los adolescentes, por tres razones principales.

1 Es como una epidemia silenciosa en la que la mayoría de las veces no te enteras.

2 Lastima de una manera tan seria que muchos chavos tienen repercusiones muy fuertes y otros llegan al suicidio.

3 Es algo tan cambiante y tan tecnológico que todos los días hay estrategias y formas nuevas de atacar.

Prácticamente es un monstruo de seis cabezas y si los papás y maestros estamos preocupados, imagínate como están los chavos, que han visto o vivido algo de esto.

Uno de los estudios más recientes en el tema menciona que más de 20 por ciento de los adolescentes son víctimas de *cyberbullying*. Es mucho más frecuente de los 13 a los 17 años, pero puede empezar desde antes.

La doctora Kathy Koch, autor de *Screens and Teens*, menciona que uno de los puntos que hacen más fuertes este tipo de ataques es su anonimato (ya sabemos que cuando se esconde la mano, más fuerte puede ser la pedrada), los agresores se ocultan atrás de nicknames o cuentas hechas para molestar, por lo que es muy difícil ubicarlos y, al no saber quién te está acosando, te pones mucho más nervioso(a). Es un terror psicológico terrible, porque entre menos sabes, más preocupado estás.

Asimismo, como los medios que usan son portátiles —teléfonos o computadoras—, te pueden molestar todo el día, las veces que quieran, sin necesidad de estar en la escuela o en la clase. Ahora si que, literal, es una guerra "sin cuartel", porque te atacan en tu casa, en la de tu abuelita, en una fiesta, en periodo de clases o en vacaciones. Imagínate la pesadilla para el chavo inmerso en un problema de estos.

Y, por si esto fuera poco, los agresores no ven las reacciones de la víctima, no ven su cara o sus lágrimas cuando recibe el mensaje, por lo que no hay nada que les provoque el mínimo remordimiento o se concienticen un poco de lo que están haciendo.

Existen diferentes tipos de *cyberbullying*, por ello, entre más los conozcamos, más podremos cuidar a nuestros hijos, alumnos o conocidos. Así que abramos bien los ojos (o, en este caso, las pantallas).

Ataques directos

- Envío de mensajes agresivos o amenazas por e-mail (correo), mensajes directos, textos, etcétera. Puede organizarse un grupo de adolescentes para atacar a otro vía mensajes a su celular, llamadas o mensajes en redes sociales. A veces hacen públicos sus datos para que sean más las personas que lo ataquen, incluso pueden llegar a ser miles de mensajes. A éstos se les conoce como ataques de texto.
- Amenazas de muerte (ésta es una de las más fuertes, obviamente).
- La víctima recibe material sexual muy fuerte en fotos, videos y comentarios a su teléfono celular.

Ataques indirectos

- Cuando alguien manda fotos o videos (reales o producidas) degradantes de la víctima a otros compañeros y ellos los comparten con más personas, hasta hacer la burla masiva. Hoy en día esto se llama viralizar una imagen.
- Engañar a la víctima para que dé su información privada y después compartirla con todo el mundo.
- Eliminar a la víctima de un grupo de texteo de amigos o compañeros (WhatsApp, kick, Facebook, etcétera), o bien, ya no incluirlo en correos masivos. Para acabar pronto, excluirlo.
- Alguien toma un video o foto de la víctima cambiándose de ropa, desnudándose, en el baño o bañándose y la comparte públicamente.
- Hacer sitios de internet dedicados a burlarse de una persona. Es impresionante, pero hasta pagan para hacer un sitio y molestar a alguien.
- Hacer una página o una serie de preguntas en línea como: "¿Quién es la más fea?" "¿Quién es el más afeminado?" "¿Quién es a la que más le gusta el sexo oral?" "¿Quién es el más pobre?" Los ponen a concursar y hacen públicos los resultados.
- El agresor da de alta a la víctima en alguna página pornográfica con el objetivo de que reciba muchísimos mensajes y fotos todos los días (*spam*).

Robos de claves o identidad

Alguien hace un perfil con un nombre casi idéntico al de la víctima y postea mensajes o fotos inapropiadas (sexuales, raciales, agresivos) a otros compañeros haciendo creer que fue él: "Me pareces horrible, tienes los dientes más asquerosos que haya visto jamás. Das asco."

El "bulleador"/*bully* aprovecha cuando la víctima deja abierta su sesión en redes sociales en una computadora comunal (escuela, curso, casa, o hasta cibercafé) o toma su celular y escribe comentarios negativos sobre esa persona: "Me urge sexo, soy insaciable y me gusta de todo. Sólo dime."

Alguien roba las contraseñas de la víctima, las cambia, empieza a usarlas en forma negativa y el afectado no puede volver a entrar a sus cuentas.

¿Te puedes imaginar cómo se siente alguien después de ser atacado de esta manera? Si el simple hecho de ver las frases escritas es muy fuerte, ahora imagínate que eres un chavo y no tienes a quién recurrir.

Por su puesto, la parte emocional y la seguridad del adolescente es la más afectada. Después de un ataque así se siente deprimido, lastimado, avergonzado, triste, inseguro, enojado, con miedo y, sobre todo, muy solo. Por si esto fuera poco, su mundo social se le viene abajo.

La psicopedagoga Claudia Ramírez, explica que ocurre porque en esta época de su vida, los adolescentes basan su valor en muchas cosas externas como su imagen, la aceptación y la popularidad. Por eso cuando son atacados públicamente o excluidos de un grupo (por mínimo que sea), sienten que perdieron todo. Al no pertenecer a un grupo o tener la aceptación de sus compañeros, perciben que su mundo se les derrumba.

Ésas son las malas noticias, pero las buenas son que puedes informar a tu hijo para que se cuide; puedes enseñarle cómo reaccionar y salir librado y, especialmente (ahora que sabes la seriedad de esto), puedes monitorearlo.

Si sabes que está metido en un problema de estos, te vas a convertir en el apoyo y la ayuda más grande que tu hij@ pueda necesitar. Este video te dará una idea visual (y emocional) de lo que puede ser el *cyberbullying:* https://www.youtube.com/watch?v=-5PZ_Bh-M6o.

Tip de experto: La casa de un adolescente es el lugar donde más seguro se siente. **Pero en el momento en que los mensajes y las amenazas son leídos en su celular o en la computadora de su cuarto, su inseguridad crece, ya que el *cyberbullying* ha penetrado al único lugar donde creía estar seguro.**

¿Qué características tiene un adolescente para ser atacado con *cyberbullying*?

Cualquier adolescente puede ser víctima del *cyberbullying,* sin embargo, hay algunos perfiles o características que le llaman la atención a los agresores o *bullies:* adolescentes agresivos, violentos y, en el fondo, muy inseguros cuya forma de protegerse es molestar a los demás.

Tip de experto: El *cyberbullying* está arrancando con los preadolescentes en aplicaciones como *Kik Messenger,* **aplicaciones donde se pueden hacer grupos de chateo sin necesidad de tener números de teléfono, sólo un correo.**

La experta en *cyberbullying* Shawn Marie Edgington, creadora de One Click- Safety Series, detalla que las principales características que buscan los *bullies* para sus víctimas son:

1. Adolescentes con baja autoestima o muy inseguros.
2. Que se vistan o se arreglen diferente a los demás (pelo, ropa, tendencias: dark, góticos, emos,

nerds, cosplay, o cualquier tendencia que se invente, simplemente que sea distinta al promedio).

3 Que sean física o mentalmente diferentes al común de los demás.

4 Chicos o chicas gay o con comportamientos afeminados o masculinos, según sea el caso.

5 Alumnos mucho más inteligentes que los demás y muy preocupados por las calificaciones. Los llaman cerebritos, matados, *geeks*.

6 Más chicos que la mayoría, ya sea en edad o de tamaño.

7 Que sigan las reglas de la escuela al pie de la letra y estén de lado de los maestros.

8 Y la última y, l-a-m-e-n-t-a-b-l-e-m-e-n-t-e, más atractiva para los bullys:

Que no se defiendan ni contesten cuando los molestan.

Esto no significa que si tu hijo tiene una de estas características vaya a ser una víctima del *cyberbullying,* pero sí que puede ser un blanco fácil para ellos.

¿Cómo saber si mi adolescente es atacado por *cyberbullying* y no me lo dice?

Sólo uno de cada diez adolescentes se lo dicen a sus papás o a algún adulto cuando son acosados en línea. ¿Qué fuerte, no? Además, como decía (bueno, escribía), cuando los adolescentes atacan, lo hacen muchas veces al día y durante mucho tiempo, por eso hay que tratar de detectarlos lo más rápido posible. Por lo tanto, es importantísimo que estemos con los ojos más (mucho más) que abiertos.

Cuando un adolescente está siendo ciber-atacado, por lo general:

- Se enoja muchísimo cuando menos te imaginas.
- Deja de ir a actos sociales y actividades que antes le importaban mucho.
- Se aleja de sus amigos o cambia repentinamente de amistades.
- Su autoestima empieza a bajar mucho (al grado de que es notable en casi todo).
- Lo ves deprimido o ansioso.

- Le cuesta trabajo dormir y cambia sus hábitos alimenticios.
- Intenta de todas las maneras habidas y por haber, NO ir a la escuela.
- Se queja de dolores físicos que no son por algún golpe o algo en especial (está muy tenso).
- Baja mucho de calificaciones (está demasiado preocupado por los ataques como para estudiar y concentrarse).
- Se recluye en su cuarto o en su casa, a veces la depresión es tan grande que no quiere salir.
- Apaga la computadora o esconde las pantallas / ventanas cuando te acercas a él/ella.
- Puede llegar a abusar del alcohol o empezar a utilizar drogas para sentirse aliviado por momentos de la bronca.

Si eres de las mamás o los papás que trabajan todo el día y jamás le llaman a sus hijos para ver cómo están; de los papás ausentes que sólo llaman el día del cumpleaños; de las mamás que les preocupa más el gimnasio y sus reuniones sociales que sus hijos; de los papás que consideran que su trabajo es lo más importante y jamás voltean a ver o hablar con sus hijos; de las mamás que están más preocupadas por su teléfono y sus propias redes sociales que por su familia; de los papás que toman alcohol y creen que por eso se acaban los problemas; de los papás que dicen yo ya traje mi sueldo "los hijos son responsabilidad de mi vieja" o de los que prefieren que sus nanas y sus choferes eduquen a sus hijos, de seguro no te vas a dar cuenta del infierno que está viviendo tu hijo y de las consecuencias a las que puede llegar esto.

La mayoría de los papás y las mamás tenemos que trabajar turnos muy largos para sacar adelante a nuestras familias. Muchas veces es muy difícil estar cerca de nuestros hijos, pero eso no significa: No llamarlos, no platicar diario, no estar pendiente de ellos, no recogerlos cuando van a las fiestas, no salir y platicar en familia los días libres, no saber en qué andan, en fin, eso hace la diferencia entre los padres que saben cuando su hijo necesita ayuda y los que jamás se darán cuenta.

Te recomiendo que les platiques del *cyberbullying* (sólo ten cuidado con no saturarlos) para que sepan todas las cosas que son consideradas como acoso y, especialmente, hazlos sentir en confianza para que si en algún momento lo viven, te lo platiquen y los puedas ayudar.

Tip de experto: Muchas veces los adolescentes no le dicen a sus papás que los están atacando en línea, **pues les da miedo que les quiten su computadora o su celular, los que obviamente son su mundo entero. Dales la confianza de que tú no lo harás.**

Tip de experto: Existe una tendencia en internet que se llama smack cam. Es un "juego" donde una persona le embarra a otra diferentes cosas (comida, pintura o algo que duela), directamente en la cara. La idea es tomarlos por sorpresa, que el golpe lastime y grabarlos para compartirlos en la red. Hay otra tendencia llamada slap cam, que es lo mismo pero con cachetadas.

¿Qué hacer si tu hijo es atacado por *cyberbullying*?

Primero, muchas felicidades, porque si lo supiste por tu propia cuenta, significa que estás pendiente de tus hijos. Por otro lado, si fue él o ella quien te lo dijo, aún más, porque has sembrado una buena relación de confianza y sabe que pueden contar contigo. Si te enteraste por la escuela o un tercero, no te preocupes, muchas veces nos pasa eso, más bien es momento de actuar, estar más cerca y aplicado con ellos.

Lo primero que debes hacer es "entenderlos y abrazarlos", no hay algo que más necesite tu hij@ que sentirse apoyado y querido. Tu hij@ se siente inseguro, triste, enojado y muy muy apenado, por lo que sentir que cuenta contigo vale todo y más.

Hay una serie de recomendaciones que muchos expertos en este tema han integrado para ayudar a los chavos (y a los papás) en esta horrible situación.

- Si tu hijo todavía no te cuenta al 100 por ciento lo que está pasando, dile que confíe en ti y cuéntale algún momento donde hayas pasado por algo similar. Algo donde te hayan hecho pasar pena o avergonzarte. Esto lo va a ayudar a que se abra.

- Dile que le vas a ayudar a cuidarse y salir de este problema. No le vas a quitar su celular ni su computadora, se trata de enseñarle a cuidarse en línea.

- Escucha tranquilamente lo que te cuente y no lo empieces a regañar o a juzgar, en este momento necesitas saber toda la historia para ayudarlo.

- Guarden todo tipo de evidencia, es importantísimo tratar de capturar las pantallas, *e-mails,* textos, chats, fotos, las imágenes con hora y fecha, para usarlos a tu favor más adelante. Es más, puedes tomarle fotos a las mismas pantallas con la cámara que sea.

- Identifica quién es el agresor. Pregúntale a tu hijo quién cree que sea y traten de obtener conclusiones. Los chavos que hacen esto dejan muchas pistas (recordemos que son bulleadores, pero no dejan de estar chavitos). Si mandó los mensajes vía el internet de la escuela, muchas veces se pueden checar los récords y averiguar de dónde salieron.

- La regla máxima del *cyberbullying* es la siguiente: enséñale a tu hijo a IGNORAR / BLOQUEAR / REPORTAR al "bulleador". El principal objetivo del agresor es lastimar, acosar y hacer sufrir al otro, por lo que si ignoras su cuenta, la bloqueas y después la reportas, en muchos de los casos el juego se acabó. De qué sirve que mande miles de mensajes diarios, si su víctima no los está leyendo, es como tratar de pescar en un lugar donde no hay peces. Además, cuando reportas una cuenta, los administradores de la red social la investigan, checan el tipo de mensajes que está mandando y si encuentran que está haciendo *cyberbullying* (o tiene varios reportes acumulados), bloquean la cuenta por cierto tiempo o de plano la dan de baja.

Muchos teléfonos celulares tienen una opción para bloquear cualquier número y los mails los puedes mandar a spam o a otra carpeta de basura (lo cual hace que tu hijo no los vea a primera vista, pero los sigues guardando como evidencia).

Efectivamente, el agresor puede abrir varias cuentas para molestar, pero si cada mensaje que manda tu hijo lo bloquea antes de leerlo, tiene que volver a abrir una cuenta para insistir y se cansan.

- Si ves que tu hijo está muy afectado, busca ayuda profesional (psicólogo, terapeuta, consejero).
- Ayuda a elevar la autoestima de tu hijo, es lo más importante en este momento.
- Si tu hijo todavía es chico, intenta hablar con los papás del niño bulleador.
- Si la persona que está acosando a tu hijo está en la misma escuela, busca a los directores o a las autoridades para que te ayuden con esta situación.

En el Congreso Internacional de Innovación Educativa 2015, se instituyó que los alumnos en México tienen derecho de protección contra toda agresión física o moral y el centro educativo tiene la obligación de intervenir, siempre y cuando afecte o intervengan alumnos de la misma escuela, aunque las agresiones ocurran en internet, fuera del horario escolar y fuera del centro educativo. Este mismo tipo de acciones se están tomando en muchos otros países de Latinoamérica. En Estados Unidos, por ejemplo, hasta puedes pedir una indemnización a los padres del agresor, por daños y para el tratamiento psicológico a tu hijo.

- Si las cosas se salen de control, puedes pedir ayuda a las autoridades. En gran parte de los países hay dependencias o departamentos para ver este tipo de asuntos (checa en tu país).
- En México tuve la oportunidad de platicar con el licenciado José Antonio Granados Valencia, director ejecutivo de información de la Unidad Preventiva de Ciber-delincuencia, comenta que la Po-

licía Cibernética, en este caso, te puede ayudar a encontrar al agresor revisando tus dispositivos, ubicando la dirección IP, incluso pueden dar de baja ciertos sitios y páginas, así como orientarte y ayudarte a proceder legalmente contra el agresor.

El proceso legal está basado en los artículos 206 (delito de discriminación) y el 209 (amenazas) del Código Penal, donde el agresor puede ser objeto de uno a tres años de prisión (en el Consejo Tutelar para Menores), avalándose en la Ley de Justicia para Adolescentes que incluye a jóvenes entre los 12 y los 17 años.

> Como te puedes dar cuenta, en un caso así no estás solo, hay muchas cosas que puedes hacer y varias personas a las que puedes acudir. Lo que no puedes hacer es dejar que tu hij@ viva uno de los peores infiernos en silencio, o que llegue a las últimas consecuencias.

Este video es el caso de Amanda Todd, una chica que se quitó la vida por un ataque muy largo y muy frecuente de *cyberbullying*. Por desgracia, existen casos como éste en todos los países. No podemos permitir que nuestros hijos, ni ningún adolescente que conozcamos, vivan esto: https://youtu.be/6ylhGau0qXg.

Sé que es un video muy fuerte, pero sólo conociendo los límites de la realidad, podremos darnos cuenta de lo importante que es estar siempre pendientes de nuestros hijos.

¿Y si mi hijo es el "bulleador" digital?

Tranquila(o), también estás en un problema serio y de seguro te sientes tan mal como los otros papás, o peor. Según Bob Waliszewski, autor del libro *Plugged-In Parenting,* los chicos que hacen *cyberbullying* tienen varias de las siguientes características:

- Se enojan con facilidad.
- Son agresivos.
- No tienen remordimiento por las cosas que hacen.
- Están obsesionados con armas, explosiones y guerra.
- Buscan videojuegos y programas agresivos.

- No les preocupan mucho las calificaciones.
- Le echan la culpa a los demás.
- Tienen depresiones fuertes y cambios de humor drásticos.
- Les gusta intimidar y asustar a los demás.
- No son buenos para hacerle frente a las cosas.
- Les gustan y generan peleas físicas.
- Son violentos tanto en palabras como en acciones.
- Se sienten superiores a sus compañeros.
- Son suspendidos o tienen varios reportes en la escuela.
- Son crueles con los animales (incluso pueden lastimarlos).
- Les gusta pegarle a las cosas y dañar las propiedades de los demás.

Existen varias explicaciones por la que los adolescentes reaccionen así, las más comunes son:

1. Son chicos inseguros que tratan de cubrir su falta de autoestima agrediendo a los demás y se esconden en el anonimato para molestar a otros adolescentes.

2. En algún momento ellos han sido maltratados, agredidos o "bulleados" ésa es la razón por la que ahora ellos atacan a otros.

3. Han sido víctimas del maltrato, la poca atención y cuidado de sus papás.

Estos chicos deben acudir con ayuda profesional (psicólogo, terapeuta, psiquiatra, etcétera) para analizar de dónde vienen sus conflictos y darles alternativas para resolverlos.

En cuanto a las consecuencias de lo que hicieron, es muy importante ponerles límites, porque de lo contrario pueden lastimar a muchas personas y meterse en problemas que los afecten mucho más de lo que ellos mismos se imaginan.

Sé que lo que sugieren los expertos sobre el tema no es sencillo, pero es aquí donde como padre tienes que buscar ayuda y ser súper firme en las consecuencias, por más trabajo que te cueste.

1. La recomendación principal en estas situaciones es monitorear (quiera o no quiera el chavo) toda su actividad en la red. No pue-

des pasar por alto sus amenazas o juegos, pues pueden terminar con la vida de otro compañero. Checa el tema de controles
parentales (busca en el índice) para que encuentres uno que te
funcione. Hay algunos que graban cada letra que sale escrita en
los dispositivos de tu hijo.

Si las cosas se hicieron más grandes, es necesario quitarle el
privilegio del internet. Esta consecuencia es muy lógica y con-
gruente con lo que está haciendo. Si no sabes utilizar el internet
y lo estás ocupando para lastimar, entonces no puedes utilizarlo
hasta que estés preparado. Si ya estuvo metido en un problema
serio y acosaba o maltrataba a alguien, se recomienda quitarle el
celular, internet, *tablet*, de uno a dos meses. Dejar estas herramientas para las tareas y monitorearlo mientras las hace. Que use
la computadora en algún sitio donde un adulto lo pueda ver. Sé
que no está nada fácil esto, pero si no lo haces así, va a aprovechar la mínima oportunidad para volverlo a hacer.

Este lapso sin internet lo puedes utilizar para tratar de integrarlo a otras actividades como un trabajo de medio tiempo, un
pasatiempo, leer algo que le interese y buscar que baje esa agresividad. Pueden aprender a mezclar música y convertirse en DJ,
aprender a dibujar cómics, armar aviones a escala, en fin, lo que
creas que le puede interesar.

Hazlo investigar o hasta escribir un ensayo sobre lo que siente
una persona cuando es "bulleada" o amedrentada, y pídele que
escriba un ejemplo de cuando él o ella se haya sentido así. Sé
que con algunos chavos es muy difícil lograr que hagan esto, pero
recuerda que tú eres la mamá o el papá y tienes el sartén (la computadora y los permisos) por el mango; tienes muchos beneficios
que puedes quitarle si no sigue tus reglas. Cuando se contactan
con lo que siente la víctima y se dan cuenta de que en algún momento de la vida ellos también lo han sentido, muchas veces se
sensibilizan.

Lo el "bulleador" como el "bulleado" son chicos que necesitan
ra. Ambos tienen un problema que se puede resolver.

¿Por qué una *selfie* o una foto puede ser peligrosa en internet?

Selfie significa tomarte una foto (y, posiblemente, a los que estén a tu lado también, siempre y cuando tu brazo te dé el ancho, bueno, más bien el largo).

Este tipo de fotos ya no son sólo populares, son parte de nuestra vida (de hecho, hay mamás que se toman más que sus propias hijas). En 2013, el termino *selfie* creció 17 000 por ciento respecto al año anterior, ¡imagínate! De hecho, en ese mismo año la palabra se incluyó en el diccionario inglés de Oxford y en cada una de nuestras reuniones (por más garnachera que fuera).

Hay dos puntos importantes que tenemos que cuidar respecto a las *selfies*. Primero, decirte que es normal que las mujeres se tomen muchísimas, y esto es porque la imagen y la popularidad son de las cosas que más buscan. Recordemos que para los adolescentes éstas son sus principales credenciales para pertenecer y que en esta época prefieren mil veces *likes* en sus fotos que regalos en su fiesta.

Se sacan quince fotos arqueando la espalda, buscando su ángulo y parando la trompita, tipo cara de pato (*duck face*) para verse más guapas, y después se tardan 20 minutos en escoger una, sólo una, que es la que suben a sus redes y sí, después de tanta producción se ven muy bien.

Recordemos que nadie es tan guapo como en la foto de su Instagram ni tan feo como en la foto de su licencia de manejar.

Es comprensible que se tomen varias fotos, pero habla con ellas (o ellos) para que no por tanta foto se pierdan el momento que están viviendo. Es terrible ver una maravilla de la naturaleza o un momento increíble con tus amigos a través de una pantalla.

Y la segunda recomendación es que tengas cuidado con las fotos que tus hijas, en especial ellas, suben a la red. Muchas de las *selfies* que se toman (que a las chicas les parecen poses "normales") las están interceptando personas en la red y las están editando y retocando en **Photoshop** (programa para alterar fotografías), para ponerlas como portadas de páginas de sexo en línea, sexo con adolescentes, pornografía o hasta en portadas de videos sexuales que se venden en las calles.

Platica con ellas para que tengan cuidado con las posiciones y los estilos de fotos que se toman, porque puede terminar en los celulares de todos los hombres de su escuela. Simplemente enséñalas a tener cuidado con la foto que suban para que no se pueda manipular o malinterpretar.

La doctora Gold, del Weill Cornell Medical College, experta en este tipo de temas, recomienda que cuando se tomen una *selfie:*

1. Se disfrute el momento y no sólo la foto.
2. Que se vean sus ojos y su cara.
3. Que se vea una sonrisa para tratar de evitar la cara sensual que pueda ser buscada por la gente que intercepta fotos.
4. No se tomen fotos en posiciones sexys con poca ropa (traje de baño, batas, etcétera).
5. Pensar que la foto que se están tomando la podrían ver sus papás en cualquier momento.
6. No tomarse fotos de partes específicas de su cuerpo, eso atrae a la gente que está cazando fotos.
7. Antes de subir la foto recordar que cualquier cosa que suba se quedará en la red por siempre.

> **Selfies**
>
> En 2014 Monterrey fue la ciudad mexicana mejor ubicada en cuanto a toma de *selfies*. Un total de 52 por cada 100 mil habitantes. Esto la ubicó en el puesto 40 entre las 459 ciudades del mundo que más se toman *selfies*.

→ **Mi hijo está clavadísimo con los videojuegos y las aplicaciones (apps), ¿qué puedo hacer y qué tanto le puede afectar?**

Más del 90 por ciento de los adolescentes hombres entre 12 y 17 años acostumbran a jugar videojuegos. ¡Imagínate nada más estos números! Nueve de cada diez juegan en algún momento juegos digitales. Es tan apabullante que de seguro estás pensando "¿y qué hace ese uno que no juega?"

Los videojuegos han sido parte de la vida adolescente desde hace muchísimos años, no me digas que no te acuerdas del Atari, el Intellevision y el Nintendo 64 (si te acordaste del Nesa pong, entonces estás leyendo este libro para tu nieto, no para tu hijo). El asunto es que en los últimos años, la posibilidad de jugarlos en cualquier dispositivo, las aplicaciones gratis, el juego en línea, las gráficas hiperrealistas, los diseños del juego para engancharte más que nunca y la cantidad de violencia que tienen muchos de ellos, han cambiado el panorama.

Actualmente hay dos cosas que son las que más nos preocupan a todos los papás:

> 1) **Tiempo:** la cantidad de horas que los chavos se quedan clavados en ellos.
>
> 2) **Violencia:** las consecuencias de los juegos violentos

Tiempo

Definitivamente, éste es un problema que se genera en buena parte por nosotros. Los desarrolladores de aplicaciones y juegos hacen todo lo necesario para que el juego sea adictivo, tenga muchos elementos que enganchen al joven y sea lo más atractivo y entretenido posible para que no lo pueda soltar.

Nuestro trabajo es poner límites con el tiempo, aplicarlos y poner consecuencias en casos necesarios. Sin embargo, las discusiones con nuestros hijos son tan intensas, que muchas mamás y papás prefieren darles por su lado antes de aventarse este round. Sé que es una pelea durísima y constante todos los días, pero si eres firme con tus límites y los cumples, después de un cierto tiempo tu hijo se va a acostumbrar y va a dejar de fundirse en uno mismo con el juego, porque ya sabe a qué atenerse.

Por otro lado, muchos padres no sólo NO discuten por los videojuegos, sino que los usan como el mejor entretenedor o "tenme aquí" para sus hijos. Hablando en serio, hay muchos padres que utilizan un Xbox, un Ipad, PlayStation, teléfono celular o lo que sea, como la nana más barata que puedan tener para no tener a sus hijos "molestándolos".

La experta en comunicación digital Daniela Santibañez explica que el problema principal es que este tipo de padres dejan mucho tiempo solos a sus hijos y, aunque les funciona para sus intereses, el golpe de regreso va a ser durísimo porque sus hijos no van a querer platicar, convivir ni pasar tiempo con ellos. Los chavos piensan: "Si me has dejado tanto tiempo solo, cómo me pides que ahora estemos juntos, no sé cómo hacerlo", y tienen razón.

Es normal que jueguen, pero si los dejas tanto tiempo, puedes generarles adicción y perder el contacto con ellos. Si ya te pasó, no te preocupes, nadie nació sabiendo esto. Trata de recuperar el tiempo perdido, conéctate con él con lo mismo que generó el problema. Acércate a sus videojuegos y aplicaciones, pregúntale, pídele que te enseñe (deja que sea tu maestro, ésa es una de las mejores conexiones que pueden tener), ponte a jugar con él y luego, poco a poco, genera otras actividades fuera de la pantalla.

Violencia

Está comprobado y re-comprobado que los videojuegos violentos afectan el comportamiento de los chavos que los juegan. Los expertos mencionan que si bien los videojuegos violentos aumentan un poco la agresión en ellos, la principal consecuencia es que se desensibilizan respecto a la violencia en la vida real y empiezan a verla como algo normal.

El reconocido doctor William Sears sostiene que, como el adolescente se está divirtiendo mientras juega, relaciona la violencia, el placer y la diversión como algo normal que va unido y, después, puede traerle problemas.

Si a esto le sumamos que los gráficos, las historias y hasta la forma de controlar los juegos con los movimientos del cuerpo son tan reales, engañamos a nuestro cerebro y parece que estar en una de estas situaciones es de lo más normal.

No es malo que se diviertan con videojuegos, el problema es cuanto tiempo los expones a ellos, ¿qué tipo de material están jugando tus hijos? ¿Son aptos para su edad? ¿Pones límites de tiempos y días? ¿Sabes qué tipo de temas trata cada uno? ¿Ves lo que pasa en el juego y lo que está haciendo tu hijo en él? ¿Platicas sobre lo que sucedió o hizo en el juego?

¿Qué tipo de videojuegos y aplicaciones (apps) son recomendables para la edad de mi hijo?

La mayoría de los papás compramos los videojuegos sin fijarnos la categoría, y cuando nuestros hijos nos preguntan si pueden bajar una aplicación, antes de preguntarles la edad recomendada les decimos "¿cuánto cuesta?"

Después de lo que vimos en la respuesta anterior, creo que nos queda muy claro que es muy importante saber qué están jugando nuestros hijos y si la categoría corresponde a su edad.

Las aplicaciones (apps) tienen a lado de la descripción la edad sugerida, así como una valoración en su perfil, en la cual te mencionan si cuentan con temas para adultos, palabras vulgares, temas de horror, tipo de violencia, ésa es una buena guía para saber por dónde va la aplicación.

También existen aplicaciones para calificar las aplicaciones y los contenidos en general (ya sabes, hay aplicaciones para todo).

Te recomiendo mucho una aplicación llamada Kids Media, una de las mejores; es gratuita, te da la clasificación y las reseñas de películas, juegos, aplicaciones, programas de televisión (ahora que uno de los nuevos vicios de los chavos son las series y los videos en demanda por medio de Netflix, iTunes, Vevo, etcétera), música, sitios de la red y libros. Lo interesante de esta aplicación es que no sólo te dice el nivel de violencia, sexo, lenguaje inapropiado, consumismo, sino también lo bueno del material que está viendo. Tiene secciones como:

- *Lo que los padres deben saber*
- *¿De qué se trata?*
- *¿Hay algo bueno en la (aplicación, juego, película)?*

Y un apartado donde te dice si hay algún tema interesante o constructivo que se pueda aprovechar y puedas platicar con tus hijos a partir del material que está jugando o viendo.

Literal, es una maravilla, te facilita la chamba y lo hace en todas las categorías que pueden interesarte.

Otra forma muy tradicional de checar las categorías son los símbolos de clasificación ESRB, que aparecen en la esquina inferior izquierda de todos los videojuegos; ésta forma no es tan interactiva como las aplicaciones, pero también funciona muy bien.

Símbolos de clasificación ESRB

Infancia temprana

Los títulos con clasificación EC (*Early childhood:* Infancia temparana) tienen contenido que puede ser adecuado para niños de 3 o más años de edad. Los títulos de esta categoría no contienen material alguno que los padres puedan considerar inapropiado.

Para todos

Los títulos con clasificación E (*Everyone:* para todos) tienen contenido que puede ser adecuado para personas de 6 o más años de edad. Los títulos de esta categoría pueden contener dibujos animados, violencia de fantasía o violencia moderada o uso poco frecuente de lenguaje moderado.

Todos los mayores de 10+

Los títulos de clasificación E10+ (*Everyone 10+:* para mayores de 10 años) tienen contenido que puede ser adecuado para personas de 10 o más años de edad. Los títulos de esta categoría pueden contener más dibujos animados, violencia de fantasía o violencia moderada, lenguaje moderado y/o temas sugerentes minimos.

Adolescentes

Los títulos de clasificación T (*Teen:* adolescentes) tienen contenido que puede ser adecuado par personas de 13 o más años de edad. Los títulos de esta categoría pueden contener violencia, temas sugerentes, humor crudo, escenas de sangre leves, apuestas simuladas y/o uso poco frecuente de lenguaje fuerte.

Adultos 17+

Los títulos con clasificación M (*Mature 17+:* adultos) tienen contenido que puede ser adecuado para personas de 17 o más años de edad. Los títulos de esta categoría pueden contener violencia intensa, sangre en exceso, contenido sexual y/o lenguaje fuerte.

Sólo para adultos 18+

Los títulos con clasificación AO (*Adults only 18+:* sólo adultos) tienen contenido que puede ser adecuado para personas de 18 o más años de edad. Los títulos de esta categoría pueden incluir escenas prolongadas de violencia intensa y/o conteido sexual gráfico y de desnudez.

Con clasificación pendiente

El título con clasificación RP (*Rating pending:* clasificación pendiente) ha sido presentado ante la ESRB y espera una clasificación final. (Este símbolo aparece sólo en las publicaciones antes del lanzamiento de un juego).

Puedes utilizar estos métodos de clasificación para tus hijos, pero definitivamente el mejor método serás tú mismo. Ver y practicar los juegos con tus hijos será la mejor forma de evaluar el material y acercarte a tus hijos.

CAPÍTULO
→ 03 ←

DIVORCIO, SEPARACIÓN Y PADRES SOLTEROS

Introducción

Por experiencia personal te puedo decir que todos los que hemos estado divorciados o separados sabemos que es una de las situaciones emocionales más fuertes y desgarradoras que se pueden vivir. Así, para acabar pronto.

Como **mujer** te puedes sentir aliviada, emocionada y agradecida con la vida —y con uno que otro santo— por haber acabado con esa relación tóxica y asfixiante (palabras básicas de mamá actual); y en otras ocasiones, independientemente de cuál haya sido la situación, te sientes frente a uno de los fracasos más fuertes de tu vida, sola, vulnerable ante lo que pase. Volteas al otro lado de la cama y no puedes soportar verla vacía; te preocupa la situación económica, te da pavor la responsabilidad de estar sola con los niños, te parece durísimo ver el clóset desocupado; sientes enojo, rabia. En ocasiones, te sientes loca de dolor, no sólo lloras sino parece que tienes una fuga de agua y no tienes idea de cómo cerrarla. Te preocupa estar sin apoyo el día que los niños se enfermen a media noche. Socialmente te sientes extraña, apenada, ya no eres "la señora", ahora te sientes etiquetada como "la divorciada". Vas a reuniones donde la mayoría asiste en pareja y tú no sabes ni con quién platicar, no quieres hablar con el esposo de alguna conocida, no vaya a pensar que se lo estás bajando. Tienes una gran incertidumbre sobre qué va a pasar con tu vida, ¿podrás rehacerla o serás una divorciada para siempre? Todo mundo te pregunta "¿qué pasó?" Te habla la tía, la madrina y hasta la abuelita para aconsejarte. A veces dices que siguen juntos, con tal de no dar explicaciones de algo que te duele mucho. Extrañas desayunar, escuchar que alguien llega a casa, tarde pero llega, ver la tele callados; echas de menos los hábitos y las costumbres que tenían juntos, en fin, a veces extrañas hasta pelearte con tu ex, antes de vivir esta libertad a fuerzas.

Y como **hombre** también puedes estar agradecido con el universo (y con la ley de atracción del divorciado) por concederte terminar —por fin— con esa relación que ya no podías —ni querías— sobrellevar; pero otras veces, según lo que haya pasado, te sientes tristísimo, deprimido o muy enojado. No puedes creer que, de un momento a otro, estás solo, no está tu familia, ni esposa, ¡ni tus hijos!, bueno, ni el perro que te movía la cola cada vez que llegabas del trabajo. En ocasiones puedes sentirte culpable por lo que pasó, o ser la víctima más grande del mundo. No sabes cómo dividir más el dinero, no puedes con la soledad de tu departamento, casa, cuarto o lugar vacío. Te mata el silencio. Si llegas a casa de tus papás, te sientes avergonzado; te daría pena que te vieran llorar como lo estás haciendo, no puedes creer que no tengas ni un mueble o una taza para hacerte un café. Extrañas el ruido de tus hijos, sus abrazos, sus besos; extrañas hasta cuando no hablaban, pero por lo menos estaban sentados en el mismo cuarto. Socialmente también te pesa ser divorciado. Te preocupa lo que piensen los y las demás, "¿qué hará tan mal que se divorció o lo divorciaron?" Siempre tuviste a alguien que te cuidara cuando te enfermas, ¿y ahora? No sabes ni qué tomarte cuando te duele el estómago. Te da terror pensar en otro hombre cuidando y disfrutando a tus hijos, mientras tú te matas trabajando para mantenerlos. No puedes creer que tienes que volver a empezar después de tanto esfuerzo: "¿Cómo lo hago otra vez, si esto tomó tanto tiempo?"
Es durísimo.

> **"Mi esposa se quedó con mis hijos, la casa, la rutina, tengo que volver a hacer un hogar, ¿cómo empiezo? ¿con quién? Ya se me olvidó cómo se hace esto."**

Unos antes y otros después, unos víctimas y otros responsables, unos llorando y otros festejando (hay hasta quien se hace su celebración de "despedida de casado" con playeras impresas y todo), pero tarde, temprano o desde el primer segundo, el dolor y todo lo que conlleva aparecen.

Sería fácil escribir que el divorcio es sencillo y pasa más rápido de lo que te imaginas, pero te estaría mintiendo. La realidad es que hay gente que regresa con su expareja, otros lo intentan y de plano no se pudo, algunos viven peleados toda la vida y hasta problemas penales tienen, y muchos otros en realidad tomaron la mejor decisión y hoy disfrutan una nueva vida felices y tratando de aplicar todo lo que aprendieron. Sin embargo, el proceso es duro y largo, de eso sí no hay duda.

La mayoría de los adultos después de un cierto tiempo salen de esa depresión, rehacen sus vidas —o parte de ellas—, aprenden a vivir de esta nueva manera, se vuelven a enamorar perdidamente (aunque juraron por todos los cielos que jamás lo volverían a hacer). Algunos deciden ser solteros felices el resto de su vida (o se quedan con esto atravesado); a otros el tiempo los ayuda a limar asperezas con su ex y a llevarla, por lo menos, tranquilamente; unos son muy felices y se vuelven a casar o a tener pareja de entrada por salida (lunes, miércoles y viernes, y cada uno vive en su casa); y algunos hasta forman familias con tres hijos nuevos y se van de viaje con su ex y la nueva pareja. Como adultos, después de ese trago tan pero tan amargo, generalmente salimos, pero como decía mi abuelita...

Uno como quiera pero, ¿y las criaturas?

Todo lo que hagamos mientras nos estamos separando afecta a nuestros hijos. Es una etapa muy vulnerable para ellos. Afecta a su autoestima, a su seguridad y a nuestra imagen frente a ellos; a los patrones de pareja que buscarán cuando sean grandes, la sobreprotección o huella de abandono que les dejemos, en fin, un gran número de elementos que conforman al ser humano que nosotros trajimos a este mundo.

¿Cómo quieres que tu hijo sea con los demás? ¿Qué seguridad quieres que tenga en la vida? ¿Quieres que viva lo mismo que tú en este momento?

Por eso considero tan importante este capítulo, porque los chavos aprenden ciegamente de nuestro ejemplo, y en una situación tan vulnerable como ésta cada movimiento que hagas los afectará.

Debemos preocuparnos por nosotros y salir a adelante, sin olvidar cada ejemplo que dejemos en ellos, porque ellos van a repetir nuestras acciones, las buenas o las malas... tú decides.

Ah, y como el dolor tarda en irse, algunas exparejas ya se cambiaron tres veces de compañía telefónica y tú todavía te acuerdas —de memoria— de su primer número de teléfono (bueno, te sabes hasta el de la casa de los exsuegros).

Riesgo de divorcio

- 50% mayor cuando uno de los esposos proviene de un hogar separado.
- Tres veces más probable cuando los dos provienen de familias separadas.

¿Es cierto que durante la adolescencia de nuestros hijos es cuando más divorcios hay?

No te asustes si tus hijos son adolescentes, ni cantes victoria si tus hijos todavía son niños, porque sí... es cierto.

En México, las últimas tres décadas el número de divorcios se CUADRUPLICÓ, según el Instituto Nacional de Estadística y Geografía (INEGI), y está demostrado que el porcentaje más alto de divorcios se da cuando los hijos son adolescentes.

En América Latina y la comunidad hispana de Estados Unidos, las cantidades también han subido de una manera más que alarmante.

¡El número es altísimo! Por desgracia, uno de cada dos matrimonios está divorciado, y muchas de estas veces la adolescencia fue uno de los factores para la separación.

Muchas de las mamás y de los papás que he entrevistado para este y otros libros me dicen frases como:

- "Mi esposa está insufrible, está de malas todos los días, todo el tiempo y en cualquier situación."

- "Mi esposo es durísimo con mis hijos, se le olvida que son jóvenes, cree que esto es una escuela militarizada, yo no estoy de acuerdo con sus límites y las broncas son después entre nosotros."

- "Llego de trabajar cansado y no hay un segundo de paz en mi casa, todo son gritos y discusiones entre mis hijos. No puedo ni leer una revista."

- "Creí que ya la había librado, pero ésta es la peor etapa de mi matrimonio, peleo por todo con mi esposo."

- "Pensé que el problema iba a ser entre mis hijos adolescentes, pero la bronca es la mamá. Mi esposa se pelea todo el día con mi hija mayor, parecen competencias, ya no sé quién debería ser la castigada."
- "Mi esposo no sabe nada de la casa y llega a quitar castigos y a mover todo. Si nunca está, ¿para qué se mete?"

Uuuy, hasta la tinta de estas letras huele a problemas ¿no? Son varios factores los que hacen que tu esposo le exija a sus hijos cosas que a veces no se exige ni él mismo, o que tu esposa se comporte como una tienda Seven-Eleven de regaños (abierta las 24 horas del día, los 365 días del año, de hecho, en días festivos a veces los problemas son más festivos de lo normal).

La doctora Elizabeth Marquardt, especialista en el tema y autora del libro *Between Two Worlds*, afirma que parte de los problemas tiene que ver con la educación de cada padre y que en el momento de la adolescencia sale a relucir con temas muy serios que antes no generaban problemas en la familia, como alcohol, permisos para ir solos a lugares, noviazgos, sexualidad (estos últimos dos se pueden leer juntos), dinero, viajes, horarios de llegada, malas influencias, drogas, etcétera.

Muchos de estos problemas se relacionan con las reglas y límites que los padres no han impuesto en común acuerdo (en algunas casas, no sólo no se ponen de acuerdo, simplemente no existen las reglas y mucho menos las platicaron antes de tener hijos). Al mismo tiempo, los adolescentes están programados para desafiar a los padres, tomar sus propias decisiones y tratar de ser un individuo —y no seguir siendo un "minitú". Eso ya es suficiente para que los problemas crezcan muchísimo.

En esta etapa buscan quién es el más débil, el que cede más, el que no da permisos pero sí da dinero, el que amenaza y nunca cumple los castigos, para salirse con la suya (recuerda que no es personal, es su cerebro el que se los pide).

Si los papás no estamos de acuerdo y no ponemos reglas y consecuencias firmes, tendremos muchos más problemas de los que imaginamos con nuestros adolescentes y entre pareja.

Como decíamos, se enfrentan dos mundos de educación muy distintos: el de tu esposo(a) y el tuyo. No es la misma bronca que tenían antes de si le dejaban el chupón o no al bebé, a los problemas a los que se enfrentan hoy.

Ayer tu hijo llegó borrachísimo y dos horas después de lo que había quedado, ¿qué le van a decir? ¿Es normal que conozca el alcohol como cualquier chavo? ¿Van a aplicarle una consecuencia o sólo lo van a regañar y ya?

¿Qué opinas de la sexualidad? Tu hija ya tiene novio y se quiere ir de viaje con él y "unas amigas"

A tu hijo no le gusta la escuela, quiere dejarla como su papá la dejó y ponerse a trabajar, ¿qué opinas?

Estos son sólo algunos de los puntos de quiebre, donde se puede armar el problema en súper grande. Aquí sí aplican las famosas frases que todos hemos escuchado alguna vez en nuestra vida: "Hijos chicos, problemas chicos," "hijos grandes, problemas grandes."

Por eso es básico platicar de todos estos temas entre la pareja para resolver los problemas antes de que se ventaneen enfrente de los chavos; es importante que tengan un objetivo y unas reglas en común (aunque obviamente esto significa que ambos tengan que ceder muuuchas veces, pero si lo que en realidad te preocupan son tus hijos, debes hacerlo).

Casa de dos: reglas de dos

Nadie puede tener la razón en todo. ¿Qué prefieres?, ¿tener SIEMPRE la razón?, o hacer un frente común con tu pareja para cuidar y proteger a tus hijos, tú decides.

Otra cosa esencial es respetar la decisión de tu pareja. Si ustedes ya habían puesto una regla y tu hijo la violó, el otro padre no puede perdonar el castigo, ni hacerse de la vista gorda, o decir: "... Ay, es que tú mamá está loca", esas cosas sólo desacreditan al otro padre y provocan que todas estas reglas y estructura se derrumben (así como tu paz y, a la larga posiblemente, tu matrimonio).

Por si esto fuera poco, esta época es muy fuerte para los padres porque empiezan a perder la juventud (*ouch*, sé que NOS dolió, pero es la verdad) y, por el contrario, tus hijos entran a la mejor etapa de sus vidas.

Las adolescentes empiezan a madurar y tienen un cuerpo envidiable, firme, nada se ha caído aún (la gravedad todavía les parece un fenómeno divertido), una piel preciosa en todo el cuerpo, no conocen la palabra celulitis (ni siquiera la "c"), su metabolismo funciona como relojito, una cara sin una sola arruga y hasta las mejillas se les colorean solitas a las suertudas.

Los hombres empiezan a tener músculos (donde nosotros ya ni nos acordábamos que los teníamos), están en su mejor momento físico y su condición física les permite hacer y aguantar casi cualquier cosa, sus dientes (originales) están más radiantes que nunca, tienen pelo (así nada más), no tienen una sola cana ni mucho menos están preocupados por la siguiente visita al proctólogo (repito el *ouch* de hace rato, un ouch necesario, pero al fin y al cabo ouch).

Para acabar pronto, están en su mejor momento, y cuando ves a tu hija salir despampanante y guapísima para que el novio la lleve a tomar un café, o a tu hijo recién bañado y perfumado con una camisa ajustada que a ti no te entra ni en una pierna, te hace pensar...

Hace cinco minutos yo era ésa o ése.

Y claro que te pega, ¿a quién no le pegaría? Te sientes grande, vieja o viejo; sientes que la juventud se te está yendo de las manos y ¡¡apenas tienes 45 años!!, entras a la época "Aminu": "A mí nunca me habían caído mal los lácteos", "a mí nunca me habían dolido las rodillas así", etcétera, etcétera, etcétera, etcétera, etcétera.

La crisis de la edad adulta —o crisis de los 40— se junta con la radiante juventud de tus hijos. Esta crisis es una evaluación de nuestra vida cuando creemos que estamos más o menos a la mitad y hace que tengamos cambios, ajustes, preguntas y preocupaciones de lo que no hemos logrado, no hemos vivido o lo que nos falta por hacer.

Hay gente que trata de recuperar su juventud, quiere hacer un millón de cosas en el día y no cansarse; vestirte y verse más joven que su hija (o por lo menos igual), hacer seis horas de ejercicio para lucir la mitad de bien que ella, etcétera. Y así como algunas de estas cosas pueden ser sanas y buenas, hay otras que no lo son tanto y hay muchas personas que se pierden en el intento.

Por un lado, muchas mamás quieren empezar a vivir una vida a la que ya no pertenecen, volverse a sentir conquistadas o llamativas, y esto se puede volver muy peligroso. Por otro lado, muchos papás buscan comprarse el súper coche que nunca pudieron o la ropa que no vistieron, y ligarse a la chava mucho más joven que ellos para demostrarse que todavía pueden conquistar. A veces son tantas las ganas de volverse a sentir jóvenes y conquistadores que comprometen su matrimonio con la situación más pequeña, y así empiezan los problemas fuertes de algunas parejas.

Esto no significa que la crisis de la edad adulta con los adolescentes sea necesariamente un punto de divorcio, pues mucha gente la pasa perfectamente sin meterse en ninguna de estas situaciones. No obstante, sí es una de las razones por las que muchas parejas tienen problemas en esta época.

Y si unimos todo esto a la ausencia de reglas para los adolescentes, la nueva actitud retadora que ellos tienen, el poco tiempo de pareja que a veces tenemos con nuestro esposo(a), la baja de sexualidad que muchas parejas sufren y hasta una posible menopausia, la situación se puede convertir en una bomba

PRECAUCIÓN
CRISIS DE LOS 40
APROXIMÁNDOSE

de tiempo. Por lo tanto, es importante vivir la época de la vida que nos toca, cuidar a nuestras parejas, entender el proceso de nuestros adolescentes, en especial, poner reglas muy claras y apoyarnos para que los adolescentes en nuestra casa (y en la vida) no se salgan de control.

Según un estudio del Bussines Insider:

- En Ecuador, el porcentaje de divorcios llega a **20%**
- Guatemala a **5%**
- México a **15%**
- Panamá a **27%**
- Brasil a **21%**
- Venezuela a **27%**
- Chile es el país con menos divorcios en el mundo, con sólo **3%**

→ ¿Qué pasa por la cabeza y por el corazón de tu hijo cuando te estás separando?

Te voy a decir primero todo lo malo (que obviamente es muy fuerte), y después las situaciones positivas y todo lo que se puede ganar cuando un divorcio es bien llevado.

Cuando los hijos se enteran de que sus papás se van a separar definitivamente (porque muchas veces es como "crónica de un divorcio anunciado", lo que es todavía peor), se sienten muy tristes, inseguros, abandonados, con muchas dudas, con miedo de no ser queridos, con un vacío muy grande y con un gran sentimiento de pérdida.

Al mismo tiempo, tienen mucho temor porque sus rutinas, sus hábitos diarios y la estructura de su vida se va a romper. Digamos que la vida como la conocen va a cambiar.

Steven Ashley, experto y fundador de Divorced Father Networks, con muchos expertos especialistas en este tema, dicen que el dolor del divorcio de los padres es comparable al dolor que genera la muerte de un familiar (sé que te duele en el alma leer esto, pero es la verdad).

Es por eso y por algunos otros elementos que los hijos viven con la ilusión de que sus padres vuelvan a estar juntos, sin importar la edad que tengan. Asimismo, se sienten muy avergonzados y apenados con la situación, porque sin que ellos lo hayan decidido, y mucho menos querido, sienten que su estatus, título o nivel va a bajar porque: "Van a ser hijos de divorciados." Piensan que la situación de su familia y, por lo tanto, la de ellos va a cambiar.

Cómo te sentirás después del divorcio, es algo así como cambiar a una nueva posición social (de seguro has pensado en eso), pero con la diferencia de que ellos ni tomaron la decisión, ni quieren que esto pase y muchas veces... ni lo sabían.

Podría parecer que hoy en día con tantos divorcios y separaciones, esto ya no es tan importante socialmente, pero la realidad es que todo hijo que nació en una familia quisiera seguir así; ningún adolescente prefiere contar que sus padres son divorciados en vez de casados (a menos que la situación ya sea imposible, peligrosa).

Cuando los chicos llegan a la escuela se sienten en una situación muy penosa, aun con sus mejores cuates y amigos. Muchas veces hasta dicen mentiras con tal de que no se enteren (todavía). Al saber que sus papás se van a separar surge el pensamiento en automático —o de cajón—, se siente culpable y de inmediato piensa:

- "Es por mi culpa."
- "Me peleaba mucho con mi hermana."
- "Yo hacía que se enojaran entre ellos."
- "¿Qué hice mal?"
- "¿Qué debí hacer para que no pasara esto?"

Imagínate nada más qué martirio y qué dolor puede ocasionar esto. Es una responsabilidad g-i-g-a-n-t-e-s-c-a, que de ninguna manera deben cargar. Nosotros como adultos sabemos el millón de cosas que hay detrás de una separación que nuestros hijos no saben... ¡ni deben saber!

El doctor Jim Hancock, especialista en el tema, confirma que hay adolescentes que se sienten culpables de sentirse aliviados y tranquilos cuando se acaban los problemas en la casa, ¡imagínate! Se sienten culpables de tener la paz que toda persona merece.

Por eso, es importantísimo lo que decidas decirles y cómo lo hagas a la hora de hablar con ellos, para que puedan salir a delante y se den cuenta de que no tienen ninguna responsabilidad en esto; si tuviera que escoger sólo una línea para sintetizar este capítulo, sería definitivamente ésta: es esencial que sepan que NO tienen la culpa de nada de lo que está pasando.

Como ves, la situación es durísima para tus hijos, pero si las cosas de verdad están mal en tu matrimonio, se han lastimado demasiado y de plano no hay forma de solucionarlas, hay que darle para adelante.

Voy a repetir una frase que utilicé en otro libro porque me parece importantísima en este punto. La doctora Tari Tron, psicoterapeuta y experta en parejas, me dijo un día: "Más vale un buen divorcio, que un mal matrimonio" y es completamente cierto. Cuando la relación en pareja está muy mal y cada día se pone peor, lo mejor es darle tranquilidad y seguridad a tus hijos.

Un hijo, con una buena separación de sus padres, es más sano y vive mucho más tranquilo que un adolescente con un mal matrimonio.

Tu hijo va a superar la inseguridad y el sentimiento de pérdida que platicábamos al principio de este capítulo si tú (y tu ex) saben llevar bien este proceso. Se volverá a sentir bien, con sensación de pertenencia. Tendrá nuevas rutinas y costumbres, se dará cuenta de que no perdió a ninguno de sus padres (algunos inclusive nos convertimos en mejores padres cuando nos separamos), se dejará de sentir culpable y triste, y se acostumbrará a su nueva vida. De hecho, se sentirá más seguro con sus padres bien separados y pendientes de él, que con un matrimonio que le causaba muchísima incertidumbre.

Ahora sí que el fin justifica los medios, o lo que es lo mismo, si no hay forma de arreglar las cosas, vale la pena todo lo que van a pasar.

Te platico algo que nunca dije de chico porque me daba mucha pena (el solo hecho de pensarlo hace que vuelva a sentir igual):

En casa, mis papás siempre peleaban muy fuerte, me da mucha tristeza decirlo, pero recuerdo pocos momentos de felicidad total estando toda la familia. Algunos viajes, días de campo, donde mi papá era el mejor parrillero, algunas semanas santas con mis primos, las motos, el río, pero hasta ahí.

Tuve muchísimos momentos increíbles de niño, pero difícilmente con toda la familia, hasta en las Navidades había problemas.

Mis papás siempre se estuvieron divorciando y separando. **Recuerdo a la perfección esa sensación de miedo e incertidumbre de no saber si mi papá iba a regresar a la casa.** Fue horrible. Ahora es impresionante que tenga más de 40 años y me siga doliendo tanto.

Me acuerdo muy bien de una vez que mis papás se gritaron muy feo y mi mamá le pidió que se fuera de la casa, yo como de 6 años me enganché —literalmente— de la pierna de mi papá y no lo dejaba caminar, no quería que se fuera, tenía miedo de no volver a verlo. En este momento escribo esta anécdota con lágrimas en los ojos. Mi hermanita Heidi aún estaba muy chiquita y aunque se asustaba no entendía lo que estaba pasando. Qué pena contar esto, pero si te puede ayudar con tus hijos, vale la pena. Después de que me arrastré por todo el piso de la pierna de mi papá y me puse enfrente de la puerta para

que no se saliera. Me di cuenta de que no iba a poder. Los proble-mas ese día estaban muy fuertes y mi papá se fue por más que le ro-gué. Lloré tanto y le supliqué tanto a mi mamá que se reconciliaran que una semana después mi papá regresó y la historia de los proble-mas empezó otra vez.

La principal razón por la que mis papás nunca se divorciaron fue mi terror, mi miedo y mis súplicas para que no se separaran. Mi her-manita también sufrió mucho y vivimos esta historia miles de veces. Mis papás son/fueron excelentes personas (mi mamá murió de enfi-sema pulmonar a los 52 años), cada uno tiene cosas increíbles y fan-tásticas. Le agradezco a la vida inmensamente que me haya dado la oportunidad de ser su hijo.

Sin embargo, a la distancia entiendo las cosas y ahora que me de-dico a estos temas, me doy cuenta de que hubiera sido mucho mejor que se hubieran divorciado. Sé que no lo hicieron por nosotros sus hi-jos, que era tal mi dolor, mis lágrimas y mis gritos que prefirieron sacri-ficar su tranquilidad por darnos la nuestra. Sé que en ese momento no tenían toda esta información y quisieron darnos lo mejor y como hijo se los agradezco con todo mi corazón, pero al final de cuentas hoy en-tiendo que hubiera sido mejor sufrir una vez bien y mejorar las cosas que sufrir todas las semanas de por vida, pero... ninguno lo sabía.

Hoy tú sí lo sabes.

Si puedes mejorar tu vida, separarte temporalmente para tratar de valorar las cosas, pedir ayuda a un psicólogo, ir a una terapia de pareja, buscar un consejero espiritual, un movimiento religioso, la cá-bala (a mí me funcionó mucho), o algo que te ayude. Inténtalo. Muchí-simas relaciones, más de las que te imaginas, pueden sacar adelante sus problemas, y vale muchísimo la pena (te lo digo también por ex-periencia). Pero si ya has hecho todo lo posible, has pedido ayuda y las cosas siguen muy mal y no tienen forma de solucionarse, enton-ces adelante, no tengas miedo por tus hijos, ellos van a estar mejor. Y después de algunos momentos difíciles... tú también.

Al final venimos a esta vida a ser felices. Te deseo con todo mi co-razón que tengas mucha suerte en este proceso.

Tip de experto: Si escondes todos los problemas que tienes con tu pareja y de repente le dices a tus hijos que te vas a divorciar, complicas mucho más la oportunidad de que lo pueda procesar y entender.

Tip de experto: La familia ideal de Facebook NO existe. Detrás de esas fotos y esas familias supuestamente ideales, existen muchos problemas como en cualquier otra. Mucha gente les da *like* (me gusta) a estas fotos, ansiando tener una familia/momento/vacación así, y termina comparando su vida y peleándose con la pareja. Sin embargo, no piensan en todos los problemas que hay detrás de una imagen que representa dos segundos (muy premeditados) de la familia "perfecta".

Nos vamos a divorciar, ¿cómo hablamos con nuestros hijos?

Sé que esta pregunta te duele incluso al leerla. Decirles a tus hijos, las personas que más quieres en el mundo, que te vas a divorciar o separar es llevar una de las peores noticias bajo el brazo. Te entiendo perfecto y aunque no nos conocemos directamente, me da muchísima pena que tengan que pasar por esto tus hijos y tú. Sin embargo, dentro de todo lo malo, hay algo bueno. Como te comenté, existen formas y técnicas muy estudiadas para que el impacto sea menos fuerte y tus hijos lo entiendan de la manera menos dolorosa. En este momento me comprometo contigo a buscar, investigar y entrevistar a la gente más calificada en este tema, para que las cosas salgan lo mejor posible, ¿te parece? Sé que traes mil cosas en la cabeza y estás muy agobiada o agobiado, pero por lo menos quédate tranquilo porque sabrás la mejor y más sana manera de darle la noticia a tus hijos, para que el día de mañana lo superen lo más rápido posible.

Nunca se me va olvidar el día que mi esposa y yo hablamos con mis hijos, Regina y Santiago, de 6 y 7 años respectivamente. Me acuerdo que antes de hablar con ellos las manos me empezaron a sudar tanto que mojé mi pantalón de tanto secarme en él. Me temblaba el labio y, por si fuera poco, tenía todas las cargas emocionales que había entre mi esposa y yo. En ese momento los dos hicimos un esfuerzo y tratamos de enfocarnos en los niños. Hice un acordeón de lo que iba a decirles para no equivocarme (así he sido siempre y esta vez lo necesitaba más que nunca). Fue en la cocina. Subimos a los dos niños en la barra, conté hasta tres mentalmente y respiré. Sabíamos que no podíamos quebrarnos ni llorar cuando habláramos, porque los niños se angustiarían y se asustarían más de lo que de por sí ya iba a pasar. Cuando dije la frase: "Tenemos que hablar de algo importante con ustedes…", mi hijo Santiago me preguntó: "¿Se van a divorciar?", y en el momento que no contesté, vi la carita más triste que le he visto y se soltó llorando. Ha sido por mucho uno de los momentos más difíciles que he vivido. Mi esposa Rebeca se tuvo que dar la vuelta para que no se vieran las lágrimas y tuvimos que explicarles. Regina, la más chica, no dijo nada, dejó de vernos a los ojos, bajó la cara y actuaba como si estuviéramos diciendo cualquier cosa. Tiempo después supe que estaba en shock y, de hecho, fue a quien más le pegó la separación y a la que más trabajo nos costó que sacara sus sentimientos. Fue una plática corta y muy amorosa, en la que los dos hablamos y completamos lo que decía el otro. Por fortuna fuimos extraordinariamente bien asesorados por la doctora que más respeto en éste y muchos temas de familia, la psicóloga clínica Julia Borbolla, autora del libro *Sin dañar a terceros* (que, por cierto, te recomiendo mucho para el tema de solteros). La asesoría y la situación que tuvimos fue tan sana que mucho tiempo después concluyó en unos términos que no podrías creerlos. Estuvimos nueve años casados y tres meses después de ese día firmamos el divorcio, Más de un año estuvimos divorciados y, gracias a la sana relación que mantuvimos en ese tiempo, el trabajo personal que cada uno tuvimos y yo creo que una gran ayuda celestial, nos volvimos a dar otra oportunidad. Salimos una vez más tres meses como amigos (literalmente), nos volvimos a enamorar el uno del otro y actualmente llevamos cinco años de que regresamos y un hijo más juntos (el tercero), este año nos volveremos a casar. Pero bueno, ésa es otra historia, que algún día les contaré con mucha calma y con lujo de detalle.

Regresando a la plática con los hijos, fue muy importante la asesoría de la doctora Borbolla, ella fue la clave para hacerlos pasar este momento menos estresante y confuso. Te comparto algunas de las recomendaciones que nos dio:

- Puedes lograr que este momento sea menos agresivo y te ayude a construir una buena manera de superarlo más adelante, pero no hay camino fácil. Lamentablemente, siempre será muy doloroso e impactante para los hijos.

- Es muy importante que sean los dos padres juntos los que hablen con los hijos, ya que en ese momento necesitas darle seguridad a tus hijos para que vean que, a pesar de que ustedes se van a separar, no van a perder a ninguno de los dos.

- Acepta que esto es doloroso y que a ustedes les duele y les lastima mucho también.

- Busca un lugar para hablar con ellos que no sea tan formal, pero que estén solos, para que te pongan atención y le des la importancia que esto merece. La idea es no hacer una ceremonia tan solemne de manera que esto agregue dolor y complicación a la situación. No hagas algo que recuerden toda la vida.

- Acepta y entiende sus emociones y sus reacciones, lo que les vas a decir es una de las cosas que más miedo les dan en la vida. Es normal que les duela mucho.

- Haz todo, todo lo que puedas para no quebrarte y ponerte a llorar, porque en este momento lo que más necesitan es tu seguridad ante un futuro incierto para ellos. Así que si te ven que te vienes abajo, no van a tener de donde o de quien agarrarse. En este momento, la fuerza y la serenidad que les transmitas serán importantísimas para creer que las cosas van a estar bien.

- Muchos chicos entran en shock o tratan de evadir lo que les estás diciendo. Lo hacen porque sienten mucho dolor ante lo que están sintiendo, ésa es su defensa. Tenles paciencia y entiende que no es que no les importe.

- No les digas este tipo de cosas por teléfono, o por terceras personas. Éste es un momento tan fuerte que necesita tenerte en frente para ver tu cara, ver si estás tranquila(o), sentir que no lo vas a dejar de querer y abrazarte.

- No alargues el proceso. Si la separación es definitiva, los hijos lo sienten aunque no lo digan.

> Aunque te cueste mucho trabajo, es mejor hacerlo lo más pronto posible; entre más pronto lo hagas, más rápido empezará la recuperación de tus hijos.

¿Qué les debo decir?

Sin preámbulo, sin vueltas ni rollos, vamos directo a lo que les tienes que decir cuando hables con ellos sobre tu separación (en este caso es muy importante que hayas leído la respuesta anterior para llegar a este momento; si no la leíste o te estabas quedando medio dormida(o) mientras leías en tu cama, ahora sí que como juego de mesa, regrésate una casilla para seguir avanzando).

Lo primero que debes tener muy claro es estar seguro de que te vas a separar o divorciar. Pregúntaselo varias veces a tu pareja, no se vale soltar a tus hijos una bomba de este calibre y dos semanas después decirles que siempre no, sólo le sembrarías una gran inseguridad y un terror psicológico de no saber en qué momento se queda sin sus papás.

Muchas veces hay papás o mamás que les dicen a sus hijos que se van a separar sólo para atacar (léase *fregar*) al otro. Esto es pésimo, porque a las únicas personas que le das durísimo es a tus hijos. No lo hagas por ninguna circunstancia; si lo único que quieres es amenazar a tu pareja, más bien es momento de que resuelvan sus problemas a puerta cerrada o con terapeuta y pago de por medio, pero no llevarte de corbata a los hijos.

Algunas veces hablamos para anunciar un divorcio y otras veces puede ser para una separación temporal, si es éste el caso, tienes que decirles sólo eso.

Separación temporal

"Hemos tenido problemas y necesitamos un tiempo para pensar las cosas" (nunca digas cuánto, porque ni nosotros mismos lo sabemos con exactitud).

No hay nuevas vidas ni nuevos cuartos, ni mucho menos nuevas parejas, sólo diles el amor que les tienes, el intermedio que van a hacer y que, pase lo que pase, no van a perder a su familia, ni a ninguno de sus padres.

En este caso, es muy importante que les digas la verdad. No les digas que su papi anda de viaje o que tiene mucho trabajo; ya no son niños, son adolescentes muy inteligentes y con la oreja más grande que las antiguas antenas parabólicas, así que cuando se enteren de que les mentiste, escuchándote mientras hablas por teléfono con tus amigas, llorando en el cuarto y diciéndoles que tienes la nariz así porque tienes mucha gripa, ya no van a confiar en ti. Si te cachan esta mentira sobre algo tan serio, vas a perder toda la credibilidad y tampoco te van a creer cuando les digas algo importantísimo que sostenga su seguridad en el caso de un verdadero divorcio. No te la juegues, no vale la pena en lo absoluto. Sí, te puede salir mucho más caro el caldo que las albóndigas.

temp♥ral

Sólo como anécdota: alguna vez la reconocida psicoterapeuta, especialista en parejas, la doctora Susana Mondragón me dijo lo siguiente: Las separaciones temporales y el regreso a las dos semanas no funcionan. Es mejor poner un tiempo considerable (como tres o cuatro meses y cumplirlo) para extrañarse de verdad, darse tiempo para ser tus errores personales y pensar en el valor de la otra persona, pero en frío; de lo contrario, si regresas cada vez que ya se te bajó el enojo y unos besos llevan a otra cosa, o porque ya tenías comprado los boletos para ir a un concierto, entonces, lejos de funcionar, empeoras las cosas.

Separación y divorcio

Luego de que ya entendiste y estás segura(o) y no es ninguna falsa alarma la separación, es muy importante que les digas a tus hijos que es DEFINITIVO, que cada uno de los dos tiene su propio proyecto de vida, porque si no, seguirá viva la fantasía de reunirlos. Para tus hijos, es algo así como dejar una velita prendida y eso no los dejará avanzar, ni mejorar. Tener la esperanza que TÚ les estás dando es retrasar todo el proceso y lastimarlos mucho más. Muchas veces los chavos utilizan los eventos, el cumpleaños y hasta la rosca de Reyes sólo para juntarlos. Algunos dan muchos problemas en las escuelas para llamar la atención de los dos papás o, inclusive, somatizan sus emociones en enfermedades (presentan síntomas y todo, sin estar enfermos) con tal de ver a los papás juntos en el hospital. Si bien siempre existe la posibilidad de que algo cambie y regreses con tu pareja, no se las digas ni se las des, porque por darles un rayito de esperanza (que ni siquiera tú sabes si existe) no los vas a dejar avanzar ni sentirse mejor.

Es mucho mejor decirles que ya no hay vuelta de hoja, que les va a doler, pero a la larga les dará mucha tranquilidad porque les quitas la responsabilidad de juntarlos.

La mayoría de los expertos en el tema de adolescente y divorcio mencionan los puntos que debes tocar a la hora de hablar con ellos.

- Es muy, muy importante, que les digas que es un momento difícil para todos, no finjas que no pasa nada, porque les va a doler muchísimo y de esta manera sabrás que a todos les duele.

- Diles que se van a separar/divorciar porque tienen problemas muy serios de pareja, que han intentado muchas maneras de solucionarlos pero que, por desgracia, no han podido y tendrán que separarse. Cuando te pregunten cuáles son los problemas, no les des ninguna explicación, diles que son problemas de adultos y que no entenderían, pero que son muchos y muy serios. Esto es muy importante para que el día de mañana no crean que el divorcio es la primera solución en sus matrimonios. Y ni por equivocación les des entrada a discutir sus problemas, eso es algo que no tiene nada que ver con ellos y es un peso que no deben cargar.

- "Los dos estuvimos muy enamorados y fue fantástico formar una familia, pero la vida cambia, las personas cambiamos y a veces los problemas y los cambios hacen que no podamos seguir viviendo juntos."

- Coméntales que los dos son culpables, que los dos cometieron errores "diferentes". No hay uno más culpable que el otro, aunque así parezca (sé que si hay algún engaño o infidelidad) esto puede ser muy difícil de decir, pero estamos hablando de la seguridad de tus hijos, no sacrifiques su seguridad por tu coraje y enojo. Sé que no es fácil, pero ser un buen padre no sólo tiene que ver con el día a día, también con hacer estos gigantescos esfuerzos

divorcio

por el bien de ellos. Tus hijos necesitan a su papá o a su mamá independientemente de lo que te hayan hecho a ti. Sé que quieres matarlo(a), pero tu hijos no tienen la culpa. No mezcles las historias, al final las cosas caerán por su propio peso, pero en este momento (más que nunca) necesitas apoyar a tus hijos para que salgan adelante.

- Los que nos separamos somos nosotros dos, no ustedes. El divorcio es entre los papás, no es con los hijos. Nadie se va a separar ni divorciar de ti, nosotros jamás los vamos a dejar y estaremos más cerca que nunca (debes cumplirlo).

- Déjales muy, muy claro que la familia no se ha acabado (esto lo he repetido todo el capítulo porque es algo importante). La familia sigue en pie, sólo que ahora se dividió, son los hijos con su papá y los hijos con su mamá. Se dividió, pero en ningún momento se ha perdido. Los hijos no se pueden separar jamás de sus padres porque son familia, los une la sangre. Su familia sigue estando ahí para las buenas y las malas. Esto es más que esencial porque el circulo familiar es su contención, donde se sienten seguros, lo primero y más importante, a lo que pertenecen. Así que trata este tema como uno de los más relevantes.

- Explícales que hoy en día hay muchos modelos de familias y que todas pueden ser muy felices: papás divorciados con hijos, papás con hijos adoptados, madres con sus hijos donde el papá no está presente, padres con sus hijos donde no está la mamá, abuelos o tíos que viven y educan a sus nietos o sobrinos, en fin. Cuando escuchen más casos se darán cuenta de que es cierto y que no son los únicos.

- Sé claro y di que se van a separar y empezar un proyecto de vida por separado. No les des falsas expectativas, como platicamos anteriormente.

- Explícales que necesitan ver cada uno por su nueva vida y por la de ellos.

- Comenta que algunas dinámicas y hábitos de la casa se quedarán igual y otras cambiarán. "Todos nos acostumbraremos a *la nueva vida* y estaremos bien".

Una vez que hables con ellos habrá una posibilidad de que lloren. Es momento de abrazarlos, de besarlos, de darles seguridad y de decirles que vas a estar con ellos. Déjalos llorar, deja que saquen el momento y después retoma tu plática. Por más que te duela, no te calles ni te regreses, porque si no, los vas a lastimar mucho más. ♥

> Su familia sigue estando ahí para las buenas y las malas.

Cuando hables con ellos, trata de no profundizar mucho en cada tema, sólo expresa lo necesario. Funciona muy bien escribirlo antes y repasarlo varias veces, ya que no se trata de una decisión sencilla. Ni de broma vayas a leerlo, tienen que darse cuenta de que sale del corazón. Si lo crees necesario, llora y trata de tranquilizarte antes de hablar con ellos para que en ese momento te vean segura(o) y tranquila(o).

Intenta decirles todo lo que te he comentado, pero los puntos que de ninguna manera pueden faltar son los de la familia. Tú no te estás divorciando de ellos y no los dejarás, esto es definitivo. Sé que hay varias cosas que quisieras saltar, pero te aseguro que ésas son las que más los van a lastimar si no se las dices.

Aunque uno de los padres sea el que lleva la plática es muy importante que el otro vaya diciendo pequeñas partes, para que se den cuenta de que es mensaje de los dos. Es esencial que te pongas de acuerdo con tu esposo(a) para este mensaje, por más que estén enojados tienen que hacer una tregua para organizar esto. Estamos hablando de lo mejor que tienen ambos, sus hijos. Si las cosas de plano están muy mal, y ni siquiera quieren hablar, no es momento de que se lo digan a los hijos todavía.

Si es éste el caso, ni de broma vayan a hablar con ellos, sería mucho peor. Tampoco es bueno que sólo uno de los padres hable con ellos, y mucho menos si está enojado, porque puede decir todo mal y complicar el asunto más de lo que de por sí ya es.

El doctor Peter J. Favaro, autor de *Smart Parenting During and After Divorce,* nos dice qué NO debes decirle jamás a tus hijos:

"Alejandro, Martha quiero decirles que nos estamos divorciando porque su papá está mal en todo y es una persona insoportable. Nunca supe la basura con la que me casé. Ya no podemos vivir juntos porque me odia. Van a ver a su padre, pero les advierto que es una pérdida de tiempo. A él no le interesan y no los ama, porque no tiene la capacidad de amar a nadie. Si yo les contara las cosas que ha hecho, es un asco. Por lo que veo, no le gustan unas cosas, pero, ah, cómo le gustan otras. Ustedes estarían mucho mejor si un día desparece y se olvidan de él."

Lamentablemente mucha gente así habla con sus hijos. Después de todo lo que hemos hablado, te puedes imaginar lo que podría causar esto.

Así que ahora que sabes lo que SÍ hay que decirles y lo que NO, adelante, ármate de valor y hazlo. Sé que es muy doloroso, pero si lo haces bien, le darás una paz a tus hijos que más adelante te agradecerán.

¿Cuáles son las reacciones normales de los adolescentes cuando sus papás se están separando?

- No quiere ir el fin de semana contigo.
- Hace dos horas que no dices una sola palabra, ¿qué te pasa?
- ¿Porqué estás tan grosera conmigo? No me hables así, soy tu mamá.
- Tú no tomabas así, ¿qué te pasa?

Sería fantástico decir que no, pero la realidad es que el divorcio les afecta mucho a los hijos. Afecta muy fuerte sus emociones, su etapa social y su seguridad personal.

Un estudio realizado por la Universidad de California dice que los hijos de padres divorciados suelen sufrir depresión, tener problemas en la escuela y desarrollar menos habilidades sociales en comparación con otros adolescentes. Por eso es importantísimo llevar lo mejor posible este proceso para que tus hijos estén cada vez más lejos de estas reacciones.

Éstas son algunas de las posibles reacciones que puede tener un hijo durante la separación. Ojo, no significa que tenga todas o que esté mal si no le encuentras ninguna, pero por lo general la mayoría de los adolescentes presentan varias de ellas.

10 a 12 años (*tweens*)

- Les cuesta trabajo controlar sus emociones, pueden enojarse de la nada y están muy irritables.
- Están muy resentidos con la situación y apenados socialmente porque sus papás están separados.
- Muchos se ponen rebeldes y se oponen a casi todo (es su manera de demostrar que no están de acuerdo con lo que está pasando).
- Pueden soñar sobre el divorcio o tener muchas pesadillas (cuando son más chicos, pueden mojar la cama, porque lo asocian con sus épocas "felices" cuando eran más chicos, a esto se le conoce como "regresiones").
- A veces muestran su enojo en la casa con su mamá o con su papá, pero es mucho más frecuente que lo hagan en la escuela.
- Algunos empiezan a tener conductas extrañas o a hacer cosas que normalmente no hacían, como travesuras o cosas fuera de lugar que molestan a los demás.
- En la escuela, se pelean con otros compañeros o empiezan a contestarle mal a los maestros para sacar su agresión.
- Tienen cambios repentinos de carácter.
- Se pueden enojar con uno de los padres. No le hablan, le dan la vuelta o no quieren ir con él (es una manera de demostrarles que están enojados por "irse" o por la decisión que tomaron).

Para atacar poco a poco estos problemas, el doctor Jeffery M. Leving, experto en el tema, menciona que es muy importante que en estas edades no se hable mucho del tema (no les hagas una disección y explicación de lo que es el divorcio cada dos días). En este momento, necesitan consuelo, que les des seguridad, tranquilidad y les repitas muchas veces (y se los demuestres todavía más) que tú vas a estar ahí, pase lo que pase. Como te acabas de separar, tienen pavor de que pase lo mismo con ellos. Tienen mucho miedo de sentirse solos y de perder a sus papás, por eso debes de demostrarles que eso no va a ocurrir.

No les digas cosas como "nada va a cambiar", porque su vida y su rutina sí está cambiando. En este momento es muy importante que todo lo que le digas lo cumplas, porque de lo contrario no te van a creer el asunto del abandono. Sé honesto con tu hijo(a) y explícale los cambios que habrá. Dile "voy a recogerte de la escuela todos los lunes y los miércoles, y el fin de semana te vas a quedar a dormir conmigo", o "tu papá ya no vive aquí, pero nos vamos a seguir levantando todos los domingos a andar en bici en el parque". Dale cosas que lo aterricen.

Éste es el momento de explicarle lo que va a pasar y cumplírselo, hoy más que nunca, porque está probando tu confiabilidad y de ella depende si se sentirá más seguro o no. Si necesitas un favor de la vecina (que no soportas) o un permiso en tu trabajo, pídelo para cumplirle a tu hijo. Es muy importante, quema tus cartuchos del trabajo ahorita (ninguna vacación o puente es más importante que la seguridad de tu hijo). Si de plano tienes que hacer algo en el trabajo o en la casa y no padrás cumplir, avísale con tiempo y explícale, pero que no vaya a estar esperándote y no llegues, eso sería terrible.

Tip de experto: A esta edad funciona mucho ponerles un calendario (de los que tienen cuadritos en blanco para escribir). Ahí escribe cuándo vas a ir y cuándo se van a quedar en tu casa. Si eres papá o mamá, qué cosas van a hacer juntos. Es muy importante que sientan las cosas seguras.

13 a 20 años

- Están muy enojados, agresivos e irritables.
- Baja su autoestima.
- Mienten para no aceptar frente a los demás la situación que están viviendo.
- Pueden sentirse muy desconfiados.
- Muchos tienen problemas emocionales como depresión, miedo, ansiedad.
- Aunque no hablan del punto, sus cabecitas están dando mil vueltas con preguntas e inseguridades: "¿Seguiré viendo a mi papá?" "¿Irán juntos a mi graduación o tendrá que ir sólo uno?" "¿Podría alguna vez mi mamá dejarme así como dejó a mi papá?"
- Pueden presentar problemas serios de conducta (de esos de reporte un día y el otro también).
- Hay una gran posibilidad de que bajen sus calificaciones o empiecen a reprobar materias.
- Se sienten culpables por lo que pasó.
- Están malhumorados.
- Algunos presentan problemas para convivir socialmente o se aíslan.
- Empiezan a dudar y a tener desconfianza de su relación de pareja, piensan "si con mis papás, que estaban casados, pasó eso, imagínate nosotros", y ponen en duda la duración y la importancia de una relación. De hecho, muchos dudan del matrimonio.
- Entran en un nivel muy alto de estrés. Muchos buscan el alcohol o las drogas para liberarlo y olvidar lo que están viviendo.

La mayoría de las cosas para ayudar a los más chicos funcionan también en esta edad, como darles consuelo, seguridad y apoyo, para que te sientan cerca y recuperen la seguridad, así como para cumplirles y demostrarles que vas a estar ahí.

En estas edades es importante hablar de la situación. Tampoco los obligues si no quieren, pero es bueno que los ayudes a sacar lo que sienten, anímalos a que te platiquen lo que les está pasando. Si se abren, hay que dejarlos sacar lo que sienten, lo que les da tristeza, rabia, coraje, escucharlos, llorar, gritar o enojarse y validar sus sentimientos. En este momento un "te entiendo" vale más que la explicación más estructurada del mundo. Déjalos que se desinflen y apóyalos.

Por otro lado, están muy inseguros con el futuro. Platica sobre sus dudas: "¿Me vas a seguir pagando la colegiatura?" "¿Me vas a enseñar a manejar?" "¿Me vas a seguir dando dinero para pagar mi teléfono?" "¿Voy a seguir yendo los veranos a con mis primos?" Todo es importante para ellos, porque de alguna manera a esa edad ya tienen una vida, muchos intereses y no saben cómo va a quedar todo.

Otra de las cosas vitales es que les recuerdes que NO son culpables de nada. Ésta es una edad en la que les preocupa muchísimo este punto. Explícales que existen muchos problemas entre las parejas adultas que ellos no entienden ni conocen, pero que no tienen nada ver con esta separación. Pregúntales por qué creen que ellos son culpables y desmiéntelos en cada punto:

—Ustedes se peleaban mucho por el dinero que cuesta mi escuela.

—La escuela no era el problema, sino otros gastos que tenemos con ése, pero de cualquier manera el asunto del dinero no es la razón por la que nos estamos separando, son muchas cosas más que tú no conoces, ni entenderías a esta edad.

Algo que les puede dar mucha paz es que les digas que aunque no tuvieran hijos, ustedes se habrían separado.

En fin, éstas son sólo algunas recomendaciones para mejorar la situación. En la siguiente pregunta podremos ver otras herramientas para sacar adelante a tus hijos.

Tip de experto: Algunas de las reacciones de los adolescentes cuando están viviendo un divorcio son: dificultad para concentrarse, cansancio constante y flojera de hacer las cosas, enojo repentino por cualquier cosa y muchos caen en depresión.

Es frecuente que, en la adolescencia, los hijos varones quieran vivir con su papá. Para ellos, durante la adolescencia la relación con el padre es muy importante para lograr la separación.

¿Qué es lo peor que les puedes hacer a tus hijos con el divorcio?

Muchos papás pueden pensar, pues el divorcio en sí, ¿no?, y la respuesta es NO. Obviamente a ningún adolescente le encanta que sus papás se divorcien, y mucho menos va a hacer unas tarjetas digitales para sus redes sociales donde digan "estatus de mi papá: soltero y disponible". 😈 Si bien el dolor de un divorcio es *fuertísimo,* hemos platicado a lo largo del libro que un divorcio bien llevado puede ser seguro y sano para los hijos. El problema verdadero son otro tipo de actitudes negativas (por llamarlas de una manera decente) que hacemos y que son las que en realidad lastiman y perjudican muchísimo a nuestros hijos.

Estas cosas son las que ponen en jaque a nuestros hijos y en mate a nosotros, porque creemos que estamos ganándole a nuestra o nuestro ex, y en realidad sólo nos estamos metiendo autogoles.

El experto, Michael D. Thomas, fundador de la organización Coparenting 101 para la paternidad compartida, y algunos otros expertos comentan algunos de los principales errores que cometemos, y que complican un divorcio y el futuro de la vida de tus hijos:

1   **Convertir a nuestros hijos en cobradores y jueces.** Esto es terrible porque provoca que los adolescentes sientan una gran responsabilidad que no deben tener (si para un adulto es difícil, imagínate para tus propios hijos). Es *fuertísima* la carga que le das a un hijo cuando lo haces responsable de darle la razón a alguno de los dos o de ir a reclamar un pago que no ha llegado. Con ello logras que se sienta inseguro, angustiado y culpable con alguno. Estos son el tipo de cosas que hunden a una persona en un divorcio. Al respecto, la doctora Susana Mondragón explica: "El divorcio es un mal necesario que, si lo sabes llevar bien, mejora la situación y la vida de las familias. Lo que puede ser muy malo es enfrentar a tus hijos a situaciones donde los ponemos entre la espada y la pared, entonces sí podemos perjudicarlos para toda la vida."

2   **Sabotear la relación con el otro padre.** Ahora, más que nunca, tu hijo necesita a los dos padres, tiene miedo y preocupación de perder a cualquiera de ustedes. Cuando haces algo para que tenga que decidir entre tú y tu ex, lo haces sentir culpable por su decisión o cree que es desleal con alguno de los dos. Muchos, muchos, muchos padres inventan actividades fantásticas o increíbles "casualmente" a la misma hora del tiempo del otro padre: los inscriben a cursos que "no pueden ser otro día" y hacen todo lo posible para que su hijo esté menos tiempo con su ex. Esto lastima muchísimo al hijo porque lo mete en una guerra emocional durísima, donde, por supuesto quiere jugar Gotcha al mejor campo que existe en su ciudad, pero también quiere ver a su papá. Este tipo de situaciones son devastadoras para el adolescente porque lo hace reducir tiempo con el padre con el que no vive (tiempo que de por sí ya está súper limitado). Estas cosas hieren al chavo tanto como se hiere al ex. O sea, en conclusión, es una flecha que le disparas a tu ex y terminas clavándola en el pecho de tu hijo.

3   **Acusarlo o culparlo.** Como hemos platicado, no hay nada más fuerte para un hijo que la separación de sus papás, así que imagínate si les cargas esa responsabilidad de algo que duele tanto. De ninguna manera puedes decirle frases como: "Es que te iba te-

rrible en la escuela y por eso nos peleábamos tanto", "te portabas tan mal, que me tuve que salir de la casa". Esto sería uno de los peores venenos que le podrías administrar a tus hijos, sentiría que por su culpa perdió la fuente de seguridad más grande que tenía. Sólo lograrás bajarle la autoestima y su seguridad por el resto de su vida (sí, así de serio está el asunto).

4   **Hablar mal del otro padre.** Éste es uno de los errores más frecuentes en la separación y el divorcio. Muchos papás y mamás hablan mal, difaman, mienten, insultan (con todo y letras mayúsculas), tiran pestes, o cada vez que dicen algo de su ex le cuelgan un milagrito (*obviamente* de los malos). Esto confunde y lastima muchísimo a los adolescentes porque es hijo de ese o de esa "idiota", "estúpido", "histérica" o "poco hombre", por lo tanto, si yo soy su hijo(a), yo soy la mitad de tooodo eso. Además se preguntan: "¿Debo querer a mi papá, aunque sea un idiota?" "¿Más adelante me hará algo a mí?" "¿Está mal que lo quiera?" Esto se conoce como "alienación parental" y, de hecho, está penado, y es tan amplio y tan importante que más adelante hablaré sobre este tema.

5   **Usar a tu hijo como mensajero.** Ésta es como de la canasta básica del divorcio, y es muy importante evitarla. Muchas parejas con la última persona con la que quieren hablar es con el o con la ex, pero la realidad es que toda relación que haya procreado hijos tiene que comunicarse entre sí, ahora sí aplica el "hasta que la muerte los separe" (por lo menos aquí). Los chavos se sienten con mucha responsabilidad para pasar los mensajes y como que no quiere la cosa los pones en una situación muy fea cuando son ellos los que van a dar una mala noticia al otro.

> **"Papá, dice mi mamá que me tiene que recoger dos horas antes, y si no puedes entonces no me quedo."**
>
> "Mamá, dice mi papá que él no paga lo de la camioneta, que ya dio el dinero que debe dar, que le hagas como quieras."

Imagínate la carga emocional que tiene que enfrentar tu hijo cuando el otro papá recibe la noticia, el único que está ahí enfrente es tu pobre hijo. Ya bastantes problemas vivieron para que ahora tengan que lidiar con esto, ¿no crees?

En ocasiones, hay hijos que no quieren ir a ver al otro padre con tal de no enfrentarse a esta situación, ya saben que cuando le digan eso al papá o mamá, se va a poner de mal humor, va estar enojado o agresivo, y eso no se vale.

Al tener hijos adquirimos ciertas responsabilidades con la pareja, por lo que debemos comunicarnos; organizar la vida de nuestros hijos es una de las responsabilidades. Si de plano en este momento de tu vida la comunicación no sólo está mal, sino lo que le sigue (situación que pasa más de lo que quisiéramos), entonces utiliza un mail (sé que estos también pueden llegar a ser peligrosísimos), un mensaje de texto, un servicio de chat (WhatsApp, SpeakOn, etcétera) y contesta lo que necesitas, para que no sea otro punto de pelea y, sobre todo, para que no tengas que poner a tu hijo en una posición que no se merece.

6 **Confundir a tus hijos.** Tus hijos están en el proceso (y la resignación) de que sus papás están separados, es un cambio doloroso y, por desgracia, no tan corto, por ello no los confundamos. Ideas como: "vamos a comer todos juntos", "llego a la casa y vemos todos una peli", "vamos de viaje todos, al fin ya están pagados los boletos de avión", "vamos todos a la boda, porque es de la sobrina Chiquis y tooodos la queremos mucho", lo único que logran es que tus hijos crean que todo se está arreglando, sólo se ilusionan y cuando se dan cuenta, vuelven a recibir un golpe muy fuerte, y el proceso triste y doloroso vuelve a empezar. Es algo así como un círculo vicioso del divorcio (en el apartado de segundas oportunidades, podrás saber más de esto).

7 **Los papás no se hablan.** Sé que puedes estar muy enojado con tu pareja (perdón, perdón, expareja) y que lo último que quieres es dirigirle la palabra, pero cuando los adultos no nos hablamos le causamos mucha incertidumbre a los hijos. Como chavos, no saben qué va a pasar, no saben con quién de los dos hablar cuando hay un problema; es como si caminaran en un piso donde todo está suelto y lleno de hoyos, saben con quién, ni con qué contar.

8 **Tratar a tus hijos como confidentes, paño de lágrimas, consejeros o "víctimas".** Obviamente cuando hay una separación, **todos sufrimos, inclusive el que tomó la decisión, engañó o tuvo el supuesto "único" y gigantesco error.** Es un momento muy triste y muy duro para todos, obviamente necesitamos alguien con quién contar, en quién recargarnos, con quién platicar, escuchar un consejo o llorar a moco tendido sin que te digan media palabra, muchos hemos estado en ese terrible momento. El problema es buscar ese apoyo en tus hijos. El padre que se queda con los hijos (la mayoría de las veces la mamá), tiene un millón de cosas que hacer y a los hijos en todo momento viéndola (haz de cuenta que esto es concierto de Ricky Martin y ella es Ricky). Es dificilísimo porque no tiene ni un segundo para llorar o desahogarse y como los hijos están presentes en cada metro (o centímetro) cuadrado de la casa y están viviendo la misma situación (o porque de plano no hay nadie más con quien hablar), es muy recurrente empezar a hablar con ellos. Es un error compartir los problemas, pensar "le voy a decir lo que me hizo su padre". Sé que como mamá o papá necesitas ayuda y en algunas ocasiones sientes que no puedes ni respirar con este dolor, pero no es buena idea recargarte en tus hijos. Claro que puedes validar y entender que ellos están tristes, puedes comentarlo y decirles que te sientes igual, pero hasta ahí porque no debemos olvidar que ellos son los hijos y necesitan tu apoyo. Cuando nos abrimos con ellos y es nuestro corazón lastimado el que empieza a hablar, decimos muchas cosas de las que después nos podemos arrepentir.

> **"Gracias a tu papá nos vamos a cambiar de casa y tú de escuela, vas a perder a todos tus amigos."**
>
> "Si tu papá no se hubiera ido, tendríamos más dinero y podría darte para el viaje de tus primas, pero apenas tenemos para comer."

Estos comentarios pueden ser contraproducentes, tu hijo(a) no sabe toda la historia, ni siente lo mismo que tú, para él su papá (aunque haya tenido errores) sigue siendo su papá y no comparte el mismo sentimiento de pareja que tú, por lo que podría NO sentirse víctima y hasta empezar a sacar conclusiones que tampoco le corresponden.

"Claro que no le alcanza el dinero, si tú saturaste las tarjetas de crédito, aún cuando te decía que ya no tenía, seguías firmando." Puede ser muy peligroso traer a tus hijos a ese terreno. Por otro lado, también hay mamás o papás que al hablar mal del ex, siembran mucho miedo (o terror real) e inseguridad en sus hijos. "En tu papá no se puede confiar, ojalá a ti no te decepcione", "tu mamá me abandonó de un día para otro, ojalá no haga lo mismo contigo y con tu hermano."

Imagínate lo que un comentario como éste puede lastimar y afectar a tu hijo. Por eso, no debes tener este tipo de pláticas con tus hijos.

No satanices la relación que tu ex tiene con sus hijos, que el ritmo y la naturaleza de esta relación vaya caminando poco a poco, y si el padre o la madre de los chavos los decepcionó en algo muy fuerte, nuestro trabajo es ayudarlos a levantarse y recuperarse para que no crezcan con ese miedo en la vida (no uses a su papá como el peor ejemplo, para ellos es su base).

Tus hijos te necesitan más que nunca, tienes que ser fuerte y maduro(a) para que en estos momentos tan difíciles puedan contar contigo, busca a un amiga(o) u otro adulto para desahogarte.

9 Presentar a la nueva pareja cuando aún NO están preparados tus hijos. Presionar para que acepten y le den casi casi el sello de calidad, certificado de aprobado, registro ISO 9000, y calidad angus a tu nueva pareja es uno de los errores más comunes que cometemos. Hay dos problemas principales: el primero es que para tus hijos no va a ser ni fácil ni rápido ver y convivir con una nueva pareja de su mamá o su papá. Recuerda que el que tú estés preparado(a) para una nueva relación no significa que ellos también lo estén, además, como ya comentamos, en un principio los chicos tendrán la ilusión de que sus papás vuelvan a estar juntos. Y el segundo problema es que las relaciones siguientes (conocidas como "relaciones de transición"), como todo nuevo ligue o amorío, son muy inestables, por lo que en cualquier momento pueden terminar. En esta etapa, la seguridad de tus hijos está muy vulnerable, por lo que lo úuultimo que necesitan es encariñarse con una nueva persona y perderla. Veremos este tema más adelante.

10 Utilizar a tus hijos como arma o castigo (DINERO). Muchas personas divorciadas utilizan a los hijos para presionar con dinero, bienes, pensiones alimenticias y hasta desaprobaciones de nuevas parejas. Esto puede afectar mucho al hijo. ¿Cómo te sentirías si más que persona fueras una moneda de cambio? ¿Que la persona que más te quiere y en la que más confías se olvide de tus sentimientos y necesidades y te utilice para conseguir otros propósitos? Eso es lo que sienten los hijos cuando están en una circunstancia así. Su seguridad y su confianza apenas se están acomodando y cuando menos nos imaginamos, las volvemos a destruir. Esto es lo que pasa en la mente y en el corazón de tus hijos cuando los usas como medio de negociación y su papá (o mamá) no los puede ver, los separaron o simplemente no pasó por ellos por prohibición del otro padre:

¿Por qué? ¿Qué pasó? Lo necesito, estaba otra vez sintiendo una rutina, un hábito, una seguridad, estaba sintiéndome por primera vez seguro después de todo lo que pasó, volví a sentir que no iba a perder a mi papá, ¿entonces, no es cierto? ¿Sí lo voy a perder? ¿Si no paga, no lo voy a volver a ver? Creí que la separación de mis papás era lo peor que me había pasado, pero esto es demasiado, no puedo más, ya no quiero nada, ayuda.

Miguel, 14 años

Estoy seguro de que si has llegado a un punto así, las cosas no están nada bien y tienes tus propias conclusiones. Un día, una mamá que vivía un caso similar, me dijo: "Tengo que quitarle a sus hijos para que siga pagando este departamento, que se friegue si quiere verlos. Yo tengo que ver por mis hijos, de que lloren en su casa a que lloren en la mía, pues que lloren en la suya."

La realidad es que los que más lloraron fueron sus hijos (a veces no lloran externamente pero internamente los estás deshaciendo). Si en realidad queremos "ver por nuestros hijos", ésta es una muy mala estrategia. Todo hijo necesita de ambos papás (si es que los tiene). Cada papá aporta diferentes cosas y si tiene la oportunidad de tenerlos, no está bien que tú se los quites, por más que quieras verle el lado bueno, estás atentando contra tus hijos.

La licenciada Sandra Pérez Palma, maestra en derecho familiar, sostiene que en la Convención Internacional de los Derechos del Niño (hasta la mayoría de edad) se establece que ningún padre puede prohibirle a otro la convivencia con sus hijos. Es un derecho de los niños y los adolescentes. Si le prohíbes al otro padre ver a sus hijos, estás atentando contra tu propia guardia y custodia (o sea que te los podrían quitar a ti legalmente).

Si el papá no te está mandando dinero para su manutención, salud, educación (o lo que hayan quedado), en México y en la mayoría de los países en el mundo puedes presentar una denuncia como violencia familiar (ya sea por la vía familiar o penal). Ve a un juzgado, asesórate con un abogado (si no tienes dinero para un privado, recuerda que también hay públicos —defensores de oficio— y te pueden defender gratuitamente). Haz valer tus derechos y resuélvelo por la vía legal, con eso resolverás el problema. Recuerda que el juzgado buscará la convivencia del padre con los hijos, por eso no lastimes y vuelvas a hundir la seguridad de tus hijos.

Existen algunos casos especiales donde se teme por la seguridad de los hijos (drogadicción, violencia, abuso sexual, etcétera), en estos casos debes presentar una controversia en el juzgado y solicitar la suspensión del régimen de convivencia. Si lo haces así, el juez lo analizará y, en caso de que tus hijos corran peligro, puede dictar otro tipo de medidas (restricción de domicilio, de visitas, convivencias supervisadas, etcétera). Cada caso es diferente y las leyes en cada país son distintas. Asesórate. Lo que es un hecho, es que en todos los países se defienden y respetan los derechos de los hijos para ver a sus padres. Cuando quieras que se prohíba la convivencia entre tus hijos y tu ex, haz un examen de conciencia, si es cien por ciento verdad lo que estás diciendo o si es una apreciación tuya que le está quitando el derecho a tu hijo de ver a su padre.

Estos son algunos de los errores que hay que evitar con los hijos, ya que en cada uno de los casos los lastimamos *fuertísimo*. Preguntas cómo "¿con quién te quieres quedar, con tu mamá o con tu papá?", hablar mal del otro todo el día o hacerlos sentir y casi casi actuar como el papá ausente, sólo los lastima y los hiere de por vida.

Seamos sinceros, la decisión o responsabilidad de esta separación es únicamente de nosotros. Espero que el día de mañana queden muchas cosas buenas de una relación que hoy se está acabando, pero hoy por hoy lo mejor que tienes de esta relación son tus hijos, ¿qué culpa tienen ellos? Mejor cuídalos, no los lastimes, ve por ellos y no permitas que el orgullo, el enojo, la venganza y hasta los temas económicos dañen a lo que más quieres.

Si tú lo deseas, vas a volver a enamorarte, vas a rehacer tu vida, vas a volver a tener una pareja, vas a volver a hacer por primera vez el amor, es más, en una de esas y hasta un pilonsazo (bebé nuevo) vuelves a tener (seguro muchos están buscando madera donde tocar o ligada o vasectomía a la que rezar), pero el daño que le hagas a tus hijos va a ser muy difícil de quitárselo y los va a acompañar por siempre. Piensa muy bien lo que hagas. Sé que estás pasando un muy mal momento y lo siento mucho, sé que la otra persona puede sacarte tus instintos más bajos... pero ¿a costa de tus hijos?

Piénsalo muy bien, estoy seguro de que tomarás la mejor decisión.

Mis hijos están sufriendo por el divorcio, ¿cómo los ayudo y los saco adelante?

El divorcio es muy doloroso, pero nada más doloroso que ver a tus hijos sufrir. Es como un recordatorio constante de lo difícil de la situación.

La doctora Julia Borbolla, psicóloga clínica, me dice que para ayudar a tus hijos cuando están sufriendo con el divorcio, es muy importante demostrarles que el divorcio es entre los padres, nadie los está abandonando, no van a perder la familia y, especialmente, que sepa y le quede claro que las cosas que pasaron fueron entre ustedes y ellos no tienen nada que ver.

"Tú papá no te fue infiel a ti, nosotros tenemos nuestra propia historia, él no te va a dejar, tu historia y la de él es otra, no te preocupes."

Por más enojada(o) o molesta(o) que estés, lo que pasó no tiene nada que ver con la historia de tus hijos. Es importantísimo que les digas que tú te vas a separar pero ellos no, para ellos es su papá o su mamá, su base más importante en muchos aspectos y con quien van a convivir toda su vida. Así que por más coraje, deseo de venganza o por la idea de "quemarlo" con lo que hizo el rey (o reina) de la casa, evítalo, sólo lograrás moverle el tapete (de por vida) a tus hijos. Es esencial decir que lo que pasó fue de dos, no importa que sea muy evidente que uno fue el que dijo "hasta aquí", el que fue infiel a plena luz del día (o de la noche) o el que de plano un día ya no llegó a la casa y no pagó ni el recibo de la luz. Sé que cuando pasa algo así te puede hervir la sangre, puedes sentirte avergonzada(o), culpable, decepcionado(a), harto(a) de la relación o con ganas de casi casi agarrar a golpes a la otra persona, pero tienes que decir fue culpa de los dos por dos razones:

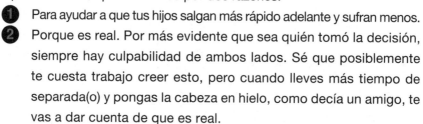

1 Para ayudar a que tus hijos salgan más rápido adelante y sufran menos.

2 Porque es real. Por más evidente que sea quién tomó la decisión, siempre hay culpabilidad de ambos lados. Sé que posiblemente te cuesta trabajo creer esto, pero cuando lleves más tiempo de separada(o) y pongas la cabeza en hielo, como decía un amigo, te vas a dar cuenta de que es real.

Es importante que los chavos sepan que fue de dos y que les quede claro que no conocen la historia completa, de esta manera, dejan de buscar culpables y pueden empezar a tranquilizarse en este aspecto y estar mejor. También esto ayuda mucho a la referencia que van a tener tus hijos con sus propias parejas.

El matrimonio es como una esfera que tiene que estar completa, si de repente hay un hoyo por alguna parte es culpa de los dos. Los hoyos no los puede hacer sólo uno, y si no se alcanza a cerrar rápidamente, se pueden meter problemas de dinero, de poder, de hartazgo, complejos de cada uno, desenamoramiento, otra mujer u otro hombre, en fin, se pueden meter muchas cosas.

Otra cosa que los calma mucho es no hacerlos sustitutos del papá o de la mamá.

- Hay chicas que se quedan con sus papás (el famoso "pobrecito") y empiezan a hacerle de comer, a preocuparse por si sus camisas están planchadas, a hacer todas las tareas de la mamá. Eso no está bien porque están tratando de sustituir a su madre y dejando de vivir su adolescencia (pueden ayudar, pero no convertirse en sustituta).

- Chicos de 13 años que viven con sus mamás y quieren darles dinero para todos los gastos, cobrarle al señor que le debe dinero a su mamá y pararse en la noche a revisar si alguien se metió en la casa.

Este tipo de responsabilidades cuando los chavos son tan chicos sólo tensan, generan ansiedad y sufrimiento de un rol que no deberían vivir a su edad. Aunado a todo esto es muy importante darles lo que hemos comentado a lo largo de este apartado: tiempo, tiempo, tiempo (para que exploren la nueva situación), hábitos, costumbres (para que sientan un entorno propio), seguridad, tranquilidad y cercanía (para que vean que la vida puede ser mejor que antes) y madurez de los padres (para no echar a la basura todo lo anterior).

Según un estudio realizado por Jeannette Lofas en su documento *Step Parenting:*

- **41%** de los hijos de padres separados son temerosos, agresivos, tienen baja autoestima y presentan dificultades en su comportamiento o desempeño escolar.
- **45%** de los niños superan satisfactoriamente el divorcio de sus padres.

¿Cómo debe ser la relación padres-hijos cuando te divorcias, para sacarlos adelante?

Lo más normal posible y sin que la culpa tome el volante. Suena un poco sencilla esta respuesta, pero después de platicar con tantos expertos, la mayoría llega a lo mismo.

Lo primero de lo primero es que no cometas ninguno de los errores que están en la pregunta: "¿Qué es lo peor que le puedes hacer a tus hijos en el divorcio?", porque es como arrancar con una piedrita en el zapato.

El doctor Jaime Arredondo, psicólogo y especialista en adolescentes, explica que lo que afecta a la relación entre padres-hijos en la separación es *la culpa*. La culpa, esa de la que algunos tenemos mucha y otros muchísima, es una emoción normal del ser humano que nos ayuda a desarrollar nuestra conciencia.

El problema es que hay culpas que se vale tener porque nos llevan a un buen examen de conciencia y a mejorar las cosas; y otras, que de plano no, porque lo que sucede o sucedió no depende de nosotros.

Hay miles de culpas en la separación, culpa porque no has estado suficiente tiempo con tus hijos, culpa porque tomaste la decisión de separarte, culpa porque ese matrimonio está lastimando a tus hijos pero no te separas porque te preocupa el qué dirán (aplica el antes muerta que divorciada... y muy sencilla), culpa porque fuiste infiel y eso terminó la familia, culpa porque gracias a la separación tus hijos ya no viven las mismas comodidades que tenían antes, culpa por lo que hiciste (o dejaste de hacer) para llegar a todo esto, culpa porque ves a tus hijos llorando, culpa porque anduviste siete años de novia y resultó que escogiste al peor partido, culpa porque te en-

Hay culpas que nos ayudan a crecer y otras que hacen todo lo contrario.

gañaron con otra pareja y tú fuiste más fiel que perro recogido de la calle, en fin, nos cruzan un millón de cosas por la cabeza.

Hay culpas que nos ayudan a crecer y otras que hacen todo lo contrario. Hay que identificar las que son reales y nuestra responsabilidad de las que no dependieron de nosotros; esas que nada más nos ocupan disco duro, dan vueltas todo el día en la cabecita y no dejan resolver las cosas de las que eres responsable.

Si te cuesta mucho trabajo separarlas, algo que puede ayudarte es tomar una terapia con algún psicólogo, consejero, terapeuta, psiquiatra o grupo de autoayuda (si ya sabes de que pie estás cojeando).

Para llevar una buena relación con tus hijos adolescentes en la separación y ayudarlos a salir adelante, es importante que la culpa no maneje lo que haces y deshaces con ellos.

Límites sin culpabilidad

Los límites y las consecuencias son como la piedra angular, la base (algo así como Mickey Mouse para Disney), la esencia, en fin, lo principal en la educación y el manejo de los adolescentes. Si no sabes bien qué tipo de límites se deben aplicar y cómo hacerlo, en mi libro *¡Renuncio! Tengo un hijo adolescente, ¡y no sé qué hacer!* tengo un capítulo completo sobre límites que te va a ayudar muchísimo. A la hora del divorcio debemos aplicar estos límites de la misma manera. Es común que como nos sentimos culpables por la separación, por lo tristes que están nuestros hijos, por lo que "les hicimos", relajamos los límites, aflojamos las reglas y dejamos de cumplir las consecuencias. Lo hacemos con la mejor (o lo más sufrida) de las intenciones, pero es lo peor. En serio, lo peor que podemos hacer, porque los adolescentes huelen la culpabilidad, se dan cuenta de que estamos como perrito con la cola entre las patas, y esto hace un efecto doble: se sienten muy inseguros y con temor, y al mismo tiempo nos empiezan a manipular.

Hemos platicado mucho que los límites y las consecuencias le dan una gran seguridad a los chavos y un piso firme donde caminar, y si se los quitamos en el momento del divorcio, cuando más miedo y dudas tienen, es como si se juntara el hambre con las ganas de comer, es decir, sólo empeoramos todo. Así que si estás con tus retoños (aunque ya se vean casi casi como robles) y los quieres ayudar y sacar adelante, sé firme y amorosa(o) con los límites, no pienses que aflojando los ayudas más. No des permisos que no debes dar, no dejes de hablarles de las consecuencias de algunos actos, sé objetiva(o) (funciona mucho pensar qué hubieras hecho en ese caso si no estuvieras divorciada), porque nuestros hijos necesitan sentirse contenidos, y si no lo hacemos, no vamos a lograr que avancen.

Sobreprotección y compensación por culpabilidad

Ésta es otra situación que pasa mucho. A veces nos sentimos tan culpables con el "mi hijito ya sufrió mucho con todo lo que está viviendo" (léase: "gracias a mí"), que empezamos a comprarle la juguetería completa, le llevamos todo lo que podemos comprarle en la calle, hasta lo que venden en los semáforos, les compramos a los hermanos "el cachorro del divorcio" para que estén felices y se entretengan (el pobre perrito, un año después, termina a lado del hámster del divorcio, sin que nadie los cuide), queremos compensarlos y quitarles el dolor a regalazos. Por otro lado, empezamos a sobreprotegerlos por todo, que no haga esto, que no haga el otro, yo te llevo y te espero toooda la noche cuando quieras salir, yo no duermo haciendo tu presentación para que puedas descansar. Todo este tipo de actitudes hacen que el chavo pierda responsabilidades y sienta que TÚ estás y estuviste mal en tu decisión de separación, en lugar de hacerlo sentir que la decisión que tomaste es para que estén mejor todos. Si les compras mil cosas y cuidas hasta por donde caminan, el mensaje es muy claro: *Mi papá/ mamá hizo algo tan mal que tienen que compensarme.*

Con esos pensamientos bajas tu liderazgo, tu nivel de padre, la seguridad que debes emanar y tus hijos se vuelven a confundir. La misma recomendación: no hagas ni compres nada que no hubieras hecho antes.

En conclusión, si empiezas a actuar sin culpa, a ser justa(o) y objetiva(o) con lo que están haciendo tus hijos y aplicas los límites y consecuencias con amor, firmeza y respeto, la relación con tus hijos mejorará muchísimo, y lo más importante, ellos avanzarán para aceptar su nueva vida y se sentirán cada vez mejor.

Tip de experto: Una de las cosas que más ayuda a un adolescente a salir adelante es que nunca hables mal de tu expareja, **porque de esta manera no los metes en conflictos, no tienen que escoger quién es el bueno o el malo. Cuando no los pones en el ojo del huracán, lo agradecen y se sienten mucho mejor.**

Soy mamá/papá solter@, ¿cómo se maneja a un hijo adolescente? ¿Cómo pongo reglas cuando no hay papá/mamá?
Repite conmigo: "No estoy sola, no estoy solo, no estoy sola, no estoy solo." En México existen 4.5 millones de madres y padres solte-

ros, así que ponte a pensar que en este país hay más de 4 millones de personas que están pensando, viviendo, sintiendo y enfrentando las mismas cosas que tú en este preciso momento. Los números en Estados Unidos y América latina también son altísimos, así que hay muchísimas personas en el mismo barco (barco que puede llegar a navegar más rápido que muchos trasatlánticos pesadísimos).

Así que, ánimo

kit básico con momentos increíbles

Cuando vives sola(o) con tus hijos, no perdiste una familia, simplemente tu familia cambió de forma. Al igual que todas, necesita un líder, reglas, límites, costumbres, tradiciones, familiares, amigos incómodos, diversión, bromas clásicas de ustedes, en fin, necesita todo el kit básico con momentos increíbles y otros insufribles.

Si bien tener adolescentes sin ayuda de una pareja es complicado y hay que trabajar duro, también hay ventajas (aunque no lo creas); una de ellas es que no tendrás que luchar por el poder con nadie, lo que tú creas, lo que tú decidas, tus principios, valores y parámetros, serán los reyes de la casa (soné como tío Gamboín). Puede parecer no tan importante, pero al contrario, la mayoría de las razones por las que hay problemas en una familia tradicional es porque los papás no se ponen de acuerdo y los adolescentes lo aprovechan (ya sabes que lo que tienen de lindos lo tienen de guerrilleros). Pero no habrá eso, son tus reglas y punto, no hay que consultarlas ni ceder con nadie más (puedes pedir asesoría o consejos a alguna persona), pero la primera y la última palabra la tienes tú.

En el caso de que seas mamá y el papá esté ausente, surge como por obra de magia (o de la necesidad de la identificación) una figura paterna como un abuelo, tío, maestro, novio, etcétera. Son personas que tus hijos buscan, y si son de tu entera confianza, debes ¡¡aprovecharlos y apoyarlos!! Compártele tus reglas, pídele ayuda, coméntale los puntos que te preocupan y escucha sus puntos de vista, esto puede funcionar y te puede echar la mano más de lo que te imaginas.

En cuanto a los límites y las reglas, es lo mismo que si tuvieras uno o varios esposos (como en algunas tribus de África). Las reglas no cambian, debes poner tus límites y tus consecuencias (con la debida flexibilidad que hemos comentado), pero tienen que existir y debes aplicarlas en todo momento. Recuerda que las reglas en los adolescentes son como los límites de una cancha de tenis, si no están puestos, no se puede jugar. Y si en algún momento te sientes débil o no puedes controlar a tu adolescente porque se está convirtiendo en una cruza de Chucky con demonio de Tasmania, busca a una persona que te ayude.

Si tus hijos no encontraron una figura paterna cercana, busca a alguien que tenga experiencia en límites (puede ser un tío, un abuelo, inclusive un amigo adulto, etcétera) y pídele que te ayuden con las reglas. Busca a alguien que haya pasado por eso, que sea firme y tenga la suficiente cercanía para que te ayude con la educación de tus hijos (así de plano, hoy por ti, mañana por mi... adolescente). Debe ser alguien de mucha confianza porque quizá le tengas que pedir que te los cuide en la tarde mientras trabajas, pero que te ayude a tranquilizarlos. Esta persona aplicará reglas y si no se cumplen, tendrá que decirte para que se apliquen consecuencias donde tus adolescentes pierdan privilegios, cedan cosas con las que no puedan vivir (celular, internet, permisos, lo que sabes que les interesa).

> **Los expertos señalan que no intentes convertirte en mamá y papá al mismo tiempo. Si eres mujer, no puedes tratar de cumplir también el rol del papá. Afirman que más vale ser una buena mamá y no un papá chafa. El problema es que muchas mamás o papás por querer hacer los dos roles no hacen ninguno bien, y ahí sí estamos peor que cuando empezamos.**

A la mayoría de las mamás les preocupa mucho la ausencia del papá, pero esta ausencia se sustituye por la actitud de la presencia virtual de la madre, o sea, por todo lo que la mamá dice, cuenta, platica y le recuerda a su hijo, de su papá (o al revés, si es el caso). Esto es importantísimo (si calificáramos del 1 al 10, esto tendría 11). Aunque el papá no esté presente, la mamá lo traiga más atravesado que espina de pescado en garganta y haya ganado el Récord Guinness como peor esposo, recuerda que tú lo haces por la seguridad y la convicción de tus hijos. Cuéntale experiencias de su papá, recuerdos importantes, momentos que hayan vivido y no hables mal de él, prácticamente el papá va a existir gracias a ti. Sé y entiendo perfecto que quizá te cuesta mucho trabajo por las cosas que te hizo y que lo último, de lo último, de lo último que quieres, es hablar de él (y mucho menos bien), pero no pienses en eso, piensa en tus hijos. Si haces esto, sembrarás la base de confianza y firmeza de tu hijo, podrás ser una gran mamá (porque no estarás buscando cubrir el papel del papá) y al tener estas bases va a ser mucho más fácil que tu hijo siga las reglas, respete los límites y, al mismo tiempo, se sienta más completo.

No tengas miedo de estar sola o solo, al contrario, toma el timón (y hasta el pumba si es necesario) de tu familia, y a disfrutarla, porque tu energía, tu ánimo, tu vibra, tu esfuerzo y toooodo lo que tú le imprimas a esta familia es en lo que se va a convertir.

Tienes muchísimo tiempo y experiencias por delante, aprovéchalas, vívelas, gózalas y disfruta cada segundo, porque no todo mundo tiene la oportunidad de formar una familia y tú afortunadamente sí la tienes.

> **En México**
>
> **796 mil** hombres son papás solteros.
>
> **259 mil** son separados o divorciados.
>
> **42 mil** sufrieron alguna situación de abandono.
>
> **495 mil** son viudos.
>
> Fuente: INEGI y el Consejo Nacional de Población (CONAPO).

> **Los argentinos que no viven con sus hijos los ven:**
>
> **43%:** 1-3 días por semana.
>
> **17%:** 1 vez por semana.
>
> **17%:** más de 5 días a la semana.
>
> **23%:** cada 15 días.
>
> Fuente: Encuesta de Trabajando.com

> **Papá soltero**
>
> En Argentina, **66%** de los hombres divorciados vive con sus hijos, frente al **34%** que no.

Tengo que trabajar y casi nunca estoy en casa con mis hijos: ¿Qué hago?

Ésa es otra de las grandes preocupaciones de las mamás solteras. El principal problema con esta situación es la falta de tiempo con los hijos y un sentido de culpabilidad muy grande que sienten por salir de su casa. De por sí ya te sentías culpable con el dolor del divorcio que viven tus hijos y ahora esto. Lo primero que te puedo decir es que no te debes sentir así, estás trabajando por el bienestar de tus hijos. Si pudieras elegir quedarte todo el día con tus hijos lo harías, pero no es tu decisión. Ser madre es una responsabilidad con muchísimos sacrificios y éste es uno de ellos. Si tienes que trabajar y no te queda de otra, piensa que lo haces por ellos, para que no les falte nada. No te puedes quedar con ellos todo el día, si no tienen que comer o qué zapatos ponerse. Hay muchos padres que no cumplen sus responsabilidades económicas o les va peor que a ti y no aportan ni la sonrisa.

Quédate convencida de que estás haciendo bien y tienes que explicárselo a tus hijos. Diles que el tiempo que inviertes en tu trabajo es para mantener a la familia y las horas que pasas en el trabajo se las dedicas a ellos. Otra cosa que te puede ayudar mucho es estirar la situación lo más posible, ¿de verdad necesitas trabajar todo el tiempo?, ¿puedes trabajar medio tiempo?, ¿puedes conseguir un trabajo donde te paguen más por estar menos tiempo? Evalúa qué tanto te necesitan en tu trabajo y pide que te den más tiempo para estar con tus hijos. Muchos jefes y jefas son padres de familia también y saben lo difícil que es el trabajo en la casa; cuéntales tu situación, explícales lo difícil que la estás pasando, diles que podrías llegar a tener que buscar otro trabajo y te aseguro que muchos más de los que te imaginas te ayudarán con horarios un poco más flexibles.

Una vez que hagas esto, no dejes de estar en contacto con tus hijos en el día. Es muy importante que te sientan cerca, recuerda que muchas personas pueden hacer el trabajo en el que estás, pero nadie más que tú puede ser la mamá y educar a esa familia. Enseña a tus hijos a ser independientes (acuérdate de que son adolescentes, ya no son niños). Pide ayuda a algún familiar o vecino que se quede con ellos en la tarde. Y dos cosas más: cuando estés en la chamba concéntrate en eso, hazla bien y disfrútala, no trates de estar en dos lugares al mismo tiempo, eso te provoca un estrés terrible y no resuelve nada. Cuando llegues a tu casa dale tiempo de calidad a tus hijos, escoge tus discusiones, no llegues a pelear por todo. Tienes poco tiempo con ellos, así que aprovéchalos. Revísales lo básico y el resto del tiempo disfrútalos, juega con ellos, abrázalos y haz que los minutos juntos cuenten como horas (hay mamás que están todo el día con sus hijos y no lo hacen).

Lo más importante de todo: no te sientas culpable, al contrario, siéntete orgullosa de lo que estás haciendo por ellos.

¿Si se fue el papá, qué le debo decir a mi hij@?

Dos personas muy cercanas a mí fueron abandonadas por sus papás cuando eran chicos. Cuando teníamos 26 años, uno de ellos me dijo: "Quiero conocer a mi papá, necesito saber de dónde vengo, no me importa el trabajo que me cueste ni el tiempo que me tarde en encontrarlo." Lo encontramos al día siguiente (nunca subestimes lo que tus tías y el Facebook pueden hacer en conjunto).

Otra de ellas, después de una vida de no saber nada de su papá, recibió un ramo de rosas gigantesco y una carta con una letra preciosa escrita a mano que decía: "Perdón por no haber estado ahí, me gustaría invitarte a comer y empezar a recuperar el tiempo perdido." Mi amiga se quedó en shock. La última vez que lo vio tenía tres años y en este momento tenía 30. Tuvo sentimientos encontrados y después de un rato estaba sorprendidísima, no podía creer que lo iba a volver a ver: "Estoy un poco confundida, pero qué emoción, ve la carta, las rosas, me muero de ganas de verlo." Cuando regresó de ver al papá estaba enojadísima y (perdón por la palabra) pero estaba asqueada. Su papá no tenía nada que ver con lo que ella se había imaginado. Se la pasó hablando de sus conquistas y ligues, y su mamá fue una de ellas. Hasta le contó cómo y dónde la procrearon a ella, imagínate.

> Seguramente como mamá o papá (hay muchos casos donde son las madres las que abandonan) te preocupas muchísimo por lo que les vas a decir a tus hijos cuando pregunten esto, o lo que ya les dijiste cuando te lo preguntaron (hay chavos que lo preguntaron tanto que hasta les diste respuestas diferentes y ya no te acuerdas.)

Algunos papás se van cuando los niños están chicos, otros cuando creen que ya cumplieron (¿¿¿¿?????); algunos se van como la marea, poco a poco; otros son repentinos, llegas a la casa y ya no están, y algunos por mala suerte (de ellos) ni siquiera conocieron a su hijo.

> - La realidad es que hay mucha gente que vive esto, simplemente en México, según el INEGI, el **18% de las mujeres fueron abandonadas** por los padres de sus hijos y fue antes de que cumplieran los 35 años.
> - **2 de cada 10** mujeres viven en esta situación.

Por lo tanto es un problema común en nuestra sociedad.

Sobre este tema consulté al psicoterapeuta Antonio Figueroa y a la especialista Aurora Schmidt, quienes trabajan en este tipo de casos. ¿Qué se les debe decir a los hijos? Su respuesta fue: la verdad. Lo más honesto y lo que más ayuda a la larga es decir las cosas como son, o en este caso como fueron. La idea es decir el hecho, no las emociones, los reproches, las broncas, los detalles y los errores que hizo el otro.

Todas las cosas negativas que hizo tu ex lastiman más a tu hijo y lo dejarán marcado de por vida, ahórraselas. Ya te hicieron demasiado daño a ti como para que ahora le hagan daño a tu hijo también.

- Nos embarazamos muy chicos y a él le daba pavor la responsabilidad de tener un hijo. Yo decidí tenerte y él me dijo que tenía 17 años y no podía con esto. Nunca te conoció y, como sabes, tus abuelitos nos ayudaron. Creo que ahora tiene un hijo.
- Cuando cumpliste 4 años tu papá se fue, no dejó ninguna nota, ni volvió a llamar, sólo sé llevó todas sus cosas y nunca lo volví a ver.
- Tu papá se enamoró de alguien más, tuvimos muchos problemas por eso, pero al final decidió irse con la otra persona, estuvo pendiente de ti como tres años pero después dejó de llamar.
- Tu mamá era muy depresiva, tomaba muchas pastillas para estar tranquila, después empezó a tomar mucho y a usar drogas. No pude sacarla de ahí, no podía controlarlo. Un día dejó una nota diciendo que no podía estar a cargo de una familia y se fue.

Aunque en un principio esto suene fuerte es mucho mejor decir la verdad, porque en algún momento la van a buscar y de esta manera los golpes son menos fuertes.

Es muy mala idea decirles que no tienen padre o que no existe. Una de las frases que más me han impresionado me la dijo el doctor Federico Soto: "Duele más ser huérfano que ser hijo de un mal padre."

Es mejor decir "tu papá sí existe", lejano, desatento, ausente, pero existe, porque aunque no lo creas eso le da una mayor seguridad a tu hijo, que decirle por coraje o por "practicidad" que NO tiene.

En cuanto a volverse a reencontrar con el papá, la idea es: no promover ni tampoco poner obstáculos para que lo busquen. Si el chico quiere buscar a su papá, apóyalo y ayúdalo (sí, leíste bien) porque son sus raíces y su referencia de vida, es algo vital para él o ella.

El adolescente busca a su padre/madre porque lo necesita para identificarse con él. Acuérdate de que está en busca de quién es, necesita enfrentarse, pelearse con él, saber qué tan listo o poderoso es para probarse a sí mismo.

Tu hijo(a) tendrá que asumir el riesgo de la persona con la que se vaya a encontrar. Puede ser molesto, tener una mala actitud, inmadurez, ser decepcionante o encontrar lo que busca y tener una buena experiencia. Es mejor que se dé un golpe fuerte y que conozca la realidad, a que viva en una falsedad y fantasías que no son así.

Cada historia es diferente, así como muchos adolescentes no consiguen mejorar las relaciones con sus padres ausentes, muchos otros sí lo logran en mayor o menor medida.

Así que adelante, diles la verdad. Será mucho mejor para ellos y, sobre todo, no tengas miedo; el amor, cariño, tiempo, dedicación y entrega que le has dedicado no tiene competencia alguna.

2 de cada 10 mujeres son abandonadas por los padres de sus hijos.

¿Cómo le hago con los límites y las reglas?
El papá pone unos y yo otros, la casa del papá es Disney y la mía la de la bruja

- Cuando estoy con mi papá puedo llegar hasta las 3 de la mañana del antro y no le importa.
- Con mi mamá me puedo poner esa minifalda y no piensa que me veo encuerada.
- Mi papá me deja estar en internet el tiempo que quiera, él lo paga.

Éste es uno de los problemas más recurrentes que hay con los papás divorciados (creo que esta frase ya le he escrito varias veces en el libro).

Después de que el chavo pasa los momentos duros y tristes del divorcio, empieza a ver que todo este asunto del terror también tiene sus cositas buenas; lamentablemente, una de ellas es cruzar órdenes y aprovecharse del papá más débil.

El doctor Peter Favaro, especialista en divorcios con hijos adolescentes, menciona que hay tres puntos que los jóvenes (por el simple hecho de serlo) encuentran como ventaja en el divorcio:

- El adolescente quiere dividir y conquistar. Es muy fácil para él cruzar las órdenes, permisos y manejar la información. Muchas veces dirá "mi papá o mi mamá me dio permiso" cuando no es verdad, pero si la frase más larga que cruzan con los papás es "¿pagaste la colegiatura?", es muy difícil saberlo.
- Encuentra las debilidades de cada quien. Sabe quién es mejor para los permisos y quién para darle dinero y lo utiliza a su favor.
- Desobediencia reforzada. Cuando el chavo puede cancelar la regla de un padre con el permiso del otro, la desobediencia crece y siente que puede hacer lo que quiera.

No quiere decir que toooodos los adolescentes con padres divorciados tengan estas intenciones, pero sí que muchos lo hacen, ya que su cerebro químicamente busca que hagan cosas distintas a las que creen sus papás. Es como meter a un perro que se muere de hambre a la carnicería (sin carnicero obviamente).

El reconocido doctor Federico Soto, psicoterapeuta de adolescentes, propone que el asunto prioritario es tratar de fijar las reglas con tu ex. Esto es importantísimo. Sé que si te interesó esta pregunta, de seguro no tienes muy buena relación con él o ella.

Hay que hacer todo por intentarlo, ya que lo que hoy es un problema para ti (por más que seas el estricto), más adelante será un problema para el otro. Si todavía les queda un poco de paciencia para tratar al otro, por mínima que sea, utilízala para reunirte con él o ella y tocar este punto.

Después de arreglar el convenio monetario, las reglas de los hijos es el tema más importante.

Cítalo(a), lleva tus puntos a tratar escritos para no perderte en otras cosas, tu criterio abierto para ceder y esperar que también cedan contigo y, ojo: está prohibido tocar otro tema que no sea ese, porque si empiezan a reclamarse lo que pasó entre ustedes o se ponen a hablar de dineros, jamás van a llegar a un acuerdo.

Trata de no ser tan cuadrada(o), a veces las reglas pueden no ser las mismas, pero sí muy similares y no pasa nada. Dormirse en una casa a las 9:00 y en la otra a las 9:30 no es gran diferencia y si no están de acuerdo, 30 minutos pueden ser el final de la cita.

Tip de experto: Si las cosas están muy tensas entre tu expareja y tú, puede funcionar llevar una tercera persona neutral que les ayude a llegar a acuerdos.

Si después de tratar de conciliar no lo han logrado es muy importante poner atención a las siguientes situaciones.

En las parejas siempre hay un bueno y un malo para los adolescentes, esto tiene que ver con un firme y otro más relajado.

Si eres el firme (y yo creo que sí, porque lo más seguro es que el de la casa Disney no haya leído aún esta respuesta), no dejes de serlo pero hazlo de una manera amorosa y cariñosa (tienes que mostrar tu otra parte).

Si le llamaste la atención por algo o le aplicaste una consecuencia, cierra ese punto y abre uno nuevo. Dale un abrazo o una palmada en la espalda y dile: "Ok, este asunto (el del problema) ya se terminó, vamos a comer, vente." Sé que suena como que ni te va a pelar pero te vas a impresionar de cómo tu hijo poco a poco se va sintiendo mucho más cómodo contigo.

En realidad, el chavo anhela los límites y los necesita, porque es un volcán en erupción (de los que tienen magma y actividad peligrosa). Los límites lo hacen sentirse bien y seguro, para él son una referencia para saber que se puede mover de aquí - - - - - - - - - - - - - - - ▶ hasta aquí. Lo único que quiere es que cambies la forma de decírselo. Digamos que el regalo le gusta, pero la envoltura de papel periódico

no. Los que somos muy cuadrados (soy el primero en contarme dentro de ellos) pensamos que los límites tienen que ir acompañados de la seriedad y la rigidez, y no es así.

Si de plano no pudiste llegar a un acuerdo con tu ex y su casa sigue siendo Disneylandia, Six Flags o mínimo la feria de la esquina con los juegos de metal mal pintados, y la tuya la de la bruja(o), entonces habla con tu hijo y dile que el acuerdo es entre ustedes dos y que en esta casa se seguirán tus reglas. Es una pena que las cosas no se puedan arreglar, pero a veces no hay otra forma de hacerlo.

No le digas a tu hijo cosas como: "Que pena que a tu mamá/papá no le importen las reglas y mucho menos tu educación. A mí sí, así que cuando estés aquí te friegas y haces las cosas como yo digo."

Trata de entender que tu hijo tiene dos tipos diferentes de reglas y dos jefes completamente distintos. No es tan fácil (independientemente del provecho que saque), así que trata mejor de ser empática(o), ponerte en sus zapatos y decirle: "Te entiendo perfecto por estar confundido y hasta molesto por tener dos diferentes tipos de reglas, yo me sentiría igual. Allá es Disney, pero tú vives aquí. Allá son vacaciones y yo no estoy de acuerdo con esas reglas, pero no me voy a pelear por eso ni puedo hacer nada al respecto. Sólo te pido que respetes las reglas de tu casa. Mi compromiso contigo es cuidarte, educarte, protegerte y que todo esté bien para que madures y seas una persona feliz y normal."

Tu hijo lo entenderá mejor y empezará a respetar tus propias reglas y a dejar de compararlas con las de la otra casa. Al final, como decíamos, necesita seguridad y sentirse con límites. Puede ser que en un principio se sienta soñada(o) de lo que puede hacer en la otra casa, pero vas a ver que con el tiempo se va a sentir más seguro y mejor en la casa de la bruja.

Como mamá me llevo toda la friega y el papá se la pasa increíble con ellos, no me parece justo, ¿qué hago?

- "Mi papá nos llevó al cine y a comer a un restaurante increíble, ya regresamos a la realidad."
- "¡Ay mamá todo el día estás histérica!, toma pastillas o algo."
- "Esta casa es un infierno me quiero ir a vivir con mi papá."
- "¡Ay mamá, tu nunca tienes dinero!"

Si alguna de estas frases te suena o hasta te retumba en el cerebro, bienvenida al **CIMS** (Club Injusto de las Madres Solteras, este club tiene muchas más afiliadas que Avon, Fuller y cualquier venta de zapatos por catálogo juntas).

Si bien la historia y la situación de los papás cuando se salen de su casa es dura (ya lo platicaremos más adelante), lo que viven las mamás es de dimensiones jurásicas.

¡Sí, sí y sí! Después de una separación la posición de las mamás está en gran desventaja (y esto por decirlo de una manera que suene decente).

El esposo, concubino, marido o de plano mariado divorciado se convierte en una persona con mucho tiempo libre, sin ningún compromiso (sentimental generalmente), vive solo, llega y sale a la hora que quiere y tiene la posibilidad (natural, permitida y hasta *kosher*) de llevar a cualquier persona que quiera a su nuevo nido de soltería.

La situación económica varía mucho más. Si bien la gran mayoría están muy justos y hasta en problemas con la división del dinero y los dobles gastos que la separación requiere (de hecho, hay muchas parejas que no se separan por eso y hacen su divorcio con arresto domiciliario); hay otros que tienen una posición económica mucho más holgada y además de convertirse en un soltero se pueden dar sus lujitos (o lujotes).

Por otro lado, está la mamá que se queda con la maravillosa, anhelada y fantástica estructura familiar que es importantísima, pero también es prima hermana del cansancio, la rutina y la monotonía.

La mamá está pendiente de cada uno de sus hijos las 24 horas, checando tareas, horarios de llegada y salida, bajando calenturas, siendo chofer —o encaminando— a todos para la escuela, clases, fiestas, cines y todo lo que inventen esta semana; cocina, administra el dinero (hace una estrategia financiera que bien podría sacar de la deuda externa a cualquier país), hace el quehacer tooodos los días (o intenta lidiar con la gente que le ayuda con el servicio de la casa), lleva el mismo nivel de vida que tenía, pero con la cuarta parte del dinero, es juez y parte de miles (sí, miles) de peleas diarias de sus hijos, checa cuánto tiempo llevan en internet, da consejos sentimentales a cada uno de sus adolescentes, arregla la licuadora (o busca un eléctrico "de confianza" que no sea carero) y todo esto con los ojos de sus hijos (y hasta los de la vecina) puestos en ella para que a nadie se le ocurra rondarla románicamente y mucho menos se acerque a menos de 100 metros de distancia del inmueble familiar.

Y el viernes en la tarde llega el papá con camisa y zapatos nuevos para llevarse a los niños el fin de semana a Acapulco a relajarse un rato. Obviamente todo esto es muy duro para las mamás porque **prácticamente el hombre se convirtió en un soltero y ella en una señora con hijos.**

Hay papás que ayudan mucho y también se las ven negras con muchas situaciones y sentimientos, pero la realidad es que **la carga emocional para las mamás es muy fuerte.** Pero hay un premio gigantesco para ellas más adelante, un premio al que ningún premio gordo o (inclusive obeso) de la lotería se le compara: **ella tendrá la relación más firme y sólida con sus hijos** (ésta es la parte donde a los papás nos empieza a doler).

La madre es el núcleo donde gira todo. Es el punto de partida y llegada de todo lo que pasa en la familia. Les voy a decir algo que me impresionó cuando me lo compartieron los expertos:

La relación con la madre y los hijos es indivisible, sí (a menos que la mamá tenga un problema patológico, alguna enfermedad emocional muy fuerte). Los hijos estarán y jalarán con ella, pase lo que pase.

La relación con la madre es la relación más fuerte de todo ser humano (y si no lo crees, checa cómo se detiene el mundo el Día de la Madre y cómo todos preguntamos ¿qué domingo de este mes es el día del padre?).

Tarde o temprano el adolescente valora todo lo que ha hecho su mamá, al final sólo tú y él han estado presentes en cada segundo que le diste atención, lo ayudaste, lo educaste o hasta lo regañaste por su bien. Hay un momento en que se da cuenta de que lo que hizo mamá es más importante que nada.

Así que relájate. Sé que es muy difícil el momento que estás viviendo pero no hay regalo, horas sin dormir, viaje a Acapulco, tiempo libre o cansancio que valga la relación que estás formando con tus hijos.

P.D. Si eres papá, tranquilo, también hay una forma de mejorar muchísimo la relación con tus hijos, aunque no vivas con ellos. Te prometo que más adelante tendrás mucha información para los padres presentes y así convertirnos en la mejor versión de padres que podemos.

Tip de experto: No te asustes si tu hijo se pelea precisamente contigo todo el día. **Los adolescentes se pelean mucho más con el padre, con quien tiene el vínculo más sólido y seguro, porque si lo hacen con el padre cuyo vínculo es más débil, les da miedo perder la relación.**

Mi expareja cambió por completo, está muy enojada y no puedo comunicarme con ella, ¿cómo le hago?

Cuando empezamos el tema de divorcio comenté que la parte de los hijos era la más dura. Estoy seguro de que la comunicación y los problemas después del rompimiento son la parte más pesada (y lamentablemente también la más larga).

En esta situación todos llegamos al límite, la mayoría de las veces hay uno mucho pero mucho más enojado que el otro. Es normal pues se junta lo lastimado, furioso, despreciado, triste, sorprendido, ridiculizado, culpable (y todas las emociones negativas que te puedas imaginar) con los defectos de carácter, traumas y el ego que cada quien tiene. Imagínate (bueno, si estás leyendo esto, no te lo tienes que imaginar). Es una bomba atómica que nadie quisiera enfrentar, pero no hay de otra, tenemos que enfrentarla.

Con este libro pretendo ayudar a nuestros hijos. Que superen el tema de que su mamá y su papá estén peleando todo el día, estresados, irritables, a la defensiva y ya no puedan cargar ni con su propia alma. Todo esto les afecta muchísimo a los jóvenes (sin contar todo lo que te está causando a ti). Así que hay que agarrar el toro, la vaquilla, el chivo (o lo que tengas enfrente) por los cuernos y tratar de resolverlo.

Cuando la comunicación es muy difícil con la expareja hay varias estrategias que funcionan bien. Los doctores Foster Cline, J. Favaro y Jim Fay, especialistas en adolescentes, mencionan algunas muy importantes:

- Cuida mucho no ser agresiva(o) en el lenguaje verbal, prepara preguntas que no sean groseras, ofensivas o hirientes cuando vayan a hablar; cuida el lenguaje no verbal, cuida tu cara, gestos, forma de pararte y hasta cómo mueves tus manos y tus brazos. Parece algo muy sencillo, pero esto tensa muchísimo el momento y predispone al otro a atacar y ser mucho más agresivo.

- Intenta no engancharte, si ya sabes que la otra persona está muy enojada y lo que quiere es pelear, no hagas lo mismo. Sé que no es nada fácil pero si te saca un tema de la relación, no le des seguimiento y te pongas agresivo también. Trata de pasar a otro tema que necesiten tocar sin ser grosera(o) como el permiso para el viaje de tu hijo, el partido que será tal día, en fin.

- Cuando sientas que ya no puedas más y estés a punto de explotar piensa, respira y no te enganches. Acuérdate de que entre menos juego le des a la otra persona, más rápido saldrás de ahí.

- Evita las preguntas para que no te den respuestas agresivas. Las preguntas invitan a respuestas sarcásticas e hirientes (y más a un ex lastimado), por ejemplo:

Tú: ¿Cómo quieres que pague la gasolina de la semana, si no me has dado el dinero que quedaste?
Él: ¿Por qué no pensaste eso antes de enredarte con la otra persona con la que andas?, pídele a él.

- Si se están calentando los ánimos y ves que la discusión empieza a ser interminable, dale a tu ex la última palabra y no vuelvas a mencionar nada más.

- Nunca hagas las pregunta "¿qué esperas que haga?", eso es la carretera directa a que te reclame tooooodo lo que ha pasado para que estén en este punto.

- Si no te quiere contestar algo, dile que tienen hijos en común y que van a tener que mediar muchísimas cosas de aquí en adelante. Coméntale que alguna vez necesitarás su ayuda y algunas veces él/ella necesitará la tuya, esto ayuda mucho para que empiecen a cooperar.

- Si están en este nivel de enojo, trata de evitar a toda costa hablar frente a tus hijos, ellos estarán pendientes de cada palabra y cada tono con el que se hablen. Esas cosas no las olvidarán nunca.

Si de plano es imposible cruzar palabra en estos momentos (pasa muchas veces), es necesario acudir a lo escrito, puede ser una nota, san texteo o san *mail* pueden ser tus mejores aliados. Escribir en lugar de hablar tiene muchas ventajas, no tienes a la persona enfrente y eso te ayuda a no estar lidiando con la emoción (hay veces que sólo de sentir a la otra persona en el mismo cuarto se te eriza la piel hasta del dedo chiquito del pie).

También puedes pensar las respuestas y escoger las palabras que quieres utilizar, puedes no contestar en ese momento y dejar que más tarde sea tu cabeza y no tu estómago el que texteé, y puedes guardar estos escritos como pruebas de que pides las cosas adecuadamente así como las respuestas agresivas que estás recibiendo.

Si los mensajes por escrito no son breves, también se pueden convertir en la película *Pesadilla en el divorcio del infierno*. Manda mensajes cortos y puntuales, porque si no se arma la de nunca acabar y terminas enganchadísimo en tu celular, haciendo lo mismo que estabas haciendo frente a frente.

Los medios electrónicos son una gran herramienta para comunicarte con tu expareja en etapa de tensión. Si en el calor de las cosas pierdes la cordura y contestas una letanía, no te preocupes, a todos nos puede pasar. Con los mensajes escritos tienes la oportunidad de terminar el tema y cambiar a otro sin tener el reproche enfrente, aprovecha eso y cuida la salud mental de tus hijos.

Estamos en problemas legales muy serios y esto no avanza. ¿Qué debo hacer para mejorar las cosas?

Los problemas legales son un tema sin fin porque cada pareja, persona y relación tiene diferentes elementos, simplemente cada país tiene legislación distinta.

Muchísimas parejas llegan a este punto y las peleas, situaciones, armas, estrategias y decepciones pueden no tener medida (y en algunos casos ni escrúpulos).

Respecto a los adolescentes —lo que más nos interesa— es importante tratar de arreglar la situación lo más pronto posible por su tranquilidad emocional. Obviamente tus necesidades como mamá (salvaguardar el bienestar de tus hijos, tu seguridad, etcétera) o como papá (visitas, relación, etcétera) tienen que estar cubiertas en los acuerdos a los que lleguen.

Si por más que lo han intentado no pueden llegar a un acuerdo entre los dos, busquen apoyo externo. Muchas personas contratan a sus abogados para negociar (o pelear hasta los dientes), pero hay una opción antes que da muy buenos resultados: los mediadores. Los mediadores son abogados que intentan, como su nombre lo dice (me sentí maestro de escuela), mediar entre el papá y la mamá, su papel es ser neutral. Los mediadores crean un canal de comunicación para llegar a un acuerdo justo para ambos lados. Existen mediadores públicos y privados en todos los países. Si tu pareja (en este caso expareja, más que nunca) tampoco está de acuerdo en eso, tendrán que iniciar con su abogado cada quien.

El psicólogo Renato Quintero, especialista en este tipo de situaciones, agrega que la negociación entre los padres no debe extenderse más de lo necesario y no ser agresiva, porque esta parte del divorcio les deja a los chavos secuelas muy fuertes para el resto de sus vidas. Cada movimiento que vean con sus papás puede afectarles para su relación con ellos (te van a etiquetar conforme a lo que hagas en este momento); también violenta muy fuerte su seguridad, su desarrollo, su relación de pareja. Muchos no confían en las relaciones o deciden no tener hijos, lo que les trae muchos problemas con sus próximas parejas. Por eso es muy importante que haya un tercero que los ayude y traten de portarse de la manera más decente posible (si tu ex es el que sigue actuando mal, será a él al que lo verán así).

Es muy importante no meterlos en medio porque les generamos una angustia muy fuerte, todas esas cosas como:

- "Te voy a dar el dinero a ti mi hijita, porque tu mamá ya sabes cómo es y se lo va a gastar en ella."
- "Dile a tu mamá que si quiere gastar mucho pues que aprenda a hacer algo, que trabaje."
- "Mi novio se va a quedar a dormir hoy, no le digas a tu papá."

Son terribles, porque pones en una posición a tu hija(o) que no tiene por qué padecerla y le va a generar culpabilidad con ambos lados y traumas por el resto de su vida.

==Los problemas de los padres se arreglan entre los padres, los hijos ya están cargando mucho sin deberla ni temerla como para complicárselas más.==

Tuve la oportunidad de platicar con la licenciada Ana María Kudisch, maestra en derecho familiar y una de las personas con mayor experiencia en estos casos. Ella me comentó algunos puntos esenciales que funcionan para resolver la situación cuando no se ve solución por ningún lado.

Piensa a quién estás dañando. Muchas veces quieres dañar a la pareja y no te das cuenta de que estás lastimando a tus hijos. Ellos están escuchando todo, son adolescentes, casi adultos, saben quién está siendo injusto y quién no. Por más que trates de maquillarles la verdad, ellos la verán. Defiende tus necesidades justas y reales, pero una vez que las tengas, cede en lo demás. Llega un momento donde las peleas no son por el dinero, sino por el poder y por molestar al otro. Estás escribiendo tu imagen con tus hijos.

Si los dos papás piensan en lo que es mejor para sus hijos y no para ellos, las cosas funcionan. Hay mucha gente que pelea a muerte en un divorcio y sólo quiere sentir que tomó la última palabra, quiere sentir que controló todo. Si ya tienes lo que necesitas, no te aferres a los "extras", cede en eso, acepta y dale la última palabra. Es lo único que quieren, no estás dejándote pisar, estás dejando lo menos por lo más. Es mejor perder algo que no es esencial, a la seguridad completa de tus hijos.

Éstas son unas de las frases que más he escuchado a papás sobre el tema divorcio:

- "Tu mamá está loca."
- "A su papá no le importan, ya no quiere ni pagarles la escuela."
- "Les habla muy mal de mí a mis hijos."
- "No sé por qué mis hijos ni siquiera me hablaron el Día del Padre."
- "Me los está volteando."
- "Ojalá ustedes no sean como su padre."
- "Su mamá decidió irse con otro hombre, para que la vayan conociendo."
- "¿Eso fue lo que te dio tu papá? Dile que no aceptas limosnas."

Si estas frases te parecen fuertes, imagínate cómo le suenan a tu hijo o hija.

Hay muchos padres que hablan mal del otro cuando se separan. El enojo fuerte, la rabia del momento, la humillación que te hicieron pasar, la sorpresa de algo que no viste venir, la esperanza de regresar y que no te volteen ni a ver, la venganza, el querer quitárselos al otro y el famoso "te voy a dar donde más te duele", hacen que maltrates emocionalmente a tus hijos, pensando en lastimar al ex.

La doctora Julia Borbolla resalta los puntos importantes sobre toda esta situación. Enfatiza en que esto es contraproducente por el lado que lo veas; primero, porque les has enseñado a decir la verdad, por lo que cada vez que te escuchan exagerar, se dan cuenta de que estás mintiendo sobre algo. Eso es lo que más les duele y pierden la confianza en ti. Segundo, porque les digas lo que les digas en el fondo, dentro de sí mismos y aunque no te lo digan, lo van a defender, es su papá/mamá. ¿Qué esperarías que hagan ellos si alguien habla mal de ti? Y tercero, al hablar mal del otro padre, estás hablando mal de ellos, recuerda que son sus hijos, tienen su sangre, su carga genética y hasta su nariz chatita, y sienten que son la mitad de todos los insultos que estás diciendo.

La doctora afirma que nunca hay que hablar mal del otro padre aunque sea verdad, aun cuando haya habido problemas de infidelidad, alcoholismo, drogas o golpes, porque cuanto más los ataques, más lo van a proteger sus hijos.

Me contó la anécdota de una mamá que estuvo en terapia. La señora estaba engendrada en pantera (pantera divorciada por el juzgado de lo familiar, obviamente) y estaba ofendidísima porque el papá nunca quiso dar un peso para pagarle la carrera a la hija, y ¿por qué no?, la niña invitó al papá a su graduación, en la misma mesa donde estaba la mamá, los otros invitados, las botellas de alcohol (que también pagó la mamá) y el centro de mesa que después alguien se agenciaría para llevárselo a su casa. La mamá estaba más que ofendida. En un caso así, la hija suele pensar, "mi mamá es la fuerte, mi mamá ha salido siempre adelante, mi mamá no se quiebra y mi pobre papi es muy débil, pobrecito, lo voy a invitar; además quiero que esté papá en mi graduación."

¿Si entiendes? Es SU PAPÁ, pase lo que pase.

Por lo mismo, es recomendable que si el papá hace algo malo, lo expreses de manera sutil, no se trata de mentir pero sí de decir las cosas como te gustaría que te hablen de tus familiares (¿te acuerdas de la frase: "Tú puedes decir lo que sea de tu familia, pero que nadie se meta con ella"?, pues es algo así).

Si el papá hace unas cosas impresionantes en la borrachera y van dos eventos a los que no va a ver a tu hija, no digas: "Tu papá es un desobligado, borracho asqueroso que, por lo que veo, ni siquiera su hija le importa." Más bien, puedes decir: "Tu papá está enfermo, tiene un problema de alcohol muy fuerte y no lo puede controlar, ojalá que pronto se atienda."

Después de ese momento, y de ver a tu hija esperando, es probable que te salga espuma por la boca; pero si lo atacas, lastimas (aún más) a tu hija. Lo haces por coraje a él y la lastimas a ella. No importa lo que haya pasado en la relación, al final siempre hay una cosa buena que puedes decir: "Tu papá/mamá ha cometido varios errores, pero yo le tengo mucho cariño y agradecimiento porque gracias a él/ella te tuve a ti."

Muchas veces estamos tan enojados con la otra persona que a nuestros comentarios agregamos mucho enojo, furia, sarcasmo y hasta odio. Con el paso de los años los hijos se dan cuenta de que su papá/mamá no era tan malo como decías y, además, todo lo que dijiste se te regresa. Cuando maduran y empiezan su adultez, saben que mentiste y que los confundiste; se sienten muy decepcionados de ti. Sin embargo, si el otro papá fue de lo peor, cuando tus hijos sean adultos conocerán la verdad y te agradecerán haber cuidado su seguridad y la imagen que les diste de sus padres, aunque hayas tenido que tragarte todo y hacer un gran esfuerzo.

No vivo con mis hijos y mi expareja les habla mal de mí todo el tiempo, ¿le digo algo?

Aunque esto les puede pasar a ambos, por lo regular les sucede más a los papás, ya que las mamás suelen quedarse con los hijos y, si así lo deciden, tienen todo el día (la noche y hasta las vacaciones de verano y días festivos) para envenenar a sus hijos. Como dijimos, legalmente se conoce como alienación parental. Ana María Kudisch, maestra en derecho familiar, dice que es considerado como maltrato infantil y puede ser causa de pérdida de la guardia y custodia (cuidar, vivir y tener físicamente al hijo) a la persona que está envenenándolos. Si las cosas están muy fuertes, y puedes encargarte al 100 por ciento de tus hijos, puedes acudir a esta medida legal.

Esto es algo muy serio. He visto llorar a más papás de los que te imaginas y los he visto con el corazón destrozado, platicándome lo que sus ex esposas les dicen a los chavos y cómo viven y sienten que sus hijos se van alejando cada vez más de ellos.

Lo primero que les puedo decir es *tranquilos,* no crean que no hay nada más que hacer. Hay maneras de salir, por más duro y difícil que lo vean. Un gran número de expertos, asociaciones de padres alienados y expertos del DIF (en México) me comentaron lo siguiente:

No te enganches, no trates de contraatacar (harías lo mismo que el que te está calumniando). Con el tiempo, el padre atacado demostrará quién es.

Si tú eres un padre (o una madre) responsable, has cumplido con tus obligaciones y has estado pendiente de tus hijos, el tiempo te va a dar la razón.

 **Ojo, si has sido un mal padre, el tiempo también lo dejará muy claro y tus hijos lo sabrán a la perfección.** El tiempo da las respuestas y te pondrá en el lugar que te corresponde. Muchas veces los chavos al principio creen: "Mi mamá es buena en todo, nos adora y sólo le preocupa cuidarnos. Mi papá es el malo del cuento, nos alejamos de él porque nos ha hecho sufrir mucho." Y una vez que crecen y maduran, juntan todos los elementos y arman el rompecabezas:

- "Mi mamá ganaba lo de la papelería, ¿cómo me pagaba esa colegiatura?, claro, mi papá sí le daba dinero como siempre me dijo."
- "Mi papá nunca nos abandonó, fue mi mamá la que nos sacó de la casa y nos fuimos a vivir a Monterrey para que ella pudiera vivir con Jorge, que en esa época apenas era su novio."
- "Aunque mi mamá ganó un juicio para que mi papá no nos viera, él siempre me hablaba por teléfono y no me lo pasaban. Ahora entiendo por qué me decían que no era "nadie". Siempre encontró la manera de mandarme algo. Recuerdo los mensajes de texto que me escribía y que nunca le contesté."

A la larga, los hijos hacen el resumen. No te desesperes, no te des por vencido aunque tus hijos no te contesten, no te vean jamás o, incluso, lloren o corran si te encuentran en algún lado. Sé paciente, tolerante y tenaz, ten la certeza de que las cosas caen por su propio peso y si no dejas de estar presente por el medio que sea (o puedas), tus hijos lo van a saber más adelante.

¿Es muy doloroso? Sí, pero no falla. Si estás contra viento y marea, ellos lo sabrán y todo lo que habrás sufrido sumará a tu favor. Si tu expareja dijo cosas terribles de ti y les contó a tus hijos una historia falsa, cuando ellos se enteren, se le va a voltear todo, porque pensarán que su mamá no era tan confiable como creían, les mintió y les inyectó rencor contra su papá.

La persona que habla mal de otro tampoco sabe que todo se le regresará en un grado de desamor, distanciamiento y desconfianza de sus hijos, porque ¿cómo puedes confiar en alguien que te mintió sobre algo que necesitabas tanto? Si es tu caso, y has estado hablando mal de tu expareja, date vuelta en U y deja de hacerlo para que no lastimes a tus hijos y el día de mañana te vaya a salir esto mucho más caro de lo que te imaginaste.

La doctora Borbolla ha creado varias técnicas y plataformas, reconocidas y premiadas internacionalmente para relacionarse y conocer las emociones de los niños y adolescentes. Quiero compartirte una técnica que me pareció inteligentísima para hacerle ver a tu hijo(a) que estuviste ahí todo el tiempo, aunque no te haya visto.

Ella recomienda que si de plano no has tenido manera de ver a tus hijos o contactarlos, tomes un cuaderno grueso, recortes las fechas del periódico de ese día, las pegues en la hoja y escribas notas como:

- Hoy cumpliste 14 años. Me acordé muchísimo de cuando cumpliste 9 y fuimos de día de campo. Nunca olvidaré cómo sonreías y cómo disfrutaste ese día. Te amo con todo mi corazón y pienso en ti siempre. 14 de julio de 2015.

- Hoy vi la nueva película de *La guerra de las galaxias,* me acordé de que te gusta muchísimo, me imagino que también la viste. Mi parte favorita fue la de la batalla final, estoy seguro de que también te gustó. Te quiero y te extraño mucho. Tu papá, Raúl. 29 de enero de 2010.

- Sé que cuando estabas chiquita te encantaban los peinados de colitas. Hoy vi esta foto en una revista y me imagino que te gustaría mucho. La recorté y te la pongo aquí. Te amo, preciosa. 3 de marzo de 2016.

Cuando veas a tu hijo o hija, dale el cuaderno lleno de recuerdos y momentos donde pensaste en él o ella. En ese instante se dará cuenta de que a pesar de que no te dejaron acercarte, siempre estuviste ahí, que todo lo que él soñaba sobre la atención de su padre se hizo realidad; que siempre lo tuviste en tu corazón por más lejos que estuvieran.

Mi ex está tratando de comprar a mi hijo con dinero y regalos, ¿qué hago?

Estaba de vacaciones en diciembre y me encontré a Jorge, un amigo que quiero mucho pero que veo poco. Nos saludamos de pisa y corre, y ya cuando nos estábamos diciendo el típico "nos hablamos", se me ocurrió preguntarle cómo iba con su hijo. Él llevaba dos o tres años divorciado. En ese momento empezó a hablar y a decir todo lo que no había dicho antes, me contó que las cosas con la mamá no estaban nada bien y que había entrado en su juego, que ya no sabía qué hacer.

Luego de estar parados como veinte minutos en el pasillo de un minicentro comercial, donde todo mundo nos movía para pasar, él no paraba de hablar (ni yo de escuchar), así que le dije: "¿Tienes prisa? (era evidente que no), ¿porqué no nos echamos un café?", sin contestarme ya se estaba sentando en la terracita de un Starbucks.

Jorge me platicó que el nuevo esposo de su ex era millonario (así, de plano, no le iba bien, no era pudiente sino millonario). Me contó que su ex le empezó a comprar todo lo habido y por haber a su hijo, que cada vez que llegaba de la casa de la mamá traía un nuevo iPad, el nuevo videojuego "nosequé", la playera original del Barça autografiada por todo el equipo; ese tipo de cosas que impresionan a cualquier chavo y que asustan a cualquier papá. Mi amigo trató de competir y comprar cuanta cosa se le cruzaba, no por impresionar a la otra familia, sino por no perder a su hijo los fines de semana. Se enganchó en una guerra para cautivar el tiempo que pasaba con su hijo.

Una vez que todo empezó fue un hoyo sin fondo. La familia de la ex le empezó a comprar motos, le hicieron un cine en casa, le dieron un caballo, un coche de súper marca a los 17 años, megaviajes (que ya hubiera yo querido tener aunque fuera de luna de miel), en fin, ese tipo de cosas que sólo un millonario (enamorado) puede pagar a un hijastro. Y mi amigo, a los dos meses de competencia, ya no podía ni con su alma (ya había descalabrado al Centurión a más no poder).

Más allá del asunto del dinero y del daño que le estaban haciendo al chavo, me quedé impresionado con la forma en la que se sentía mi amigo. Él estaba devastado, tristísimo, nunca lo había visto así. No era el dinero, sentía que estaba perdiendo a su hijo. Lo escuché, platicamos media hora más y nos despedimos. Tiempo después volvimos a tratar el tema.

La doctora Susana Mondragón, psicoterapeuta y experta en parejas y adicciones, me platicó cosas muy interesantes al respecto. Comprar a los hijos (obviamente cada familia tiene diferentes niveles y proporciones) puede explicarse por varias razones:

Algunos padres quieren ganárselos y tenerlos de su lado; otros quieren demostrarle a la expareja quién tiene el control; algunos simplemente tienen más dinero que el otro y, en ciertos casos, el dinero se utiliza como venganza de lo que sucedió en la pareja (ahora sí que lo hacen para que veas de qué lado gasta la iguana).

Es una guerra muy sucia entre los papás que complica, frustra y lastima muy fuerte al papá de menos recursos. Con esto lo único que se le enseña a un hijo es que el valor de una relación está basado en lo material y no en el amor y los sentimientos de las personas. Eso lo puede afectar toda su vida.

La pregunta que de seguro te estas haciendo es: "¿En realidad se puede comprar a un chavo con dinero?"

Sí.

La adolescencia es una etapa donde los chavos son muy egoístas porque no saben quiénes son, es una época de dudas donde su ego es muy inseguro y necesita (a como dé lugar) un sentido de pertenencia, o sea, ser parte del grupo de amigos, demostrarse de alguna manera cuánto valen y tratar de que los demás los admiren y los acepten. Por desgracia, el dinero, los regalos y las cosas materiales les satisfacen estas necesidades.

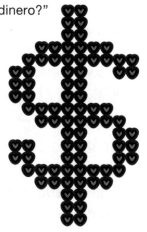

Los padres intentan competir de esta manera y el que sale lastimado —una vez más— es el hijo (y el corazón y la cartera del papá). Los chavos pueden ser manipuladores, mentirosos, egoístas, controlan a sus papás como quieren y tienen el riesgo de quedarse así de por vida.

> **Si bien los chavos se vuelcan sobre el papá o la mamá genio (porque les cumple todos sus deseos aunque ni siquiera froten la lámpara), resulta que en gran medida lo empiezan a medir por lo que les da y por lo que obtienen; o sea, el papá cree que manipula y al final es manipulado.**

Es normal que el chavo trate de estar más tiempo y de jalar el mayor tiempo posible con la Familia Ricón, pero si el padre no deja de estar pendiente y presente con su hijo (llamadas, mensajes para saber lo que está pasando en la vida de su hijo y ayudarlo), en algún momento el hijo empezará a buscarlo por su propio pie (o por lo menos por su propio celular).

Cuando el adolescente crece (19-20 años aproximadamente), las cosas cambian, ya no es tan fácil comprarlo porque ya no tiene la inseguridad, ni la necesidad de pertenecer y, la mayoría de las veces, se acerca al padre en cuestión (repito, es muy importante no haber soltado al hijo nunca).

Explicado de esta forma suena muy sencillo, pero el dolor y el miedo que esto puede causar en un padre es *fuertísimo*. Si tú eres una mamá o un papá que está viviendo esta situación, tranquila(o), sé que no está fácil, pero no lo tomes personal con tu hijo. No significa que ya no te quiera, sólo es el proceso mental y la búsqueda que está viviendo. No te hagas menos ante nadie y mucho menos por dinero, date tu lugar. Si trabajas por él, no lo perderás jamás. 👉

No te enojes, no ataques a tu ex o a tu propio hijo, no le reclames, porque con eso logras que se vaya del otro lado. Repítele y hazle saber a tu hijo los valores que tienes; por ejemplo, dile:

Yo no te puedo dar lo que NO tengo, pero SÍ lo que tengo. Conmigo nunca te va a faltar AMOR, CARIÑO, APOYO, aquí estaré INCONDICIONALMENTE para cuando me necesites (y cúmplelo *siempre*). 👍

Esto hará que tu hijo se de cuenta de todo lo que tiene contigo. No hay moneda de cambio mejor valuada que ésta, pero para que surta efecto hay que saber esperar.

En resumen, no sigas compitiendo, no tiene caso. Puede ser que tu ex sólo le dé dinero y tu hijo poco a poco se dé cuenta, también puede ser que no sólo le den dinero, sino también valores y atención. No importa cuál sea el caso, si no quitas el dedo del renglón (o más bien del corazón de tu hijo) jamás lo vas a perder.

Volví a ver a mi amigo Jorge muchas veces, pero no tocamos el tema. Hoy, seis años después de ese día, le llamé por teléfono y le hice la misma pregunta: "¿Cómo estás con tu hijo?" Me dijo que esa época y, en especial, ese momento había sido de los más dolorosos en toda su vida, que sólo de acordarse le dolía, pero que ahora todo estaba mucho mejor.

Me platicó que hubo un momento en el que tuvo que dejar de competir porque no podía más, y que aunque hubo meses donde el chavo inventaba pretextos para no verlo (porque el plan de la otra familia era impresionante), él esperó con mucho dolor, pero esperó. Las veces que se reunían, mi amigo le reprochaba y su hijo se volvía a alejar.

Jorge aprendió a no competir, a no reclamar, pero sobre todo a no dejar de estar conectado con su hijo. Cuenta que la vida le dio muchas lecciones y que todo encontró su lugar:

"Me volví su cuate, su aliado. Si se vestía o se peinaba bien o no, no me importaba. Aprendí a hablar de otras cosas con él. Hablamos de nuestra relación cuando era niño, de las cosas que hacíamos juntos y de las que ahora queríamos hacer. Dejó de justificar su forma de ser conmigo. Recuperamos las ganas de estar el uno con el otro. Sí, perdimos varios años de convivencia, pero ganamos otros a un grado que jamás me imaginé. Hoy precisamente lo vine a visitar a Canadá, él trabaja aquí. Es un chavo valioso, va a llegar muy lejos. Hace unos días hicimos un paseo en bicicleta y me llevó a una zona con una subida impresionante, yo ya no podía, cuando me di cuenta, iba como dos kilómetros adelante de mí. Me estaba muriendo y no podía más. En ese momento me acordé de una ocasión que lo llevé a un paseo en bici cuando era más chico y a la mitad del camino me dijo lo mismo, 'no puedo más,' le dije, 'claro que puedes, tú estás chavo y fuerte, yo ya estoy grande y todavía puedo, ¡vamos!'. Se puso a llorar y dejó la bici a medio camino. Hoy fue él quien me dijo: 'Vamos, sí puedes apenas vamos a medio camino.' Mi hijo se detuvo a esperarme y cuando llegué me pidió que nos tomáramos una foto, juntos ahí. Los dos hemos aprendido muchas cosas."

Segundas oportunidades con tu pareja, ¿cómo se manejan frente a los hijos?

Si eres de las personas que su corazón les grita: "¡Otra oportunidad! ¡Otra oportunidad!", entonces tienes que poner mucha atención y cuidado para hacerlo bien (independientemente de lo que pase).

Definitivamente, nadie se casa, se enamora, se junta, se _____ _____ (pon el estado civil o semicivil en el que te encuentres) para separarse.

El inicio de todo matrimonio es vivir juntos y hacer una familia, por lo que una segunda oportunidad después de haber tenido una separación es una opción para arreglar las cosas.

Cada pareja tiene un sinfín de elementos, situaciones y complicaciones por las que están en problemas. Para enfrentar una de estas situaciones, te recomiendo que veas un psicólogo, vayas a una terapia de pareja, visiten a un consejero, una organización o algún tercero con mucha experiencia en parejas y, en especial, con los conocimientos para escuchar, entender y dirigir tu situación personal. Para resolver los problemas de pareja es muy bueno contar con una tercera persona que conozca los comportamientos de las parejas y sea imparcial.

Vicky Lansky, quien ha trabajado el tema del divorcio por veinte años, menciona que lo más importante de las segundas oportunidades es no crear falsas esperanzas a los adolescentes.

Las relaciones humanas son tan complicadas (y si a eso le sumas los problemas de pareja) que las segundas oportunidades son inciertas; por lo que mientras estés intentándolo, de preferencia no le digas nada a tus hijos (ahora sí que el que no va a querer que lo cachen vas a ser tú). Cuando los hijos se enteran de una segunda oportunidad y ésta no funciona, su seguridad se vuelve a debilitar muchísimo.

La doctora Tari Tron, psicóloga especialista en terapia de parejas, afirma que lo ideal sería que los hijos se enteren hasta que el regreso del padre o de la madre a la casa sea definitivo. Pues, si las cosas no se concretan, los hijos no sufren horas extras.

Si vas a ir a comer con tu pareja (en trámite), lo mejor sería que fuera en un restaurante lejos de casa y que tus hijos no se enteren.

Si van a ver una película, una opción sería que cada quien tome su coche o su medio de transporte y se queden de ver en el cine. Es importante que no te pasen a recoger, ni a dejar a la casa donde viven los chavos.

sexo

El sexo… es todo un tema. Es muy común que cuando los papás andan coqueteándole al regreso (y a la mamá también), lleguen a la casa en la noche y como que no quiere la cosa se metan a SU cuarto (de toda la vida) y tengan una noche romántica con SU esposa, gocen de SUS sábanas, de SU almohada, y con todo lo que extrañan. Es muy fácil que sus hijos se den cuenta (acuérdate de que ya no son los bebés de año y medio que no se daban cuenta de naaada), de hecho, muchas veces los papás se quedan dormidos y al otro día en la mañana, cuando los ven sus hijos, se mueren de la emoción y su corazón se llena de esperanza más que nunca. El problema es que aún no sabemos si van a regresar o no, y los chavos ya lo dieron por un hecho.

La mejor idea sería ir al lugar donde viva el papá (si está viviendo en casa de sus papás, no lo intentes, la sorpresa sería más fuerte), o a otro lugar, un hotel/motel, por ejemplo.

Todo es por la seguridad de los hijos. La idea y el objetivo principal es no confundirlos. Ya viviste lo fuerte de explicarles la separación, ya los viste llorar y sufrir, ya te diste cuenta de todo lo que está afectando su vida, así que no se vale darles esperanzas otra vez, que crean que todo está arreglado y, al final, decirles "que siempre no".

Las segundas oportunidades se tienen que planear con mucho cuidado. Lo ideal es trabajarlas con asesoría, darles su tiempo y probarlas fuera de la casa. Si esto funciona —y están de acuerdo los dos— puede ser momento de regresar.

Cuando regresen díganles a sus hijos que "lo van a intentar", que están en una etapa de prueba pues hay muchos elementos que no dependen de ustedes.

Si después de esto las cosas no funcionan, díganles que ellos mismos vieron que lo intentaron, pero que las cosas siguen sin funcionar. En este caso, estarán tristes pero sabrán que hicieron su mejor esfuerzo. El problema es regresar antes de estar seguros o hacer estos simulacros de regreso varias veces, porque cada vez que las cosas no funcionan, retrocedemos, los lastimamos y damos no uno, ni dos, sino tres pasos hacia atrás.

Tip de experto: Si regresas con tu expareja, recuerda que es un re-matrimonio. No vas a regresar y sentirte como recién casado. **Ustedes ya tienen una historia, unos hijos y un camino recorrido con cosas buenas y otras no tanto.**

Me duele ver a la nueva pareja de mi ex

Imagínate nada más, estuviste con esta persona, se enamoraron, tenían una química increíble, compartieron muchos momentos juntos (disfrutaron los buenos y salieron de malos), morías por hablar o por estar con él o con ella, se amaron, se quisieron tanto que aceptaste hasta a su familia, hicieron un proyecto de vida juntos y, por si fuera poco, tuvieron hijos. ¿Cómo crees que no vas a sentir nada? *Obviamente* por más enojada(o) que estés, vas a sentir algo (y a veces mucho). El asunto es manejarlo de la mejor manera para que esta situación no le afecte a tus hijos y después tus emociones y sentimientos se los pases como inyección intravenosa a tus retoños, repepes, relauras, rejuanes, remarías, rebecas, etcétera, etcétera, etcétera.

Los expertos sobre este tema dicen que es completamente normal sentirte triste, remplazado, celoso, enojado, envidioso, solo, arrepentido, que lo ideal es dejarlo salir pero en la intimidad de tu almohada, o con una buena amiga o amigo. Comentarlo, platicarlo, sacarlo, vomitarlo y hasta llorarlo, pero que no lo perciban tus hijos.

Cuando vemos a nuestro ex con otra pareja, nos comparamos en muchísimos aspectos (desde la inteligencia y la posición económica hasta la lonja y la bubi operada), y esto le pega directamente a nuestro EGO. Nosotros no valemos por lo que otro tenga o nosotros dejemos de tener. Si una persona te deja y ya no quiere estar contigo, o supuestamente "te cambia", eso no reduce tu valor. No puedes medirte por lo que considere otra persona de ti; tú vales por lo que eres y eso va mucho más allá de cualquier diferencia intelectual, social o un par de piernas firmes. Si tu ex ya tiene una pareja y, supuestamente, te hace menos, tú sigues caminando, tú sigues adelante. No vas a medir quién eres por lo que otra persona haga.

Una recomendación: si eres tú el que ya tiene nueva pareja, no se lo restriegues en la cara al otro, ya sea para ayudarlo o para echarle una manita en este proceso. **Decírselo** es esencial, sobre todo hacerlo antes de que tus hijos lo sepan; si ya lo saben, habla de esto con tu ex antes de que se lo cuenten.

Lo mejor es que se lo comentes con mucho respeto un día que no estén tus hijos. Podrías decir algo tan sencillo como: "Antes de que nuestros hijos lo sepan o te lo digan, te platico que ya estoy saliendo con alguien, quería decírtelo personalmente."

Tu ex puede reaccionar de muchas maneras, puede ser igual de amable que tu comunicado, puede decirte que le da lo mismo, que hagas con tu vida un papalote, o hasta puede quererte sacar de la casa (cada persona y situación es distinta), pero lo importante es que salga directamente de tu boca, que no sean tus hijos o tus amigas los que se lo dijeron. Aunque en el momento la noticia le caiga como dos baldes de agua helada (ni siquiera fría), la cosa se tranquiliza más rápido porque no hay sospechas en medio. Ya le dijiste la verdad. Lo más importante es que cuando tus hijos le cuenten, ella o él ya no se sorprenderá ni reaccionará con unas emociones tamaño mamut. Dirán simplemente "ya lo sabía, tu papá me lo comentó, pero muchas gracias por platicarme". De esta manera tus hijos no cargarán con ver a su mamá alteradísima (diciendo que no pasa nada, pero aventando todas las puertas y lo que se encuentre a veinte metros a la redonda). Cuando tus hijos te ven alterada(o) por una noticia de éstas, les contagias ese odio, rencor o enojo, y lo único que logras es lastimarlos más y hacer una yaga extra en todo este proceso. Es como volver a abrir o echarle limón a una herida que apenas estaba cicatrizando.

Así que una vez más ¡hazlo por tus hijos! y por el bien de una relación. Aunque tengas el divorcio firmado y hasta notariado, la relación con tu ex es una relación que tendrás de por vida, sí, de por vida (graduaciones, bodas, nietos, etcétera); así que es mucho mejor llevarla lo mejor posible desde el principio.

La novia de mi papá, el novio de mi mamá, ¿cómo afecta a los hijos?

"La novia de mi papá" y "el novio de mi mamá" suena como título de película familiar, algo así como *Más barato por docena*, *Juego de gemelas* o *Los míos, los tuyos y los nuestros*, la realidad es que este asunto está muy pero muy lejos de la ficción, y muy pero muy cerca de las complicaciones.

Si bien hay muchísimas posibilidades de que tus hijos acepten y hasta quieran a tu nueva pareja, al principio puede ser más aterrador de lo que te imaginas.

Elizabeth Marquardt, autora de *Between Two Worlds,* dice que una de las principales razones por lo que a tus hijos les cuesta tanto trabajo aceptar la idea de que tengas novio o novia es porque lo ven como alguien que se interpone para rehacer la familia (acuérdate de que siempre tienen esa ilusión y mucho más al principio de la separación). Por eso tratan de boicotear la nueva relación.

También sienten celos de la nueva pareja, no quieren repartir el amor de su papá o de su mamá. No les preocupa que los dejen de querer, pero sí que el amor se divida y que el tiempo que tenían con su papá o mamá sea poco.

Una de las razones más fuertes es que descubren que sus papás son sexuados, o sea, tienen relaciones sexuales y las van a tener con esa persona nueva y completamente desagradable para ellos. Antes sabían que eran sexuados, pero no lo pensaban, ahora con el cambio de juego, no pueden dejar de pensarlo. No quieren imaginarse a su mamá o a su papá ligando, porque a la edad que tienen ya saben lo que es salir, coquetear y terminar "dándose" con alguien. Piensan, por ejemplo: "La que debería de estar ligando soy yo, ¡no mi mamá!"

Les molesta mucho ver a sus papás en un rol que no están acostumbrados:

- **Primer acto:** un señor desconocido y con bigote amenazador invita a su mamá a cenar.
- **Segundo acto:** el señor le lleva un ramo de rosas.
- **Tercer acto:** el señor la toma de la mano y la lleva a su coche.

Los chavos ya saben cómo termina la obra, y lo último que quieren es aplaudir, más bien se quieren salir antes del intermedio. Esta situación los conflictúa muchísimo, no les gusta el nuevo tipo de persona en la que se está convirtiendo su mamá o su papá. Cuando ven que uno de ellos empieza a ligar, se hacen partidarios del otro papá y se convierten en jueces y observadores de toooodo lo que pasa.

Ésos son los sentimientos iniciales. Pero si tú y tu nueva pareja saben cómo manejar este tipo de situaciones, qué miedos tienen tus hijos, cómo darles confianza y seguridad y, en especial, cómo respetarlos, las cosas pueden cambiar mucho a tu favor. En las siguientes respuestas hay mucha información para que lo que empieza en una historia de terror, termine en una historia con sus altas —y algunas bajas—, pero mucho más feliz.

Tip de experto: Muchas veces los adolescentes son los que espían los celulares de los papás y descubren sus conversaciones románticas antes que nadie. Generalmente se quedan callados por temor a ser los culpables del dolor que se generará y mantener esta información en silencio los lastima muchísimo.

75% de las personas que se divorcian se vuelven a casar o a tener una relación seria. Sin embargo, aproximadamente **66%** de las parejas de segunda unión, que tienen hijos del primer matrimonio, se separan.

¿Cuándo y cómo debo presentar a mi nueva pareja?

Pocas veces en la vida necesitas más aprobación, amor y cariño que cuando estás divorciada(o). Sentirte sola o solo, con la autoestima en el piso, poco amada o valorado, triste, desaprovechada, rechazado y vulnerable, hace que tus ganas de que alguien te apapache, te consienta y hasta te vuelva a dar de comer en la boca, sean tu deseo más grande en la vida.

Necesitas (o más bien te urge en ambulancia) alguien que te quiera para echarle un poco de agua al desierto que dejó tu ex; algunos lo hacen para enseñarle a él/ella (y de paso a todo mundo) qué tan fácil te consigues a otra persona.

Es muy común que pase esto. Estás buscando la atención que tanto querías y que, por supuesto, no tuviste con tu pareja. Pero debes tener mucho cuidado porque en la búsqueda del "nuevo" ser amado puedes lastimar a tus hijos.

¡Claro que también se trata de ti! Por supuesto que lo mereces y debes buscar el oasis en el desierto (con alacranes acechándote y todo), pero debes de hacerlo con mucho cuidado, en especial para no presentarle a cualquier persona a tus hijos.

La vida del ligue y las citas es muy incierta y poco constante, tiene altas y bajas (lo que pasa es que ya no te acordabas).

El doctor Michael D. Thomas y la experta Ana Tempelsman, dicen que no debes presentar a alguien a tus hijos sin estar segura(o) de que es algo SERIO, porque ellos también pasaron por un rompimiento que les generó una gran inseguridad y no les caería nada bien que una vez más termines o dejes de salir con alguien que ya conocen y con quien se empezaron a sentir bien. Sería volver a sufrir, volver a sentir que pierden el piso y lastimar su seguridad. Este tipo de situaciones pueden dañarlos de por vida. Recuerda que una de nuestras responsabilidades como padres es cuidar a nuestros hijos física y emocionalmente.

Si ya tienes una persona que te hace piojito (¡¡¡y qué piojito!!!), has estado un tiempo con ella para conocerla y consideras que es algo serio, es momento de presentarla(o). Lo ideal sería que antes de presentarla(o) a tus hijos, se lo comentes a tu ex. No es pedir su anuencia, simplemente es para saber en qué situación están tus hijos, tratar de ser cooperativo y respetuoso. Te aseguro que esto te ahorrará muchos problemas en el futuro.

Ahora viene la noticia que no quieres escuchar, pero te prometo que es lo más sano, tanto para tus hijos como para tu nueva relación. Todos los expertos que consulté para el tema del divorcio (y vaya que fueron muchos, y te aseguro que los mejores) coincidieron en que para volver a tener pareja y presentarla a tus hijos, debes dejar pasar de ocho meses a un año y medio aproximadamente, contados del día que te separaste al día que les presentes a la nueva y angelical pareja.

¡Zas! Obviamente no es una receta de cocina, los tiempos varían según cada adolescente, pero esto es en general. Sé que si ya estás enamorada(o), se te hace una eternidad, pero te prometo que de esta manera aseguras que tus hijos están preparados para esta noticia y, en especial, que este tiempo hará que tus hijos acepten a tu nueva pareja mucho más fácil, porque si no les das el tiempo necesario para digerirlo, será más difícil de lo normal.

Durante este tiempo existen tres etapas que debes pasar con tus hijos para hacerlo de la mejor manera posible:

1 Dejar tiempo suficiente para que tus hijos digieran la pérdida y ubiquen la separación de sus padres (cuatro a seis meses).

2 Tiempo y dedicación para que tus hijos asimilen que los proyectos de vida de su mamá y de su papá están separados ahora. Es necesario que se los comentes y, poco a poco, lo entiendan.

3 Prepararlos paulatinamente para que sepan que el día de mañana (o más bien pasado mañana) intentarás rehacer tu vida.

¿Ves por qué no puede ser tan rápido? Si te separaste hace un tiempo, quizá ya pasaron la primera etapa tus hijos, sólo es importante que vayas trabajando en las demás.

Es muy buena idea hablar de tu nueva "amiga" o "amigo" para preparar el terreno. Los adolescentes son muy inteligentes y desde ese momento, consciente o inconscientemente, se irán preparando. Es mejor recibir las noticias difíciles poco a poco y no de sopetón, como decía mi abuelita (que, por cierto, también se divorció y nunca supe cómo se lo dijo a mi mamá).

Una vez que has hablado de la persona y haya pasado el tiempo, dile a tus hijos que has conocido más a ese(a) amigo(a) tuyo, que es alguien que te interesa y que te gustaría presentárselos. Pregúntales si están de acuerdo, ¡¡Tranquila(o)!!, no es que les estés pidiendo permiso para andar con la persona, pero es muuuuuy importante pedirles el consentimiento para presentárselos. Es la manera de darles su lugar, entender sus sentimientos, hacerlos sentir importantes en este momento tan difícil y empezar con el pie derecho esta nueva experiencia.

Seguramente te dirán cosas como:

- "¿Qué? ¿Te vas a casar?" (por lo general será su primer miedo)
- "No, tranquilo, sólo estoy saliendo con esta persona que es importante para mí. Recuerda que nadie es más importante que tú, tu cariño y el mío son de padre/madre a hijo. Ese es el amor más grande que puede haber, pero hay otro tipo de cariño, cómo tú sabes perfectamente, el de pareja, que me hace falta como persona. Por eso me he dado el tiempo de buscar a alguien y me gustaría mucho que me dieras la oportunidad de presentártela/o.

Puede ser que acceda (lo has preparado para este momento) o puede ser que te diga que no quiere y haga una cara del tamaño de la pared. Dale tiempo, no le insistas. En este momento fue un *shock* para él/ella/ellos, pero después de unos días lo pensará, reflexionará que es obvio que este momento iba a llegar, sabrá que es importante para ti y te agradecerá que le hayas preguntado tranquilamente y lo hayas tomado en cuenta. Posiblemente, días después acceda y él mismo te lo diga. Si no sucede así, dale un tiempo y vuelve a tocar el tema. Estará mucho más tranquilo y podrán acordar algo.

Una vez que llegue la hora cero, la tercera llamada, o sea, la temida presentación (ese momento donde te tiemblan las piernitas, cual temblor en la Ciudad de México), es muy importante que organices un encuentro sencillo y casual, una ida a comer y al cine; comprar unos cafés y caminar en un parque o en una calle bonita; un desayuno y dar una vuelta por unas tiendas; algo que sea sencillo y que te dé un momento para conocerse un poco, y otro momento con actividad para liberar la tensión y tener un tema de plática alterno y súper simple.

No se te ocurra hacer una cena formal, donde quieras vestir a tus hijos casi casi de traje y de vestido de coctel y tu nueva pareja los interrogue cual judicial con tehuacán. Parece mentira pero estos momentos se les quedan marcados para toda la vida. El doctor Federico Soto me compartió algo que me encantó y se me quedó muy grabado:

"Momentos como éste y momentos muy difíciles en la vida con tus adolescentes son como los revelados de fotos; los recuerdos son las imágenes, pero el fijador de revelado (lo que se queda toda la vida en el corazón y en la mente de tus hijos) son las cargas emocionales que pongas al momento."

Por ejemplo, si el día que el papá se cambia de casa hay gritos de los papás, lágrimas, golpes, y la mamá se pone enfrente del coche para que no avance, esto es el fijador, es algo que tu hijo(a) jamás olvidará y le dolerá en el alma cada vez que se acuerde o tenga alguna referencia de esto (los psicólogos y terapeutas te ayudan a borrar esos momentos). Pero si el día que su papá se va de la casa, ambos padres están lo más tranquilos posible y la salida es prudente y sin aspavientos (ya el momento en sí es duro por sí mismo), tu hijo llorará ese día o se encerrará en su cuarto, pero lo superará con el tiempo.

Así que esta cita donde presentes a tu hijo(a) con tu nueva pareja trata de hacerla normal, tranquila y llevadera. De esta manera tienes mejores cimientos para que funcione la nueva relación y proteges las emociones de tus adolescentes.

Otra cosa que ayuda mucho en la presentación de tu nueva pareja es que no se la vendas a tus hijos, quiero decir que no les digas que es maravilloso, encantador, súper buena gente o hasta chistosísimo. Lo que más aprecian los adolescentes es la autenticidad y huelen cual perros antidrogas de aeropuerto cuando alguien está siendo falso.

La nueva pareja debe ser como es y punto. Debe ser auténtica y no tratar de mostrar u ocultar un ángel que le sobra o que no tiene. No debe convertirse en la nueva hada madrina de los niños y repartir regalos como si fueran despensas en épocas electorales. Recuerda que no son niños que se pueden comprar con un juego Play-Doh con seis colores, son adolescentes y la única forma de ganártelos es siendo auténtico(a).

La nueva novia se los va a ganar más siendo sobria y seca como es, que con actuaciones.

Demuéstrales a tus hijos que tu relación es buena, respetuosa con ellos y que los incluye; ésa es tu mejor arma.

El doctor Vicente Medrano, especialista en parejas, sugiere que no debes presionar a tus hijos para que acepten a la nueva pareja. Aunque tú ya hayas superado el luto de la separación, no significa que él o ella ya lo haya hecho.

Es necesario darles tiempo, espacio y el apoyo que necesitan. Piensa que ellos todavía tienen una mezcla durísima de sentimientos, curiosidad, emociones, resentimientos, tristezas y mucha incertidumbre con su futuro, así que lo mínimo que puedes hacer es darles tiempo para que vayan saliendo de todo esto. Tu nueva pareja y tú tendrán que tener mucha paciencia para que ellos poco a poco acepten (y hasta disfruten) la nueva relación.

¿Y si la persona que van a conocer fue la causa del divorcio y ellos lo saben?

Los expertos dicen que es importante seguir el mismo proceso que platicamos anteriormente, pero mucho más despacio para que las cosas se vayan atenuando y el mensaje central sea: "El amor entre tu mamá y yo se acabó desde hace mucho tiempo, ya no coincidíamos, aunque seguíamos juntos ya no éramos pareja. Sí, efectivamente, empecé a salir con esta persona y fue porque la relación que tenía se acabó hace mucho. Sin embargo, estuvo mal haberlo hecho de esa manera, me equivoqué. La causante del divorcio no fue esta persona, fue que la relación entre tu mamá y yo ya no funcionaba."

Acepta tu error y asume la responsabilidad (lo que viene siendo apechugar). Tu hijo puede seguir muy enojado, pero si le hablas con amor y autenticidad, tarde o temprano lo va a entender y las cosas tomarán un nuevo rumbo, pero eso sí, por obvias razones tendrás que tener más paciencia de lo normal.

Tip de experto: Una de las cosas que más le preocupa a tus hijos respecto a la nueva pareja es que esta relación les quite el tiempo que compartían juntos. **Así que no hagas todo con tu nueva pareja, sigue dándole a tus hijos espacios y momentos que sean exclusivos de ellos.**

Mi hijo(a) no se lleva nada bien con mi nueva pareja

Como platicamos en la sección anterior, el tiempo y la confianza que les dé esta nueva relación es muy importante para que los adolescentes se vayan acostumbrando poco a poco a la nueva vida y pareja. Ellos ven a esta persona como su nueva madrastra o padrastro, sí, suena como la Cenicienta —y exactamente así les suena a ellos también—, no saben qué esperar y están a la defensiva.

Aunque sensibilizaste correctamente a tus hijos sobre la nueva pareja, sentirán desconfianza, recelo y pondrán a prueba a tu pareja, hasta convencerse de que puede ser una buena opción. Si, por otro lado, nunca hablaste con ellos y se los presentaste así como "ésta es mi nueva pareja y punto", lo más seguro es que tus hijos la rechacen inmediata y brutalmente.

En ambos casos, el tiempo (a veces más del que te imaginas) y el trato que tú y la nueva pareja le den serán lo necesario para que acepten esta nueva relación. Ahora bien, ¿te acuerdas que a lo largo de este capítulo te he comentado que es muy importante decirle a tu ex que ya tienes pareja, comentarle que le vas a presentar a tus hijos y varios etcéteras? Pues aquí te va una de las razones principales del por qué te decía esto:

Si tu ex no se ha sentido involucrada(o) en esta situación en lo más mínimo, es muy posible que con ese sexto y hasta séptimo sentido que todo padre dolido tiene, intente (y logre) voltearte a tus hijos, hacerlos sentir que le deben lealtad y provocar que se le vayan a la yugular a tu nuevo e inocente corderito (digo, pareja), por lo que va a ser más difícil que se los gane y mejore la relación.

Si tuviste la oportunidad de involucrar a tu ex desde el principio, llevas ventaja, si no, intenta hacerlo desde ahora con nuevas opciones, por ejemplo, puedes decirle algo como: "Oye Rodrigo (tu ex), Fernando (tu pareja) quiere invitar a los chavos este fin de semana a Acapulco, regresaríamos el lunes, ¿te parece bien?"

Si nunca lo habías hecho antes, tu exesposo va a decir, "¿qué mosca le picó?", pero lograrás hacerlo sentir tomado en cuenta y aunque él no pueda decidir si van o no, empezará a cambiar su actitud.

La mayoría de las mamás y los papás tienen miedo cuando el otro tiene pareja (especialmente si ellos todavía no salen con nadie); piensan cosas como:

- Tengo miedo de que esa persona ocupe mi lugar.
- Tengo miedo de que mi ex se case, tenga hijos y les deje de dar lo necesario a los míos.
- Tengo miedo de que el novio de mi ex tenga más dinero que yo y les dé lo que yo nunca pude.
- Tengo miedo de que la nueva esposa sea mejor que yo y mis hijos se den cuenta.

Una buena forma de eliminar estos miedos es decirle a tu ex algo como: "Estoy saliendo con esta nueva persona pero en ningún momento intenta, ni puede, competir contigo. Tú eres la mamá de nuestros hijos y quiero que sepas que siempre te daré el lugar que tienes y a nuestros hijos les quedará claro." Debes cumplirlo *obviamente*. Este tipo de comentarios hace que tu ex se sienta mejor y ayuda a que deje de tener miedo e íntente voltearte a tus hijos. No todas las relaciones están en buenos términos y, a veces, hay una guerra campal.

En estos casos habrá que bajarle por ambos lados y el tiempo (de verdad, muy largo en este tipo de situaciones) será lo que señale el nivel a las cosas.

¿Qué derechos y obligaciones tengo con los hijos de mi pareja? ¿Cómo me comporto? ¿Hasta dónde? ¿Qué tanto les puedo llamar la atención?

Todo empieza con: "Si quieres enamorarte de mí te advierto que venimos en paquete." A lo que contestamos a la primera de cambio: "¡Clarooooo, lo sé!, tus hijos son mis hijos, tu familia es mi familia, mi casa es tu casa (ah, bueno, ahí ya no tanto)." Y lo que se oye fantástico en la teoría, en la práctica es como estudiar una maestría de neurología.

La realidad es que la convivencia con tus nuevos hijastros, hijos de tu pareja, hijos putativos (no te asustes, no es mala vibra ni grosería), o como quieras llamarlos, es una de las cosas más complicadas que enfrenta la nueva pareja. Porque se juntan muchos elementos, dos educaciones distintas, el amor del padre o la madre a sus hijos (que obviamente tú no te lo puedes sacar de la manga), tus ganas de estar con el papá/la mamá a solas, el recelo de los hijos por no tener a su familia original, tu tolerancia, el carácter de cada uno de ellos y, para acabar de condimentar el plato, la adolescencia de los hijos.

Aunque son muchos elementos externos (que a veces los sientes más internos que tu propio hígado), por su puesto puedes salir victorioso y terminar adorando a los chavos y ellos a ti, y ¡sí!, formando una nueva familia. Pero este proceso tendrá que contar con todas, pero todas tus ganas, mucha cooperación de tu pareja, hacer un plan muy claro de reglas y límites (como el que explico ampliamente en mi libro *¡Renuncio! Tengo un hijo adolescente, ¡y no sé qué hacer!*, ganarte poco a poco a los hijos con base en tu interés por ellos, tu tiempo y tu autenticidad, el lugar que te dé tu pareja y, sobre todo, mucha paciencia.

Es común que queramos tener una NFP (Nueva Familia Paralela) rápido y que funcione bien. Intentamos crear lo que alguna vez tuvimos en nuestro primer matrimonio (si es que lo tuvimos), pero se nos olvida que esa familia "funcional" o "medio funcional" en la que vivíamos todos los días se hizo y se creó con muchísimo tiempo de trabajo (desde el anillo de compromiso hasta la graduación de secundaria de los chavos), y esta nueva relación se hizo en *fa,* o sea, rapidísimo, casi casi de un día para otro (o bueno, de unos meses para acá). Es por eso que no es igual y tendrán que trabajar duro.

Una vez puestas las bases, vienen las instrucciones. Al platicar sobre este tema con más de diez expertos en divorcio y familia, todos coincidieron con puntos que, estoy seguro, te pueden ayudar mucho.

Si las cosas van más en serio, te presentaron a los hijos y están buscando hacer una NFP, lo primerísimo y súper importante es decir: "las cosas como son" a los nuevos integrantes de tu vida:

- Yo no quiero ser su papá, ni vengo a intentar ser su mamá. Sus papás tienen un lugar muy importante que jamás perderán, yo quiero que intentemos ser buenos amigos.

- Yo no soy muy_____(escribe la característica que te falta o que te sobra), pero eso no significa que esté enojada, simplemente es mi forma de ser.

De esta manera empezarás a ganar su confianza y dejarán de pensar que buscas un lugar que no te quieren, ni deben, dar. La peor estrategia es decir: "Yo soy tu nuevo papá o tu nueva mamá (o tratar de actuar como tal)."

Pon mucha atención para no convertirte en la tradicional maestra(o), institutriz, o niñera (por más que te parezcas a Mary Poppins o a la Novicia Rebelde), el nombre ya lo tienes, así que quítate esa etiqueta.

Una vez que ya viven juntos, o por lo menos los fines de semana (que los hijos se quedan donde vives con tu pareja), es necesario establecer unas reglas de la casa. Estas reglas serán tu base, tu Biblia, tu Torá, tus 10 (o hasta 15 mandamientos), el Popol Vuh, en fin, tu estructura principal para tener un orden, porque si no tienes esta base, no tendrás ninguna referencia que te ayude.

Novia o esposa que vive en casa del papá de los adolescentes

En este caso, eres la señora de la casa, así de plano, con todos los derechos y las obligaciones que esto conlleva. Debes hacer valer las reglas de la casa del "papá".

- En esta casa desayunamos todos juntos.
- Cada quien recoge su plato.
- Se apagan las computadoras a las 9 p.m.
- No te puedes llevar el coche si no lo pides prestado, en fin.

"Yo soy la señora de la casa y tengo que cuidar (de la manera más amable posible) las reglas y lo que sucede."

Ahora, ojo, estamos hablando sólo de las reglas de la casa, porque la disciplina y la educación de los hijos SÓLO le corresponden al papá; únicamente él puede llamarles la atención, regañarlos, cuestionar su educación, hacer juicios de valor o castigarlos.

- "¿Porqué le faltas así el respeto a Karina?" (o sea a ti)
- "No te has bañado en tres días."
- "No te pelees así con tu hermano."
- "Me das tu celular y te despides de él una semana."
- "Come con la boca cerrada."
- "¿Qué pasó con tus calificaciones?"
- "No trates así a una mujer", etcétera

Esos son derechos que sólo puede utilizar el papá. Lo mejor de todo es que te quita mucha responsabilidad a ti, te aliviana el peso, te ayuda a tener menos roces con los hijos y, principalmente, no te deja frente a ellos como la mamá.

Obviamente habrá muchas broncas y los adolescentes romperán las reglas a propósito para picarlos a ustedes con la bandera de "¿no que ésta era también mi casa?" Lo hacen para medirlos y ver a quién va a defender el papá.

Las reglas son las reglas. El papá debe llamarles la atención y poner la consecuencia que hayan planteado en un principio. De esta manera, se cumple lo que quedaron.

"Ni yo, ni mi nueva esposa te está castigando, fuiste tú el que te ganaste la consecuencia al romper las reglas que ya habíamos hablado."

Si en algún momento el chavo le falta el respeto a la nueva novia/esposa, es muy importante que el papá (no la esposa) le llame la atención.

"No se trata de a quién quiero más, simplemente te pido el mismo respeto que te pediría para cualquier otra persona que conviva con nosotros. Te pondré una consecuencia igual que la pondría en otro caso."

Sí o sí es el papá quien debe llamarle la atención, si no es así, te vas a meter en un problema gigante, te van a empezar a enfrentar y en algún momento te sacarán de tus casillas, lo que sólo complicará la relación.

Si llegas con tu nuevo "hijastro" a una reunión importante para ti y se pasa de largo, no saluda y es de lo más maleducado, no le digas: "¡Oye! ¿Qué te pasa? Ven y saluda, no seas grosero." Aguántate, discúlpate con las personas con las que estás y busca al papá para que te haga fuerte con esto (que es parte de la educación) y más tarde hablen juntos del tema con el chavo.

No te conviertas en la chismosa de la cuadra (bueno, del palacio, se oye mejor), que todo lo ve y todo lo cuenta. Recuerda que son adolescentes y hay un cierto nivel de faltas que acostumbran a hacer, no vale la pena engancharte con todas.

Las reglas deben respetarse.

Novio o esposo que vive con los hijos de la mamá

Todo lo que viene en el caso anterior es igual pero al revés. La única responsable de la educación de sus hijos es la mamá. No te puedes meter en eso porque vas a salir más golpeado que político corrupto por los periódicos, y lo único que lograrás será desgastar la relación con sus hijos.

Lo que cambia mucho en este caso es el lugar donde van a vivir. Es importantísimo que, de preferencia, tengas tu propia casa, departamento, cuarto o lo que sea para llevar a vivir a la nueva familia, porque las condiciones son distintas.

No es lo mismo que una mujer llegue a vivir a tu casa, a que tú como hombre llegues a vivir a la de ella. Sus hijos(as) no se sentirían a gusto con un hombre (que no es su papá) viviendo en su casa, saliendo en bata del baño y tratando de tener una intimidad en una casa donde, literal, vive un hombre adulto que los(as) hace sentir incómodos(as). Sin contar todos los problemas emocionales y legales que puede generar el exesposo al saber que cohabitas un lugar donde paga la renta, la hipoteca o inclusive la comida y el súper (eso sí es material para todo un nuevo libro).

Si le das a la familia un nuevo espacio donde vivir, adquieres cierto respeto dentro de ella, generas a las hijas (en caso de haberlas) buenas condiciones para que se sientan cómodas y, sobre todo, eres el jefe de la casa. Recuerda que el padre que llega con hijos ajenos sólo es el jefe de la casa, y si tú no la tienes, imagínate en qué posición quedas.

No tienes nada de dónde agarrarte para tener alguna autoridad en esa familia.

Sé que no es nada fácil salirte de una casa y rentar o comprar otra, muchísimas personas están en esta situación, así que, si no tienes tu propio espacio, lo ideal sería que te esperes. Intenta ganarte el cariño de los hijos (sin ninguna autoridad sobre ellos) y poco a poco resuelve el asunto económico para tener un lugar adonde llevarlos. Cuando lo tengas, ahora sí, "ésta es mi casa y éstas son las reglas que su mamá y yo hicimos". Y cuando en una bronca uno de los chavos te diga el famoso y doloroso: "Tú no eres mi papá", les puedas decir: "Es cierto, no soy tu papá, pero sí soy el jefe de esta casa y las reglas de la casa son éstas." Pero recuerda, en el asunto de la educación, sólo la mamá podrá leerles la cartilla, el acta de nacimiento y hasta la de defunción.

Mi nueva pareja trata terrible a mis hijos, ¿cómo lo resuelvo?

- "Mi pareja regaña a mis hijos peor que como lo hacía su papá."
- "Mi nuevo esposo degrada y humilla a mi hija y yo tengo que darle el lugar a él porque si no, se va de la casa."
- "Mi novia no les habla a mis hijos y se enoja si estoy con ellos."
- "Mi novio le pegó a mis hijos, pero fue porque se portaron muy mal."

> **Si has escuchado la frase "Esto no tiene perdón de Dios", éste es uno de los momentos donde aplica a la perfección.**

Si tu nueva pareja no entiende y no ubica que tus hijos son parte tuya, esa relación no tiene razón de ser, así de sencillo. Es como decir, "me gustas tú, pero tus brazos no", simplemente no es posible.

Cuando una pareja no acepta a tus hijos y los ve como rivales, no se pone en los zapatos del adulto, más bien quiere ser dependiente tuyo: quiere ser hijo de su esposa y se pone al nivel de tus hijos. Generalmente estas relaciones no son nada prometedoras y sí muy conflictivas.

Por otro lado, hay grados más fuertes de agresión. Muchas personas presionan, controlan y manipulan a sus nuevas parejas para que crean que este tipo de comportamiento con sus hijos es normal y, por supuesto, no lo es.

Existen varias razones por las que algunos padres soportan esto: patrones aprendidos, sumisión, desórdenes emocionales, codependencia, etcétera.

Hay muchas mujeres y hombres que permiten tratos muy desagradables y hasta abusos a sus hijos, con tal de que su pareja no los deje. Esto es muy serio porque en algunos casos puede tratarse de una necesidad de amor y aceptación, pues la persona busca no sentirse abandonada. Esto es codependencia, y es muy importante tratarla. Existen muchos centros anónimos de codependencia —CoDA— en todos los países para tratar esta situación.

La violencia verbal, física, emocional y el abuso son algunas de las principales razones por las que se debe evaluar o terminar definitivamente una relación.

Como en todo, existen grados, por lo que es muy importante ubicar en cuál estás para tomar decisiones serias. Cuando las agresiones empiezan en una relación, para protegerte se recomienda lo siguiente:

- Aprender sobre cómo evadir o aminorar el conflicto.
- Si no lo logras es bueno ausentarte o salirte del lugar donde estás para que se enfríen las cosas, busca un respiro para bajar el tono de la situación.
- Hablar con un abogado, terapeuta o juez familiar para recibir asesoría, apoyo e instrucciones para salirte de ahí y levantar un acta frente a las autoridades.

Hay personas con un grado de agresividad muy alto, en este caso ya no es el carácter sino una enfermedad. Muchas veces este tipo de comportamientos tiene que ver con adicciones al alcohol o a las drogas.

Si bien las enfermedades y adicciones se pueden tratar, es importante que evalúes esto y pienses muy bien si quieres empezar una nueva relación cargando este problema tan grande.

Por más que quieras a la persona, no arriesgues física y emocionalmente a tus hijos. Si te cuesta mucho trabajo tomar una decisión o no sabes qué hacer, busca a un psicólogo o terapeuta profesional. Y recuerda que en todos los países las leyes te protegen.

Si tu novio-esposo agrede a tus hijos, puedes presentar una denuncia penal y solicitar medidas protectoras o provisionales para que se detenga la violencia, incluso si hubo golpes puedes ordenar que la persona no se acerque a tu domicilio.

> Tus hijos son una parte importante de tu vida, no puedes dejar que nadie, absolutamente nadie, los toque.

¿Cómo ser un buen papá divorciado?

Jamás voy a olvidar cómo me sentí el primer día que dormí fuera de mi casa, cuando me separé. Llegué a un departamento muy bonito, pero sin vida. No había nada, no había muebles, cuadros, trastes, cortinas y, lo más importante, no había una familia, no estaban mis hijos. El silencio era horrible (inclusive había eco), no podía creer cómo de un momento a otro había perdido todo.

Veía todo el lugar vacío y era como ver un espejo de mi vida en ese momento. Tenía 38 años y no podía creer que después de luchar tantos años por una familia, finalmente no la tenía. No estaban los hijos, ni la esposa, no había nada. Un día que me sentía medio enfermo, fui a la cocina a hacerme un té y ni siquiera tenía una cuchara. Yo he trabajado desde los 16 años muy duro y me sorprendió darme cuenta de que no tenía ni una cuchara. Tenía que volver a empezar en muchos sentidos.

Lloré en la almohada muchos días pensando en todo lo que había perdido. No sabía estar solo. Pensaba en mis hijos, sufría al saber que ya no viviríamos juntos. Quería abrazarlos y dormirme con ellos, y veía al otro lado de la cama y estaba más vacía que nunca. Me preocupaba cómo iba a lograr combinar tanto trabajo (ahora más que nunca para pagar tantos gastos nuevos) y tener tiempo extra para ellos. Un día imaginé a otro hombre viviendo con mi familia, me lo imaginé cuidándolos cuando estuvieran enfermos y tuvieran calentura en la madrugada. Nunca había sentido esos celos y ese dolor, me quebré por completo.

El tiempo y la dedicación fueron cambiando todo. Poco a poco empecé a amueblar y a decorar el departamento. Al estar solo volví a encontrarme conmigo, ya no me acordaba al 100 por ciento cómo era yo. Me volví a caer bien y a disfrutarme como hacía mucho tiempo no lo hacía. Respecto a la familia, me di cuenta de que no la había perdido en lo absoluto, sólo había cambiado. Aprendí a equilibrar mi trabajo y mi familia, valoré tanto a mis hijos que me convertí en una mucho mejor versión de padre que era antes, ah, y compré un juego de cubiertos nuevos con muchísimas cucharitas de acero inoxidable.

No fue fácil. Hubo muchas cosas que procesar. En mi caso, me ayudó mucho la asistencia profesional, pero de que hay una nueva y gran vida de padre después de un divorcio, claro que la hay. Todo depende de que decidas trabajar por ella, por ti, por tus hijos y por la relación con tu ex para que las cosas tengan un buen panorama. ♥

Hablando de los hechos, la doctora María Rosa Díaz Cobo explica que en un divorcio el papá pierde mucho más que la madre, porque deja de tener la convivencia, el día a día, la rutina, la cotidianidad con la que está acostumbrado a vivir. Ya no tendrá esa estructura de familia. No es lo mismo llegar a tu casa y ver a tus hijos a punto de dormirse y despertarlos al otro día para ir a la escuela, que verlos sólo cuando "te toca".

Por eso debes echarle todas las vitaminas y debes buscarlos y procurarlos mucho más de lo que te imaginas. En este punto de la vida se define si vas a ser un padre presente o uno ausente.

Algunos papás (no creo que seas de ellos, porque no estarías leyendo esta respuesta) creen que la presencia del padre no es tan importante para el hijo y no les preocupa, pero es lo contrario, checa esto.

El doctor Steven Ashley, en su libro *The Long Distance Dad,* presenta una estadística donde muestra que un hijo con papá ausente es:

- 9 veces más propenso a dejar la escuela.
- 10 veces más propenso al abuso de drogas.
- 5 veces más propenso a cometer suicidio.

Así que, independientemente de la parte emocional, imagínate el daño que les haces a tus hijos si decides no estar cerca, y eso sin pensar que un padre ausente con los años se arrepiente y no puede recuperar el tiempo perdido.

Como estoy seguro de que no quieres eso, tienes que tratar de estar más presente que nunca. Lo ideal sería no esperarte a "cuando te toca". Una de las mejores opciones es que trates de dejar abiertas las visitas con tus hijos en el acuerdo matrimonial. Esto significa que si bien tienes unos días específicos (como el fin de semana cada quince días), ayudaría mucho que puedas convivir con ellos entre semana, cuando tu trabajo te dé oportunidad (obviamente tendrás que preguntarle a tu ex primero), pero funciona muy bien para todos porque puedes ayudar con cosas como: "Yo los recojo del futbol", "yo la recojo de la casa de la amiga", "nos vamos a ir a tomar un helado", etcétera (por supuesto, esto no incluye llegar a meterte a la casa donde vive la mamá).

Generar momentos con ellos

Cuando empieza la separación es el momento cuando tus hijos necesitan más tu presencia. Siempre están dudando de todo: "¿Voy a perder a mi familia?" "¿Ya no voy a ver a mi papá?" "¿Tendrá tiempo para mí?" Este tiempo es crucial porque los adolescentes están en medio de una gran incertidumbre y sólo tú la puedes calmar. Si tienes que pedir permiso en el trabajo, trabajar horas extras, o tienes la posibilidad de no entrar a un proyecto que te va a quitar mucho tiempo, éste es el momento para hacerlo. No lo dudes. Estás sembrando la seguridad de tus hijos respecto a ti.

Sé que muchos papás tienen un trabajo fijo (o dos o hasta tres), con un horario muy apretado y que los gastos están peor que nunca, pero tienes que ser creativo para que tus hijos se den cuenta de que estás dando más de lo normal. Eso te lo agradecerán infinitamente.

- "Vamos a correr juntos" (aunque se te salga medio pulmón en la primera vuelta).
- "Te ayudo a estudiar para tu examen."
- "Te reto a un torneo de videojuegos."
- "Te acompaño a comprar la tela del disfraz que necesitas y lo hacemos juntos", etcétera.

Cada hijo tiene sus propios intereses y debes tener los ojos más abiertos que nunca.

A veces cruzar toda la ciudad en transporte público dos horas para estar con ellos quince minutos vale mucho la pena, porque aunque no lo creas (y ellos no lo digan), se dan cuenta de todo... de todo.

Hoy en día algunos papás además de su fin de semana, fijan un día entre semana para recoger a los chavos de la escuela, pasar la tarde y dormirse con ellos, y los regresan al siguiente día a la escuela. Algunos otros los llevan todos los días a la escuela. En fin, hay un millón de fórmulas para estar con ellos, pero depende de tu interés, de las posibilidades de tu trabajo y de intentar (por lo menos en esto) llevar la fiesta en paz con tu ex.

Comunícate con ellos constantemente

Hoy la tecnología nos ayuda muchísimo, no sólo puedes marcarle por teléfono, puedes mandarle un *mail,* un mensaje de texto, hacer un grupo de chat con tus hijos, mandarle un mensaje de voz, hacer una videollamada, usar redes sociales, skype, periscope, en fin, las posibilidades son gigantescas.

Lo importante es que sepan que estás pendiente de ellos, que te importan, aunque les llames y se queden casi casi mudos en el teléfono porque están atendiendo la tele. Un mensaje en su teléfono y la computadora al mismo tiempo (*second* y hasta *third screen,* como se dice ahora). No te preocupes, ellos lo agradecen y les ayuda muchísimo que les marques. Hay algo esencial: ellos no te van a marcar, no lo hacen por mala onda; no se te olvide que son adolescentes, aunque no estuvieras separado o divorciado, harían lo mismo, durante esta etapa casi no hablan (pero necesitan sentirse cuidados por ti), así que quien tiene que acercarse eres tú.

Cuando yo me divorcié, les empecé a hablar diario a mis hijos, tuviera la cantidad de trabajo que tuviera (cosa que antes de la separación no hacía). Como había días que eran una locura de presión en la chamba, lo puse como una cita más (en agenda, con rojo y todo) y logré hacerlo. Mis hijos se tranquilizaron mucho porque me vieron más presente que nunca. ■

De hecho, muchos años después de haber regresado a mi casa con mi exesposa (ahora re-esposa), lo sigo haciendo y es algo que me ha unido mucho con mis hijos.

No preguntes lo mismo de siempre y busca puntos de unión

No seas de los papás que todos los días preguntan: "¿Cómo te fue en la escuela?"

Ya sabes la respuesta: "Bien, normal, X."

Haz preguntas abiertas: "¿Qué me cuentas?" "¿De qué es el concurso que están haciendo en tu escuela, platícame?" "¿Quiénes son los que peor te caen del salón, por qué?" "¿Por qué todos adoran a ese maestro?"

Interésate en sus cosas —música, deporte, series de televisión— date cuenta de qué le apasiona y búscale por ahí. Si le gustan los cómics, empieza a leer unos, vayan a la convención de cómics cuando sea en tu ciudad, cómprale uno muy especial y coméntenlo, colecciona algo con él. Si le gusta la moda, abre una revista con ella y que te la explique, llévala a un desfile al que tenga ganas de ir, pónganse a criticar a las artistas de la tele (aunque algunas sean mis amigas), hablen sobre ese vestido horrible que se pusieron, en fin, intégrate con ellos, sólo así encontrarán puntos en común.

Trata de no preocuparte tanto por la disciplina y busca lazos de unión para pasarla bien. No estoy diciendo que dejes que se pase las reglas por el arco (en su caso, arquito) del triunfo, simplemente éste no es el momento para llamarle la atención.

Mantén una buena relación con la mamá de tus hijos

Sé que hay separaciones y divorcios que no se pueden ni ver (inclusive a muchos, muchos metros de distancia); donde las cosas no solo están mal sino hasta peligrosas, y donde el dinero y los bienes materiales pueden ser el enemigo número uno. Pero intenta hacer una tregua. Pueden pelear por muchísimas cosas, pero coincidan en buscar lo mejor para sus hijos. Coméntalo con tu ex (si es de las que está utilizando a los hijos como moneda de cambio, regálale este libro o pídele a Dios que consiga una buena terapia) y traten de llevar la fiesta en paz.

Si las cosas no están tan mal, conserva la relación lo mejor posible con ella porque la van a necesitar ambos por el bien de sus hijos.

En fin, estos son algunos puntos importantes que te ayudarán a tu nueva forma de estar conectado con tus hijos. Entre todos, hay un elemento esencial para que todo funcione y se llama COMPROMISO.

El compromiso es el pegamento que une cualquier relación personal, inclusive en los peores momentos. Por eso es muy importante que lo tengas. Échale todos los kilos, saca la casta y demuéstrales a tus hijos el padre que tienen.

En México

796 mil hombres son papás solteros.

259 mil son separados o divorciados.

42 mil sufrieron alguna situación de abandono.

495 mil son viudos.

Fuente: INEGI y Consejo Nacional de Población (CONAPO).

¿Cómo evito sentirme sustituido por el nuevo hombre que vive con mis hijos?

Éste es un miedo gigantesco que tenemos todos los papás cuando nos separamos, es el rincón oscuro en el que la mayoría no queremos ni pensar.

Puedes sentir celos, miedo, inseguridad, impotencia por no estar con tus hijos el tiempo que quisieras. Prácticamente sientes que te están dejando fuera de la foto, cuando tú fuiste el que creaste a los personajes.

Durante el divorcio hay tres momentos muy dolorosos para un hombre:

1 Cuando sales de tu casa y "pierdes" a la familia.

2 Cuando tu ex consigue pareja.

3 Cuando la nueva pareja maneja a tus hijos.

En este tema hay una noticia buena y una mala.

La buena es que si eres un papá presente, que se involucra con sus hijos, no hay manera de que nadie te reemplace. No importa si el nuevo esposo de tu ex es el más carismático, un experto en deportes extremos (que, por cierto, tu hijo ama) o multimillonario; *si estás presente, nadie te va a reemplazar.*

Platiqué con el doctor Federico Soto, quien me dijo algo que me dejó helado: la mala es que por más que tu hijo tenga tu sangre y tu línea biológica, si tú no estás presente en su vida, la relación se pierde.

La unión con la mamá empieza desde el vientre y la nuestra empieza en el hospital, donde conocemos a nuestro hijo, y así como empezó, así se puede terminar.

La relación madre-hijo es la relación más fuerte que tiene el ser humano, y la de padre-hijo, por más que tenga una carga genética, se pierde si no hay presencia e interés, y si a eso le sumas que hay otro papá sustituto viendo por tu hijo, imagínate los resultados.

Este mismo tema lo platiqué con varios expertos. Todos coinciden en que si un hay un padre ausente, se perderá la relación y ocasionarán daños irreversibles e irreparables en los hijos. ¿Qué fuerte, no?

Así que la pregunta que tenemos muchos queda resuelta: "Si estás ahí, nunca nunca los vas a perder; pero si no, otra persona podrá ocupar tu lugar." El tiempo que le dediques a tus hijos y tu presencia generará todo el sentido del mundo.

Una vez que ya estás en este punto y tu exesposa, expareja o ex-unión libre— ya vive con otra persona, es necesario pensar y realizar varios puntos. Primero, seguramente piensas: "¿Qué tipo de persona es el nuevo esposo?" Así como hay padres sustitutos que son malas influencias para tus hijos, inclusive pueden ser peligrosos (recuerda que siempre puedes iniciar un proceso legal para proteger a tus hijos), también hay padres sustitos que pueden ser buenas personas y ser una muy buena influencia para tus hijos. Así que antes de que te sientas resentido, enojado, deprimido y no quieras ni cruzar media palabra con el susodicho, no adelantes tus conclusiones, date la oportunidad de conocerlo.

Lo más seguro es que tu exmujer de cualquier manera busque a una pareja, por lo que esta situación tarde a temprano va a llegar. Lo ideal sería que este novio-esposo fuera una buena persona. Date el chance de conocerlo en persona y de escuchar sin prejuicios lo que tus hijos digan de él.

El abogado Fernando Rodríguez Téllez me comentó sobre el "oasis" de los hombres divorciados:

1 Que tu expareja esté de acuerdo con los acuerdos económicos en los que quedaron y no te pida más.

2 Que tu expareja tenga novio para que te deje hacer tu vida y no te reclame ni se enoje cuando estés con otra mujer.

3 Que el nuevo novio trate bien y quiera a tus hijos.

¿Qué más se puede pedir?

En caso de que el nuevo novio trate bien y sea una buena influencia para tus hijos, parecería que ya estamos del otro lado, pero no es así del todo. Un punto que nos da mucha envidia y celos a los hombres tiene que ver con que consideres que él es mejor que tú en ciertas cosas; que les dé más tiempo que tú, que les dé un nivel de vida que tú nunca les pudiste dar o que haga con ellos cosas que tú jamás hiciste.

Los expertos dicen que cuando te des cuenta que el papá sustituto hace cosas que tus hijos te pedían y que tú no hacías, debes tomar la responsabilidad. Todos los seres humanos tenemos aciertos y errores, es completamente normal (el nuevo esposo también tiene los suyos). Sin embargo, ==es una gran oportunidad para aprovechar lo que SÍ tienes: la conexión con tus hijos que mientras estés presente es insustituible.== Esa conexión, esa sangre y esa descendencia que tienes con ellos nadie la tendrá jamás.

Qué bueno que el otro esposo le pueda dar una vida increíble (¿no quieres que tu hijo viva mejor?).

Qué bueno que él tenga mucho tiempo para jugar con tus hijos (a ti te encantaría tener ese tiempo, pero tienes que trabajar para cumplir tus responsabilidades con ellos).

Qué bueno que tu hijo viva con alguien bueno y que lo quiera.

Lo que tienes no existe forma de que lo tenga el papá sustituto, es una gran forma de complementar la vida de tus hijos.

Dale la oportunidad a tus hijos de querer a la nueva persona, de que no se sientan culpables ni desleales contigo, de pasarla bien con él. ==Ubica cuál es tu radio de influencia verda-==

dero, donde SÍ puedes estar con él, donde sí puedes hacer cosas con él, en dónde tienes tus grandes conexiones con tus hijos... y eso hazlo bien. No te pongas a competir, no puedes abarcarlo todo. Es imposible ser una persona que no eres. Acuérdate de que si estás presente, jamás, jamás, perderás el amor de tus hijos.

Haz equipo con este nuevo socio por el bien de tus hijos. Entiende que él estará un cierto tiempo con ellos, así como él comprende que el único padre siempre serás TÚ.

¿Van a superar y a olvidar mis hijos el divorcio?

Yo creo que ésta es una de las preguntas más profundas en el corazón de cualquier madre o padre.

Los expertos dicen que las heridas del divorcio las carga siempre un hijo, sin embargo, si tu divorcio fue bien llevado y si después de todo el huracán de emociones supiste hacer bien las cosas, tus hijos aprenderán a vivir de esta manera, se habrán dado cuenta de que no perdieron a ninguno de sus padres, vivirán en un mejor entorno (o sea muuucho más tranquilos), sabrán que no perdieron a su familia y, sobre todo, aprenderán mucho.

Según las investigaciones del psicólogo Mavis Hetherington: dos años después del divorcio de sus padres, muchos adolescentes se han adaptado satisfactoriamente a su nueva vida, y su vida escolar y social es buena.

En efecto, dentro de ellos llevarán una marca de dolor que siempre estará presente, pero esas marcas nos ayudan a crecer, a ser mejores, a aprender de la vida, a disfrutar y a valorar cada una de las cosas que tenemos. Te vas a dar cuenta de que tus hijos son mucho más maduros, que aprecian un buen momento de familia mucho más que la mayoría de sus amigos, que (si lo hiciste bien) tienen una conexión contigo que nunca tuvieron antes, que a pesar de la situación vieron cómo te aferraste a ellos, y eso harán ellos con sus hijos.

Yo crecí entre muchos problemas, hubo momentos donde ya no veía lo duro sino lo tupido. No sabía por qué me estaban pasando tantas cosas precisamente a mí. Estoy seguro de que muchos de los que están leyendo el libro también tuvieron momentos muy complicados en su vida.

- ¿Qué nos hicieron estos problemas?
- ¿Cómo crecimos gracias a ellos?
- ¿A dónde nos llevaron?

La mayoría los aprovechamos para bien, estoy seguro. Hoy estamos agradecidos con gran parte de esos problemas (no se puede con todos) porque no seríamos las personas que hoy somos sin ellos. Yo jamás me imaginé que lo que estaba viviendo en aquellos momentos me iba dar herramientas para escribir libros. Si lo piensas detenidamente, te sorprenderías de cuáles fueron las situaciones en tu vida que te dieron fuerza y coraje para ser la persona en la que te convertiste hoy.

Creo que ésa es la principal misión, si nuestros hijos tuvieron que vivir la separación o el divorcio, debemos ayudarlos a que lo tomen a su favor, y que esta experiencia tan difícil sea una catapulta gigantesca para lo que van a conseguir y a vivir mañana.

DEDICATORIA

Para las cuatro personas más importantes de mi vida: Rebeca, Santiago, Regina y Elías.

Gracias por su apoyo, su paciencia en cada proyecto, su amor durante todas las mañanas, días, noches (y hasta madrugadas), sus abrazos, sus bromas, sus besos, sus enojos, y también sus regaños. Gracias por ser mi familia. No puedo pedirle más a la vida, son lo más grande que tengo.

Los amo

AGRADECIMIENTOS

No tengo palabras para agradecerles a todos los EXPERTOS y ESPECIALISTAS el tiempo y la disposición que me entregaron: gracias por tantas horas dedicadas a mi investigación, juntas, llamadas, viajes y talleres para llegar a estas (tan anheladas) respuestas. Ha sido un honor aprender de ustedes y conocer a profesionales con tanto compromiso y vocación para ayudar: ¡Son espectaculares!

Lic. Adriana Olmedo (Jeffrey Group Facebook)

Lic. Álvaro Gordoa (consultor y director del Colegio de Imagen Pública)

Lic. Ana María Kudisch Castelló (maestra en Derecho familiar)

Dr. Antonio Figueroa (psicopedagogo)

Dr. Aquiles Ayala (médico internista endocrinólogo del Hospital ABC)

Dra. Aurora Schmidt (psicoterapeuta)

Lic. Bárbara Castro (licenciada en Derecho)

Sra. Brenda Treviño Casas (coordinadora de Fuerza Joven DIF Reynosa)

Lic. César Omar González H. (licenciado en Derecho)

Lic. Christopher Heredia (Comunicaciones, Mercadotecnia y Análisis de sistemas)

Lic. Claudia Ramírez Martínez (psicopedagoga)

Sra. Daniela Santibáñez (experta en Comunicación Digital Families) digitalfamily.mx

Dr. Edilberto Peña de León (neuropsiquiatra, director médico del Centro Remembranza para Violencia en Adolescentes)

Lic. Efraín Mendicutti (licenciado en Ciencias de la Comunicación, Marketing, experto en digital)

Sra. Elvira Mendoza de Elías (presidenta del Sistema DIF Reynosa)

Dr. Federico Soto (psicoterapeuta y psicoanalista, especialista en adolescentes)

Dr. Francisco Schnass (psiquiatra y psicoanalista, coordinador de la Unidad de Ansiedad y Depresión del Centro Neurológico y del Centro Médico ABC)

C.P. Gabriela Castañeda Badillo (presidenta del Sistema DIF Pachuca)

Lic. Gabriela Gutiérrez Velarde (comunicóloga experta en Marketing digital)

Lic. Guillermo Flores (Digital Marketing Coach)

Lic. Irene Torices (maestra en Sexología)

Dra. Irma Engracia Valle Moreno (licenciada en Psicología, especialista en prevención en escuelas para niños y adolescentes)

Dr. Jaime Arredondo (psiquiatra)

Javier Matuk (experto en tecnología)

Lic. Jimena Gadea (estratega en redes sociales)

Dr. Jorge Luis Campa Arellano (ortopedía/traumatología)

Dr. Jorge Méndez (psicólogo clínico)

Lic. José Antonio Granados Valencia (director ejecutivo de información Unidad Preventiva de Ciberdelincuencia)

Lic. José Luis Caballero (licenciado en Derecho)

Ing. Juan Carlos Contreras Licona (subsecretario de Información e Inteligencia policial)

Dr. Juan Pablo Arredondo (psicólogo clínico, especialista en niños y adolescentes)

Dra. Julia Borbolla (psicóloga clínica, especialista en niños y adolescentes, fundadora de Grupo Borbolla)

Dra. Maria Esther Martínez Eroza (especialista en Desarrollo humano)

Dra. María Rosa Díaz-Cobo (psicoterapeuta y psicoanálisis en adolescentes)

Marisela Gutiérrez Cicero (directora general del Sistema DIF Reynosa)

Michel López Guillén (Comunicaciones y Publicidad)

Lic. Miguel Ángel Carreón Sánchez (director general del Instituto Mexicano de la Juventud)

Lic. Miguel Campos Corona (investigación en emociones)

C.P. Mireya Monroy Monroy (presidenta DIF Estado de México)

Dra. Montserrat Gerez (doctora en neurociencias y psiquiatría)

Dra. Myriam San Román (psicóloga especialista en Terapia cognitivo conductual)

Dra. Nora Frías Melgoza (subsecretaria de Participación Ciudadana y Prevención del Delito en el Distrito Federal)

Dr. Oded Stempa (endocrinólogo, jefe de la División de Endocrinología del Centro Médico ABC, miembro de la Sociedad Mexicana de Nutrición y Endocrinología)

Lic. Pavel Álvarez (Digital Marketing Coach)

Patricia Guerra (secretaria ejecutiva de Fundación IMSS)

Lic. Ramiro Claure Morales (director de Marie Stopes International Bolivia)

Lic. Rafael Pinillos (licenciado en Derecho)

Dr. Renato Quintero (psicoterapeuta y psicoanálisis de adolescentes)

Dr. Roberto Richheimer W. (pediatra grupo ABC)

Romina Riviello (experta en Tecnología digital Families)

Dra. Susana Mondragón Kalb (psicoterapeuta de pareja e individual, especialista en adicciones)

Lic. Sandra Pérez Palma (maestra en Derecho familiar)

Lic. Silvana Resendy Bírhuet (gerente de marketing Marie Stopes International Bolivia)

Dra. Tari Tron (psicoterapeuta especialista en pareja e individual)

Lic. Teresa Baró (licenciada en Filología, experta en Comunicación no verbal en Barcelona, España)

Dra. Trinidad Aparicio Pérez (psicóloga clínica)

Dra. Valeria Salinas (Psicoanálisis, especialista en adolescentes)

Dr. Vicente Medrano (psicoterapeuta de parejas)

Lic. Xóchitl Jiménez Ramírez (presidencia y voluntariado DIF Manzanillo)

GRACIAS

a todas las mamás y papás que me ayudaron, ustedes son los otros autores de este libro. ¡Muchas felicidades! Cada pregunta, preocupación, duda, aportación e información que me dieron están aquí (no se preocupen, no dice qué habló cada quien). Lo importante es que toda esta información que ustedes aportaron ayudará a muchísimos padres a tener respuestas claras para cuidar y disfrutar mucho más a sus hijos. Les doy las gracias por cada uno de ellos.

Adolfo Andrade Curiel
Adriana Garza Flores
Adriana Mora de Segón
Adriana Ramírez Pacheco
Adriana Soto
Agustina Carrera Zorco
Alejandra Corona N.
Alejandra Quintero
Alejandra Zamora
Alma Villegas Soto
Amanda de Icaza
Amanda Valdez C.
Ana Hidalgo Lorenzo
Ana Lidia Montoya
Anabelle Mañueco
Andrea Ferrera Rosado
Andrés Mijares
Ángel Romero Páez
Angélica Alejandra Lozano
    Rodríguez

Angélica Boy
Arturo Goldsmit
Arturo López Maldonado
Arturo Sampablo Ramírez
Balbina Villegas Faustino
Beatriz Soto de la Rosa
Betti Hernández Montes
Bruce Boren
Carmelo Garrido
Carola González
Carolina Hernández Montes
Chely Garduño
Claudia Castillo Hernández
Dalia Elizel Blanco Izquierdo
Damayanti Alfie García
Denisse Ferrera Rosado
Diana Juntrayo Hernández
Dulce María Campos García
Dulce Marisol Pérez Díaz
Elisa Martínez
Elizabeth Arellano Nájera
Elizabeth Báez Osornio
Elizabeth Cordero Ramos
Esther Pineda Osorio

Fabián Díaz García
Fanny Rodríguez
Félix Luis Zamora García
Fernanda Ramírez
Fernanda Salinas Gómez
Fernanda Zavala de Nader
Fernando Ochoa
Francisco Daniel Hernández
   Pérez
Gabriela Ocegueda Sosa
Gabriela Tovar Calvo
Gaga Cepeda
Gisela Bustamante
Gisela S. Z.
Gloria San Luis Mejía
Guadalupe Hernández
   Hernández
Guadalupe Mendoza
Harumi Kimura
Hugo Juárez Guzmán
Iliana Ramírez Velázquez
Iracy Vaquero de Olivera
Imelda Rubio García
Jonás Loredo Porras
José Félix Chávez Piña
José Manuel Fernández
José Martínez Romo
Josefina Agustín Sánchez
Juana Hernández Castillo
Juana Hernández Hernández
Julie Aboumrad
Karen Francés Chavero
Karina Ruiz
Laura Beltrán

Laura Greenham
Leonardo Gómez Sosa
Lety Valero
Lilian Gutiérrez
Lizette Estefan
Lourdes Sánchez
Luis Manuel Ventura Chávez
Lupita Ramirez García
Luz Guadalupe Martínez
Ma. Eugenia Ricaño
Marcela de la Cruz
Margarita Pérez
Margarito Flores Chiquito
María de la Luz Esquivel Escobar
María de Lourdes López Niño
María Esther Pacheco Pérez
María Fernanda Ferrera Rosado
María Leonides Martínez Espinoza
María Sánchez Galeana
María Teresa Campos Beristain
María Victoria Martínez Cruz
Mario Mirensky
Marisol Sánchez Cortés
Mariza Pérez Brambila
Martha Lucero Pérez Rodríguez
Martín Héctor Miranda Melín
Mary Mendoza Guerra
Maura Andrea Bárcenas
Mayte Álvarez Zacarías
Michelle Abreu
Myrna Alatorre
Myrna Dib Chahin
Nadia Yessica Peña Carrillo
Nancy Gutiérrez Chávez

Naomi Galván
Noemí Jiménez Mzta y Valentín
Bernabé Huerta
Norma Elizabeth Rosales Frías
Oralia Gámez Garza
Paola Solís Moreno Valle
Patricia Avalos Vázquez
Patricia Gabino Alvarado
Patricia Rojas
Rafael Flores Tlapala
Raúl Guadarrama Rosales
Rebeca Morales Barrera
Renata Fava
Reyes Castillo Martha Jazmín
Rocío Arias
Romina Rivielco
Rosa María Alcántar Camacho
Rosa María López Hernández
Rubén Galindo
Rubí Josefina Avilés Sánchez
Ruth Jesús Cox Puc
Sandra R. Sosa Hernández
Sylvia Guzmán
Verónica de la Paz
Verónica Franco
Verónica Orozco
Verónica Treviño Morales
Viviana Orihuela
Yadira M.H.
Yanin Chau Cervantes Aldaco
Yesenia San Luis Mejía
Yeya Valdespino
Zeltzin Hernández Garrido

Gracias también a todos los grupos de padres y madres que me hicieron el gran favor de regalarme su tiempo y contestaron mis encuestas.

Un millón de gracias a mis amigos, familia y colaboradores, por todo su apoyo en este proceso. Sin ustedes sería imposible que este libro existiera. Gracias por siempre, siempre, ¡siempre estar ahí!

Manolo Fernández
Christian Álvarez
Luis Coronado
Alfredo Ramírez
Carlos Niño
Heidi Rosado
Iván García
Rebeca Moreno
Luz María Limón
Alejandra Serna
Karina Lizama
Christopher Heredia (Cri Cri)
Michel López
Carmelo Garrido
Raúl Lozano
Lucía Galicia
Susy Mondragón
José Luis Romero
Ernesto Calzada
Alejandra Quintero
Andrés Mijares

Rubén Galindo
Tania Karam
Arturo Osorio (Tuko)
Eduardo Peniche
Raquel Cervera
Juan Pablo Padrón
Elene Elenes
Carla Estrada
Sofía Macías
Jéssica Galicia
Noemí Reynoso
Elizabeth Treviño
Valeria Lucio
María Fernanda Ferrera Rosado
Dennise Ferrera Rosado
Andrea Ferrera Rosado
Amanda De Icaza
Martha Debayle
Laura Carrizales

Hay un gran número de
responsables para hacer
posible un proyecto
como éste. Muchísimas
gracias a todo el equipo
editorial: Dirección general,
Dirección editorial, Diseño,
Promoción y Ventas. Les
agradezco profundamente
todo su profesionalismo,
sus consejos, experiencia
y dedicación para hacer
posible este libro: estos
resultados no existirían si
no fuera por el talento y las
ideas de cada uno. Hola,
Penguin Random House,
¡qué emoción empezar
juntos!
     Gracias, Santillana, fue un
honor ser parte de ustedes.

Laura Irene González
Enrique Hernández
Ramón Navarro
Pilar Gordoa
Andrea Hernández
Claudia López
María de la Garza
Natalia Soto
Priscilla Castillo
Laura Aguilar
Jesús Grajeda
Svetlana Puig
Édgar Ángeles

Y todo el equipo de ventas

Sandra Montoya
Mayra González
Marisol Orozco
Lucía Cano
Enlace integral
Laura Carrizales
Alejandra González Dillon
Adriana León

Roberto Banchik
Cristóbal Pera
Ricardo Cayuela
Paty Mazón
César Ramos
David García
Andrea Salcedo
Sergio Zepeda
Pamela Vicenteño

A todos, mil gracias por su
ayuda y el esfuerzo.

DICCIONARIO PARA PAPÁS

Apps. Aplicaciones.

Bullys. (Agresor de *cyberbullying*) Quien agrede a través de las redes sociales, valiéndose de textos, memes o videos ofensivos.

Cutting. Adolescentes que se cortan ellos mismos.

Cyberdating. Ligue por internet.

Cybergrooming. Método utilizado por pederastas para contactar a niños y adolescentes en redes sociales o salas de chat con el fin de convencerlos para que realicen poses provocativas o desnudos ante la webcam.

Chateo. Grupos de plática en la red.

Emoticones. Caritas ilustradas digitales para representar emociones.

Followers. Personas que siguen tus publicaciones en internet.

Googlear. Buscar referencias de algo, de alguien (o de ti mismo) en internet.

Hackear. Violar o entrar de manera forzada a un sistema de cómputo, programa, red social o cualquier plataforma que esté en la red, para conseguir datos, información, servicios, bienes, etcétera, a los que no tendrías acceso normalmente.

Haters. (Trols) Personas que bajo el anonimato de la red agreden y atacan en línea a alguien.

iTunes. Servicio de Apple para comprar música, aplicaciones y video.

Likes. Hace referencia a que por medio de un botón, declares que algo te gusta.

Meme. Foto o idea de alguna persona o situación, con un texto inventado, con el objetivo de divertir y viralizarlo en internet.

Nicknames. Apodos en la red / La forma en la que te haces llamar en el mundo.

Photoshop. Programa para alterar fotografías.

Postear. Enviar o publicar en la red, texteo u otro medio tecnológico, un contenido (foto, mensaje, audio, video, etcétera).

Selfies. Autorretrato con teléfono celular u otro aparato; inclusive ahora venden un aparato para sostener el dispositivo y lograr una panorámica.

Sex casting. Pornografía producida por los propios chavos.

Sext buddy. Amigo de texteo sexual.

Sexting. Se refiere a mandar mensajes, fotos o videos, poco o muuuy explícitos de tipo sexual.

Spam. Correos o mensajes no solicitados por ti, correo basura.

Videobloggers. Personas que se dedican a dar su punto de vista a través de un video.

Viralizar. Es cuando un contenido publicado en redes sociales le interesa a muchas personas y comienza a propagarse por este medio gracias a las recomendaciones de todos. La palabra se basa en el contagio por medio de los virus.

Webcam. Cámara con acceso a internet.

YOLO. Lema que usan los chavos para decir "sólo vives una vez" (You Only Live Once), la usan para aventarse a hacer cosas sencillas, peligrosas o hasta ilegales que normalmente no harían.

BIBLIOGRAFÍA

Abbott, Emily & Kate Ford, *Guide to Single Parenting*, Hay House, Reino Unido, 2008.

Ashely, Steven, *The long distance dad*, Adams Media, E. U., 2008.

Block, Joel D. & Susan Bartell, *Stepliving for teens*, Price Stern Sloan, E. U., 2001.

Borbolla, Julia, *Sin dañar a terceros. El niño ante los conflictos entre papá y mamá*, Diana, México, 2007.

Bradley, Michael J., *Yes, Your teen is crazy!*, Harbor Press, E. U., 2003.

Burley, H.J, *Rules!*, Rodale, E. U., 2014.

Buscemi, Karen, *Split in two*, Zest Books, Canada, 2009.

Canché, N.L., *Psicología del adolescente*, Editorial Nueva Conciencia, México, 2003.

Cline, Foster & Jim Fay, *Parenting Teens with Love & Logic*, NavPress Publishing, E.U., 2006.

Courtney, Vicki, *BeTween: A Girl's Guide to Life*, B&H Books, E.U., 2006.

Delgadillo, Donadin, *Tu adolescente y sus emociones. Cómo ayudarlo a manejarlas*, Editores Mexicanos Unidos, México, 2010.

Dixon, B.J., *The Innovative School Leader's Guide to Using Social Media*, Brianjdixon, E. U. 2011.

Doménech, Montserrat, *Padres y Adolescentes ¡cuántas dudas*, Aguilar, España, 2005.

Edgington, Shawn Marie, *The Parent's Guide to Texting, Facebook, and Social Media*, Brown Books Publishing Group, E. U., 2011.

Edgington, Shawn Marie & Scheinberg, E., *The Buzz About Social Media*, E. U., Cybersafetyacademy.com, 2015.

Faber, Adele, & Elaine Mazlish, *Cómo hablar para que los adolescentes escuchen y cómo escuchar para que los adolescentes hablen*, Editorial Rayo, España, 2006.

Favaro, Peter J., *Smart Parenting During and After Divorce*, McGraw Hill Education, E. U., 2009.

Fontenelle, D. H., *Claves para padres con hijos adolescentes*, Errepar, Argentina, 1998.

Furnham, Adrian, *50 cosas que hay que saber sobre psicología*, Ariel, México, 2014.

Geltman, Joani, *A Survival Guide to Parenting Teens*, AMACOM, E. U., 2014.

Gianella, Carolina, *Efectos psicosociales del divorcio en los hijos*, www.mediadoresenred.org.ar, Argentina, 2000.

Giménez de Abad, Elvira, *Límites para los adolescentes de hoy*, Paidós, Argentina, 2012

Gold, Jodi MD, *Screen-smart parenting*, The Guilford Press, E. U., 2015.

Goldberg, Beatriz, *Tengo un adolescente en casa, ¿qué hago?*, Lumen Humanitas, Argentina, 2007.

Goñi, Carlos & Pilar Guembe, *No se lo digas a mis padres*, Ariel, España, 2006.

Hannon, Matt & Meagan Butler-Hannon, *The Smart Parent's Guide to Facebook*, Happiness digital, E. U., 2009.

Hapenny Ciavola, Debra, *50 Great Tips, Tricks&Techniques to Connect with your Teen*, New Harbinger Publications, E. U., 2003.

Hemmen, Lucie, *Parenting a Teen Girl*, New Harbinger Publications, E. U., 2012.

Herbert, M., *Separation and Divorce: Helping Children Cope*, British Psychological Society, Reino Unido, 1996.

Housman, Brian, *Tech Savvy Parenting*, Randall House, E. U., 2014.

Jordan, Sarah. & Hillman, J. *The Teen Owner's Manual*, Quirk Books, E. U., 2010.

Kastner, Laura S. & Jennifer Wyatt, *Getting to calm*, ParentMap, 2009.

Koch, Kathy, *Screens and Teens*, Moody Publishers, E. U., 2015.

Kumar, Vijaya, Jane Sherrod, Frank Samuel Caprio & Paul Carbone, *¿Qué tipo de adolescente soy?*, Editores Mexicanos Unidos, 2010.

Lansky, Vicki, *Divorce Book for Parents*, Book Peddlers, E. U., 1996.

Leman, Kevin, *Tengan un nuevo adolescente para el viernes*, Revell, E. U., 2011.

Leving, Jeffery M., *How to be a Good Divorced Dad*, Jossey-Bass, E. U., 2012.

Lloys Lender, Winifred, *A Practical Guide to Parenting in the Digital Age*, CreateSpace Independent Publishing, E. U., 2014.

Lofas, Jannette, *Stepparenting*, Citadel, E. U., 2004.

Lovegrove, Megan & Louise Bedwell, *Teenagers Explained*, White Ladder Press, Reino Unido, 2012.

Marquardt, Elizabeth, *Between Two Worlds*, Harmony Press, E.U., 2005.

Marshall Lippincott, Jenifer & Robin M. Deutsch, *7 Things Your Teenager Won't Tell You*, Ballantine Books, E. U., 2005.

Martin, Gail Z, *30 Days to Social Media Success*, Career Press, E. U., 2010.

Mellor, Ellizabeth & Ken Mellor, *Teen Stages: The Breakthrough Year-by-Year Approach to Understanding Your Ever-Changing Teen*, Sourcebooks, Inc., E. U. 2009.

Noor Al-Deen, Hana & John Allen Hendricks, *Social Media Usage and Impact*, Lexington Books, E. U., 2012.

Oestreicher, Mark & Adam Mclane, *A Parent's Guide to Understanding Social Media*, E. U., 2012.

Philyaw, Deesha & Michael D. Thomas, *Co-parentig 101*, New Harbinger Publications, E. U., 2013.

Ratner, Bill, *Parenting for the Digital Age*, Familius, 2014.

Riera, Michael, *Staying Connected to Your Teenager*, Da Capo Press, E. U., 2003.

Rosado, Yordi & Gaby Vargas, *Quiúbole con... para chavas* (2ª. edición), Aguilar, México, 2005.

Rosado, Yordi & Gaby Vargas, *Quiúbole con... para chavos*, Aguilar, México, 2006.

Rose, Kathryn, *The Parent's Guide to Facebook: Tips and Strategies to Protect Your Children on the World's Largest Social Network*, Create Space Independent

Publishing Platform, E. U., 2010.

Ross, Julie .A, *How To Hug a Porcupine*, McGraw-Hill, E. U., 2008.

Safko, Lon, *The Social Media Bible.* (2a edición), Innovative Thinking, E. U., 2010.

Schurgin O'Keeffe, Gwenn, *CyberSafe*, American Academy of Pediatrics, 2011.

Sells, Scott P., *Parenting Your Out-Of-Control Teenager*, St. Martin's Griffin, E. U., 2001.

Sonna, Linda, *The Everything Tween Book*, Adams Media Corporation, E. U., 2003.

Strom, Paris S. & Robert D. Strom, *Adolescents in the Internet Age*, Information Age Publishing, E. U. 2009.

Subrahmanyam, Kaveri & David Smahel, *Digital Youth: The Role of Media in Development*, Springer, E. U., 2010.

Sullivan, Bryan & Vincent Liu, *Web Application Security. A Beginner's Guide*, McGraw-Hill, E. U., 2012.

Tempelsman, Ana & Silvia Salinas, *Los hijos en medio*, Océano, México, 2012.

Tierno, Bernabé, *Adolescentes. Las 100 preguntas clave*, Temas de Hoy, España, 2005.

Turk, B. M., *Vivir con adolescentes,* Iberonet, España, 1998.

Van Pelt, Rich & Jim Hancock, *The Parent's Guide to Helping Teenagers in Crisis*, Zondervan, E. U., 2007.

Waliszewski, Bob, *Plugged- In Parenting*, Focus on the Family, E. U., 2011.

Walsh, David & Nat Bennett, *Why Do They Act That Way?*, Atria Books, E. U., 2004.

Willard, Nancy E., *Cyber-Safe Kids, Cyber-Savvy Teens*, Jossey-Bass, E. U., 2007.

Wolf, Anthony.E. *Get Out of My Life, but First Could You Drive Me and Cheryl to the Mall?*, Farrar, Straus and Giroux, E. U., 2002.

Wolfinger, Nicholas H., *Understanding the Divorce Cycle*, Cambridge University Press, E. U., 2005.

S.O.S. Adolescentes fuera de control en la era digital de Yordi Rosado
se terminó de imprimir en octubre de 2015
en los talleres de
Litográfica Ingramex, S.A. de C.V.
Centeno 162-1, Col. Granjas Esmeralda, C.P. 09810, México D.F.